Edmond THIN

LES SEIGNEURS DE DUR-ECU

Vie quotidienne et ascension sociale de gentilshommes campagnards et de notables du Cotentin du XVIIe au XXe siècle

HEIMDAL

Limites des anciennes paroisses de Rideauville et de Saint-Vaast.

(d'après Annick Perrot, « Saint-Vaast-la-Hougue et la mer », mémoire de Master 2, Université de Caen, 2012).

« En définitive, la noblesse n'est pas une ; au-delà des stéréotypes souvent retenus, ses modèles varient d'une France à l'autre. Rien de plus différent que des gentilshommes normands, bretons ou beaucerons. Chaque catégorie, dans chaque province, a été forgée par ses coutumes, ses comportements, ses traditions, en un mot sa culture, mais avant tout par ses valeurs, le talent ou la médiocrité des hommes qui la composent. C'est pourquoi il ne sera possible de connaître bien la noblesse française qu'après avoir multiplié les monographies locales qui, seules, permettent de rendre compte des réalités complexes d'une structure spécifique. »

Jean-Marie Constant,
Professeur émérite à l'université du Maine,

« Si certains morts revenaient au monde, et s'ils voyaient leurs grands noms portés, et leurs terres les mieux titrées avec leurs châteaux et leurs maisons antiques, possédées par des gens dont les pères étaient peut-être leurs métayers, quelle opinion pourraient-ils avoir de notre siècle ? »

La Bruyère, *Les Caractères*

Cette étude doit beaucoup à l'historienne Annick Perrot qui, passant de longues heures avec l'auteur, lui a non seulement ouvert ses propres dossiers de recherche, ce qui n'est pas toujours fréquent chez les chercheurs et universitaires ayant des projets de publication, mais lui a permis également d'avoir accès à des documents d'un intérêt primordial, provenant des archives départementales de la Manche, et qui ne sont actuellement plus consultables du fait de leur mauvais état de conservation. De même, Jean Barros, Julien Deshayes et Jack Lepetit-Vattier ont favorisé les recherches de l'auteur en lui apportant leurs connaissances ou en lui faisant part de leurs propres recherches en rapport avec les thèmes de la présente étude. Enfin, André Zysberg, professeur émérite de l'université de Caen, a bien voulu faire une lecture critique du manuscrit, avant sa mise en forme définitive. L'auteur remercie très vivement tous ces historiens et les assure de sa profonde gratitude.

Les recherches menées par l'auteur reposent pour l'essentiel sur des sources manuscrites anciennes; les citations sont reproduites dans leur orthographe originale, à l'exception de corrections nécessaires pour en faciliter la lecture. Pour le patronyme Dur-Ecu, pouvant s'écrire en un ou deux mots, c'est la forme la plus courante, Durécu, qui a été retenue dans le texte qui suit; la forme Dur-Ecu a juste été conservée dans les pages de titre de cet ouvrage.

Le jardin exotique de Durécu, à Saint-Vaast-la-Hougue.

Sommaire

L'est de la presqu'île du Cotentin, extrait de la carte de G. Mariette de la Pagerie, 1689.
(Archives départementales de la Manche.)

Introduction

Le département de la Manche est l'un des dix départements français où l'on dénombre le plus grand nombre de châteaux ou manoirs classés ou inscrits aux Monuments Historiques. Ce sont principalement des manoirs, des plus imposants aux plus modestes, avec en plus un nombre encore beaucoup plus important d'entre eux non reconnus « Monuments historiques », mais qui agrémentent le paysage au détour des routes et chemins, particulièrement en Cotentin.

En effet, la densité de manoirs de cette presqu'île est telle que de nombreuses communes peuvent en compter encore trois ou quatre. Il s'agissait à l'origine de résidences d'une petite noblesse exploitant elle-même (dans les limites étroites ne la faisant pas déroger) sa terre et ayant des relations fortes avec ses voisins de la « roture » dont elle était souvent issue.

À Saint-Vaast-la-Hougue, contrairement à la commune voisine de Réville, il n'existe que deux manoirs, le Thot et Durécu, édifié à la fin du XVIIe siècle sur une terre roturière. Cette dernière demeure a la particularité d'avoir toujours appartenu, jusqu'à la fin du XIXe siècle, à des familles nobles qui y ont habité en permanence. Ceci n'a pas été le cas de nombreux manoirs de la région, érigés sur des fiefs nobles, mais où leurs propriétaires ont rarement résidé. On pourra citer le manoir du Thot, à partir de 1720, et le cas du manoir de Durécu à Urville-Nacqueville où la séparation du « domaine utile » du fief noble a été très fréquente, avec un absentéisme des propriétaires nobles successifs, ou encore un autre exemple assez voisin, en Val de Saire, avec le manoir de Maupertus, datant des XVIe-XVIIe siècles.

C'est l'histoire des propriétaires successifs de cette gentilhommière de Durécu à Saint-Vaast-la-Hougue, qui se sont élevés, en peu de temps, dans la hiérarchie sociale de l'époque, que nous allons évoquer, ainsi que celle de ce petit domaine où vécurent des hommes, gentilshommes campagnards puis simples citoyens, fortement impliqués dans la vie publique et sociale de leur temps.

Les charmilles, bosquet de Durécu.

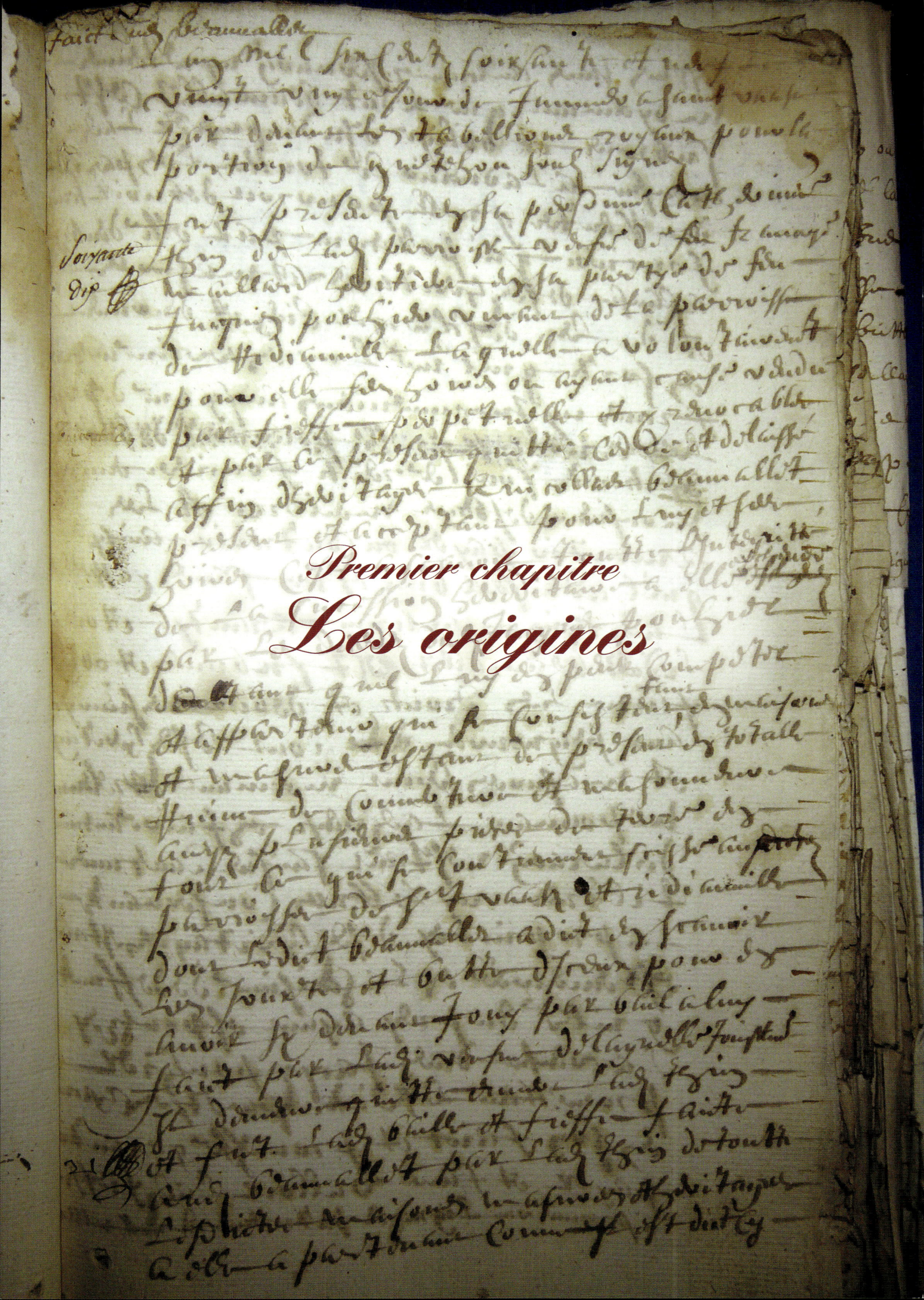

Premier chapitre

Les origines

Au siège du fief noble de Durécu à Gatteville, qui n'est mentionné sur ce plan du XVIIIe siècle et antérieur à la Révolution, uniquement comme « ferme Durécu » (en bas à gauche), un des bâtiments est encore visible de nos jours. Ce fief noble est à l'origine du transfert, au XVIIIe siècle, du toponyme Dur-Ecu sur un domaine situé à Saint-Vaast-la-Hougue, ainsi que le montreront nos recherches.

Un patronyme éponyme, Durécu

Le patronyme Durescu, devenu Durécu, semble venir d'une tradition (ou légende ?) associée aux exploits d'un compagnon de Guillaume le Conquérant, Richard (ou Robert) Le Fort et étant à l'origine des noms de Durescu et de Fortescu.

Richard Le Fort, à l'occasion d'un combat, peut-être lors de la bataille d'Hastings, aurait sauvé Guillaume d'un ennemi dirigeant sa hache vers la tête du duc en le protégeant avec son écu (bouclier), la hache se fichant dans le bois de son bouclier. Cet exploit fut célébré et l'on donna le nom de Dur-Escu ou Fortescu, à des familles descendant d'un aussi illustre guerrier. La famille Fortescu fit souche en Angleterre mais Richard revint en France. La branche anglaise de cette famille reçut d'importants domaines en Angleterre, début d'une ascension sociale continue jusqu'à devenir proche d'Henri VI, d'Henry VIII ou d'Elisabeth 1re, alors que la branche française, aux possessions beaucoup plus limitées, ne connut pas un essor similaire, certains rameaux redevenant même, au cours du XVIIe siècle, de simples bourgeois dans la région de Carentan[1].

Les Durécu et les Fortescu étant deux familles bien distinctes, on peut cependant s'interroger sur la façon dont elles ont pu, toutes deux, se rattacher à cette tradition, même si les qualificatifs de « dur » ou de « fort » pouvaient caractériser ce même écu. C'est pourtant l'hypothèse retenue par le Chanoine Joseph Leterrier dans une note de son érudite monographie : *Saint-Vaast-la-Hougue*[2].

On ne retrouve pas de traces écrites de la branche française des Fortescu avant 1363, année pendant laquelle est rédigé un contrat de vente faite à Jehan Fortescu, conservé à la Bibliothèque nationale. Par contre, la première mention du patronyme Durécu, qui nous est connue à ce jour, est plus ancienne. Elle remonte à 1180, année où la paroisse d'Outretot, en pays de Caux (actuel département de Seine-Maritime), est donnée au prieuré de la Madeleine de Rouen par le seigneur du lieu, Robert Durescu, dit Robert d'Outretot[3].

Puis, en 1227, et géographiquement plus proche puisqu'il s'agit du Cotentin, le patronyme Durécu apparaît lors d'une donation. Un Robert Durescu, chevalier, (sans doute possesseur du fief Durécu de Gatteville), donne à l'abbaye du Vœu un clos d'une demi-acre situé sur une route qui va de Barfleur au manoir de Carnanville[4]. De nos jours, le patronyme Durécu a totalement disparu dans le département de la Manche, par contre le toponyme Durécu a été ou est encore celui d'au moins six sites répertoriés en Cotentin, mais n'étant pas tous mentionnés sur le cadastre napoléonien, à savoir :

- Pierreville,
- Picauville (pas de mention sur le cadastre napoléonien),
- Bricquebec (pas de mention sur le cadastre napoléonien),
- Gatteville,
- Saint-Vaast-la-Hougue,
- Urville-Nacqueville.

---

1. Thouroude Jean-Luc, *La famille Fortescu, étude généalogique*, 1986, fortescu.net.
2. Leterrier Joseph, *Saint-Vaast-la-Hougue*, note n° 155, p. 144, Éditions Notre-Dame, Coutances, 1963.
3. *Dic. topographique de la France*, Éditions du comité des travaux historiques et scientifiques, Paris 2015 et site internet de la commune d'Outretot.
4. Lacroix de Lavalette Alexis (Amiral de), Le manoir de Durécu à Urville-Hague, notice provisoire, *Soc. d'Archéologie de la Manche* – Mélanges – Neuvième série, 1980. Voir également la note n° 6 sur Carnanville.

Ces six sites conservent des vestiges plus ou moins importants d'habitat (de la grange ruinée jusqu'à la maison manable) et même, pour les trois derniers d'entre eux, des manoirs encore visibles, édifiés aux XVIe et XVIIe siècles :

- *« Hameau Durécu »*, lieu-dit à Pierreville (canton des Pieux) ;
- *« Ferme de Durécu »*, lieu-dit à Picauville (canton de Sainte-Mère-Eglise) ;
- *« Ferme de Durécu »* à Gatteville (canton de Saint-Pierre-Eglise), nom ne figurant plus sur les cartes IGN actuelles mais sur celle au 50 000e *(type 1922) St Vaast-la-Hougue tirage d'août 1942*, ainsi que, avec la mention : *« Durécu Fme »*, sur le cadastre napoléonien ;
- *« Ferme de Durécu »*, Bricquebec-en-Cotentin (manoir visible) ;
- *« Durécu »* à Saint-Vaast-la-Hougue, ancien canton de Quettehou, (manoir visible) ;
- « Durécu » à Urville-Nacqueville, canton de la Hague, figurant sur le cadastre napoléonien avec la mention *« Maison de Dur-Ecu »* (manoir visible).

Ces différents toponymes Dur-Ecu ont-ils une origine commune ? On peut l'affirmer pour certains d'entre eux en raison de liens historiques attestés. C'est le cas du Durécu de Gatteville, siège de fief noble, avec le Durécu d'Urville-Nacqueville, sous-fief noble dépendant de celui de Gatteville et du Durécu de Saint-Vaast-la-Hougue, dans ce cas par transfert du nom, au XVIIIe siècle, à une terre roturière.

Le manoir de Durécu, à Urville-Nacqueville.

La ferme de Durécu, à Bricquebec.

Par contre, la ferme de Durécu, sise sur une terre roturière et simple sieurie[5], d'où le titre de sieur de Durécu porté par ses propriétaires bourgeois du XVIIe siècle, semble au vu de nos connaissances actuelles n'avoir en commun, avec les trois cités précédemment, que le nom. Il en est de même pour le Durécu de Pierreville et celui de Picauville. On sait, pour ce dernier, d'après l'amiral Lacroix de Lavalette, que le fief Mouchel ou de Durécu, quart de fief dépendant du fief de Vauville, qui lui-même dépendait alors d'Orglandes, appartenait en 1460 au sieur de Ricarville puis en 1523, à Michel de Ricarville et, en 1605-1612, à Antoine Simon de la Chesnaye. De nos jours à Picauville, la mémoire locale semble avoir complètement oublié l'existence de ce fief, comme nous l'avons découvert en interrogeant les proches résidents de ce lieu-dit.

5. Lepetit-Vattier Jacques, *La Ferme de Durécu*, notes reprises par Julien Deshayes sur Le blog du clos du cotentin. over-blog.fr, mai 2011.

Le fief Durécu de Gatteville

On trouve dès le XIIe siècle, sous le règne d'Henri Beauclerc puis sous celui d'Henri Plantagenêt, d'après notre éminent spécialiste Julien Deshayes, une famille Durécu (*Durum Scutum*: Richard, cité c. 1130, puis Guillaume et Hugo, cités c. 1180) établie, semble-t-il, principalement en Pays d'Auge, sur des fiefs relevant de l'évêque de Bayeux (exemption de Cambremer?). Ces Durécu furent peut-être des tenanciers et/ou des officiers. Il se pourrait, en ce sens, que le ou les premiers Durécu du Cotentin soient issus d'un transfuge d'une famille proche de l'évêque qui se serait trouvée possessionnée en Cotentin sous l'épiscopat d'Odon de Conteville.

La première mention du patronyme Durécu en Cotentin, celle de Robert Durescu vivant en 1227, semble d'ailleurs nous renvoyer vers le même site puisqu'il y est question de la route allant de Barfleur à Carnanville[6]. À partir de là, soit la famille pourrait avoir essaimé, transférant son nom sur d'autres fiefs, soit ce fief primitif aurait reçu dès l'origine un certain nombre de tenures dénommées de façon identique au chef de la seigneurie, comme c'était très souvent le cas. Mais ces transferts toponymiques ont pu également s'effectuer à toute époque, jusqu'au XVIIIe siècle, même si la famille « véhicule » ne portait plus le patronyme Durécu mais en détenait seulement un ancien fief.

C'est bien le cas pour le Durécu de Saint-Vaast-la-Hougue, comme nous le découvrirons au cours de nos recherches, d'autant plus que, sur cette paroisse, le toponyme Durécu n'est pas attesté avant le milieu du XVIIIe siècle. Assertion renforcée par le fait qu'on ne trouve pas mention de Saint-Vaast-la-Hougue dans les paroisses citées comme se rattachant au fief de Durécu à Gatteville dans les notes de Mangon du Houguet concernant les années 1551 et 1621[7], ni dans les nombreux aveux de fiefs concernant Saint-Vaast relevés, pour le XVIIIe siècle, par le chanoine Gohier, dont les notes ont été heureusement conservées aux archives départementales.

Un autre fait plaide encore dans le même sens, *le Plan géométrique de La Hougue et des environs*, réalisé par N. et J. Magin en 1708, porte la mention *« M.* [maison] *Beauvalet »* avec le détail des bâtiments sur l'emplacement de l'actuel Durécu, mais pas ce toponyme et, à proximité, seulement la mention *« H* [ameau] *de St Vaast »*.

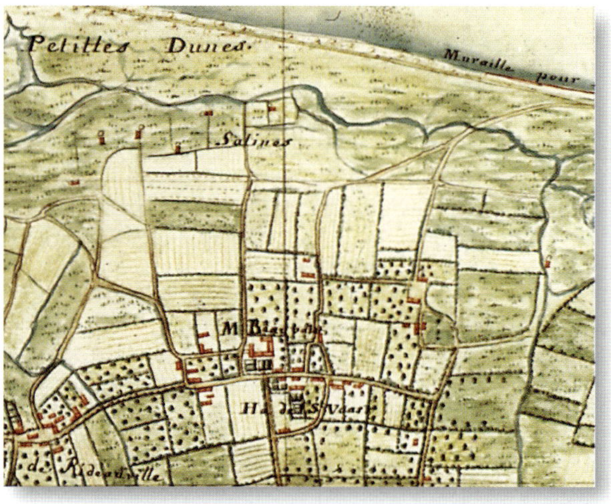

Plan géométrique de La Hougue…, 1708, (détail).

---

6. L'amiral Lacroix de Lavalette s'était interrogé sur l'emplacement précis du manoir de Carnanville, évoquant Crasville, ce qui semble peu vraisemblable, Crasville se situant près de Morsalines. Pour Jacques Lepetit-Vattier, il s'agit de Carnanville, hameau de la paroisse de Gatteville, devenu, de nos jours, Quénanville.

7. Conseil départemental de la Manche, arch. dép. (AD 50), 4 J 35, Notes autographes de Pierre Mangon du Houguet, vicomte de Valognes sous Louis XIV.

Revenons au XVIe siècle. Le dimanche 5 mai 1549, le sire Gilles de Gouberville note : *« je men allé à Turqueteville à la Vacquerye, voyez Monsieur de Durescu »*. Qui était donc ce Monsieur de Durescu ? Il s'agit de Jean de Guéret, écuyer, et héritier du fief de Durescu à Gatteville qui habite déjà à Teurthéville-Bocage. Gilles de Gouberville précise qu'à cette occasion : *« Nous dinasmes tous ensemble »*, avec Vastel, procureur des forêts et d'autres convives[7].

En 1551, Jean de Gueret cède à Jean Ferey *« le fief, terre et seigneurie de Durécu avec son gage plège, cours et usage, tenu de la sieurie d'Olonde, et celui fief est assis és paroisses de Gatteville, Urville en la Hague, Querqueville, Fermanville, Morsalines, Barfleur, Montfarville et autres paroisses adjacentes »*, dont le chef est assis à Gatteville[8].

La Vacquerie.

Jean Ferey, sieur de Durécu est surtout possessionné dans l'Eure, à Fontaine-la-Louvet. Marié à Paris le 19 mars 1542, il laisse trois filles dont Renée (Férey de Durécu) mariée en 1591 à Jean du Praël, seigneur de Longaulnay, et Catherine (Ferey de Durécu), mariée le 1er aout 1588 à Louis Le Conte, seigneur de Brucourt. Ce dernier, le 2 juillet 1621, rend aveu à messire Pierre d'Harcourt, chevalier, seigneur, châtelain et baron d'Ollonde, pour le fief de Durécu, tenu par un 1/4 de fief de haubert, *« assis à Gatteville, Barfleur, Valcanville, Ste Geneviève, Cosqueville, Fermanville, Urville en la Hague, Montebourg, Teurthéville, Morsalines, en laquelle paroisse de Gatteville y a manoir, maison, moulin, colombier à pied, domaine fieffé et non fieffé, juridiction, service de prévôté, droit de gravage »* et dont relèvent : *« un autre fief ou membre de fief assis à Urville en la Hague, qui est possédé par M. Thomas Lesdos, bailly de cherbourg »* et *« un autre fief ou membre de fief assis en la paroisse de Morsalines et aux environs, possédé par Jacques du Praël, écuyer, sieur de Morsalines[9] »*, celui-ci se fait appeler, également, sieur de Durécu.

Parmi les descendants de Catherine, l'épouse de Louis Le Conte, figurent les Le Conte de Nonant-Bretoncelles. C'est vraisemblablement l'un d'eux qui vendit le fief de Durécu-Gatteville aux Beauvalet, si l'on en croit, en les rectifiant quelque peu du fait des erreurs qui s'y sont glissées, les informations rapportées par Jules Leroux.

En effet, si l'on se réfère, mais avec prudence (!), à J. Leroux[10], ce dernier cite *« messire le comte François de Nouans-Bretoncelle* (sic), *lieutenant-colonel commandant le régiment des dragons »*, comme propriétaire de Durécu qui lui aurait été vendu par *« messire Jean Delongannay* (sic) *»*, propriétaire de cette seigneurie en 1686 (sic), alors qu'on a vu que

---

7. Tollemer Alexandre, Journal manuscrit d'un Sire de Gouberville, p. 9, Valognes, 1872.
8. Conseil départemental de la Manche, arch. dép. (AD 50), 4 J 35, Notes autographes de Pierre Mangon du Houguet, vicomte de Valognes sous Louis XIV.
Ces notes ont été reprises pour partie par l'amiral Lacroix de Lavalette, op. cit.
9. Ibid.
10. Leroux Jules, *Histoire de Saint-Vaast-la-Hougue*, Fécamp, 1897.

Durécu appartenait déjà à Louis Le Conte en 1621 ! Puis, *« En 1731, M. de Nouans-Bretoncelle vendit la terre de Durécu à M. Jean de Beauvalet, prêtre* (sic) *par contrat passé devant les notaires de Rouen le dixième jour d'avril, en principal 28,250 livres »*.
Une fois rectifiée les erreurs de Leroux sur le patronyme du vendeur, transformé en plus en titre nobiliaire, puis celle sur un éventuel propriétaire précédant, Jean de Longaulnay, déformé en Delongannay (!!), on peut donc déduire que cette vente concernait le fief de Durécu à Gatteville et non pas le domaine de l'actuel Durécu à Saint-Vaast, terre roturière ne portant pas encore ce nom. Nos recherches nous le confirmerons. Enfin, si l'acquéreur était bien un Beauvalet dans les ordres, ce ne pouvait être Jean, mais sans doute son frère, qui lui, était bien prêtre. Leroux fait là encore une confusion.

Vestiges de bâtiments, fief de Durécu à Gatteville.

Une autre question subsiste sur l'identité du vendeur et sur la date de la vente. Si Louis-François Le Conte de Nonant, né en 1645, fait lieutenant-colonel de dragons en 1687, puis colonel en 1689, a bien existé, il serait mort, d'après le duc de Saint-Simon, en juin 1696[11]. Le vendeur serait-il alors son fils ou un parent d'une autre branche de cette illustre famille ? Ou bien l'année de la vente présumée est-elle fausse ? Seul l'acte notarial du XVIIIe siècle nous le dira, si nous en retrouvons la trace à Rouen ou ailleurs.

Ce sont à toutes ces questions, et à beaucoup d'autres, que nous nous proposons de répondre en évoquant, dans les pages qui suivent, les péripéties de la vie des différents gentilshommes qui ont demeuré, au fil des siècles, sur ce beau domaine que constitue le Durécu de Saint-Vaast-la-Hougue. Pour cela, il nous faudra dépoussiérer quelque peu l'historiographie locale de quelques erreurs ou légendes, mais la vérité historique, dans ce cas précis, est aussi intéressante et riche en rebondissements que l'on pourait trouver dans un roman !

11. Saint-Simon Louis (de) Mémoires de Saint-Simon, tome 2, p. 169, Paris, Librairie Hachette.

La mare de Durécu à Saint-Vaast-la Hougue.

Deuxième chapitre

L'irressistible ascension des Beauvallet

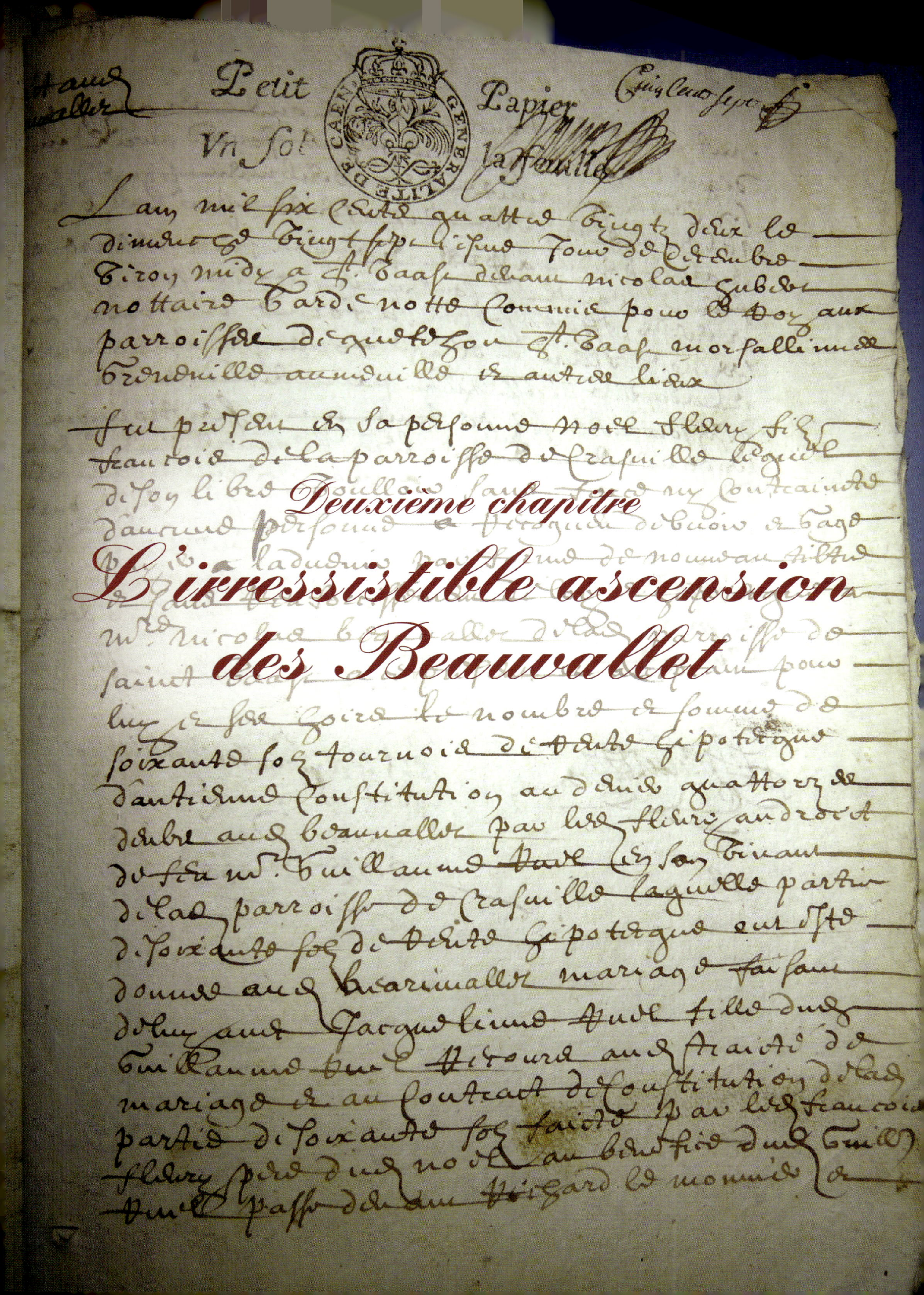

La « Maison Beauvalet » au XVIIIe siècle. On remarque la figuration très précise des bâtiments, maison manable et communs de part et d'autre, avec un retour au bout de l'aile gauche détruit ultérieurement.
(Extrait d'un plan du début du XVIIIe siècle, non daté, conservé au SHD-Cherbourg, cote 2 K 346.)

Maître Nicolas Beauvalet, un laboureur rentier vivant noblement

Nous sommes en l'an de grâce 1686, quarante troisième année du règne de Louis XIV, règne le plus long de France puisqu'il se poursuivra jusqu'à la mort du roi, le 1er septembre 1715. Cette année 1686 est aussi celle pendant laquelle Madame de Maintenon ouvre la maison de Saint-Cyr pour 250 jeunes filles pauvres bien que nobles. Toujours en 1686, Vauban, à la demande du roi, inspecte les côtes du Cotentin, notant qu'*« il y a la rade de la Hougue qu'on tient la meilleure de France »*.

Cette même année, aux environs de Saint-Vaast, petit village abritant 750 habitants, encore considéré 44 ans plus tard comme « mal bâti » et composé de mauvaises baraques[1], un riche laboureur fait bâtir, en arrière des salines et à la limite de la paroisse voisine de Rideauville, une belle maison manable, en partant sans doute d'une ancienne bâtisse plus modeste. De part et d'autre, autour d'une grande cour carrée, se trouvent d'importants communs avec montoir sur celui de droite et, en arrière, une boulangerie dont le linteau de porte, en granit, conserve toujours l'inscription « 1686 ». La même inscription est également présente sur le linteau d'une des portes des communs sud, mais celui-ci a été déplacé à la fin du XXe siècle. L'ensemble est ceinturé de hauts murs, l'accès à la grande cour d'honneur se faisant par une belle porterie en pierre de granit, avec arcs en plein cintre pour la porte charretière et la porte piétonnière.

La porterie de Durécu.

Ce laboureur ayant déjà une certaine aisance s'appelle Nicolas Beauvalet et, contrairement à un grand nombre de Saint-Vaastais, ne s'est pas tourné, à l'origine, vers la mer, activité qui ne semblait guère lucrative, sauf pour les négociants, et pleine de risques.

1. Archives nationales, fonds Marine, C4/159, Rapport de Sicard, inspecteur général des Pêches.

LES BEAUVALET

Thomas BEAUVALET
(XVIe siècle)

Nicolas BEAUVALET
(XVIe siècle)

Nicolas de BEAUVALET
ca 1618 – 29 avril 1703
anobli en 1703 - écuyer

Nicolas de BEAUVALET
ca 1656 - 1er janvier 1736
écuyer et prêtre

Jean de BEAUVALET
ca 1660 - 1er avril 1725
écuyer

Jean-Antoine de BEAUVALET
11 juin 1716 - 21 décembre 1793
écuyer
seigneur de Durécu

Outre ceux directement liés à l'exercice de la pêche, puis, à partir de 1689, aux conflits avec l'Angleterre, s'ajoutent deux autres sujétions. La première a pour origine la faiblesse des revenus tirés de cette activité, pêche côtière et dragage d'huîtres. En plus, en fin de saison, les pêcheurs doivent payer la taille à laquelle s'ajoute la dîme due à l'église. La seconde sujétion résulte de l'obligation pour les gens de mer, depuis 1673, de servir un an sur quatre sur les vaisseaux du roi, suite à la création par Colbert du système des classes, devenu l'Inscription maritime.

Ce service sur les vaisseaux du roi est effectué, par exemple, aussi bien par Germain Thin (ca 1615-?), maître de bateau et contemporain de Nicolas de Beauvalet que, plus tard, par Jean Vallette (ca 1680-1765), simple matelot et contemporain de Jean de Beauvalet. Cette obligation pèse lourdement sur la vie des gens de mer qui ne peuvent s'y soustraire. Pour y échapper certains vont même jusqu'à se mutiler volontairement.

Les Beauvalet figurent parmi les familles bien implantées à Saint-Vaast avant même le XVIIIe siècle. La branche, objet de cette étude, est moins prolifique que celle des Beauvalet pêcheurs et maîtres de bateau[2] qui contribuent, de même que les Doucet, Grosos, Thin ou Vallette à l'essor démographique de la population saint-vaastaise, du XVIe au XVIIIe siècle.

Un Guillaume Beauvallet (le nom étant le plus souvent orthographié avec 2 L aux XVIe et XVIIe siècles) nous est connu grâce à un acte passé le 7 juillet 1578 devant les tabellions de Cherbourg, Pierre Bonamy et Nicollas Cauvyn[3]. Il s'agit de confirmer les intentions de Gilles de Gouberville, décédé le 7 mars 1578, concernant la dot promise, le 6 février 1578, à l'une de ses filles naturelles,Tassynne, en vue de son mariage avec Jehan Bourdet, en présence de Thomas Bourdet, de la paroisse du Theil, père de Jehan, de Philippin son fils aîné et de Guillaume Beauvallet, oncle maternel de Jehan Bourdet. Sans faire une citation complète de l'acte, il est intéressant d'évoquer en quoi consistait cette dot : outre trois robes, deux aulnes[4] de bon drap noir pour faire un manteau, elle comprenait *« un lit garny de plume traversain et deux orilliers de couverture de tapisserye, de courtynne de linge garnye de ses apartenances selon la qualité du dit Bourdet avec un coffre de bois chesne fermant à clef bon et suffisant. Item douze escuelles quattre plats un pot le toult destain. Item Item deux aulmeaux (bœufs) venantz a trois ans deux vaches, vingt six bestes à leyne tant masles que femelles avec six escus dor et deulx tiers descu de rente escu vallant chacun soixante sols… ».*

Le clocher à bâtière de l'église de la paroisse de Valcanville, édifié en 1426

En Val de Saire, les premières mentions connues des Beauvalet remontent même, selon le chanoine Gohier, au XVe siècle. Celui-ci mentionne, dans ses notes conservées aux archives départementales de la Manche, un Perrin Beauvalet à Saint-Vaast, en 1470. Plus tard, on trouve sur les registres paroissiaux de Valcanville une Jeanne Beauvalet, mère d'un Jean Crestey né le 29 juin 1600, donc Jeanne Beauvalet a dû naître dans le dernier quart du XVIe siècle, aux environs de 1575-1583. A Rideauville, dès 1619, on trouve dans les registres paroissiaux, mention d'un Nicolas Beauvalet dont l'épouse est la marraine d'Estienne Simon, baptisé le 10 juillet.

2. Ces Beauvallet descendent de Jacques Beauvallet, frère de Nicolas Beauvallet anobli en 1703.
3. Robillard de Beaurepaire Eugène (de), *Le journal du sire de Gouberville avec une introduction et un appendice*, Appendice p. 886, Henri Delesques, imprimeur-éditeur, Caen, 1892.
4 Ancienne mesure variable selon les régions et fixée par François 1er à 1,18 m.

À Saint-Vaast, les archives paroissiales ne remontent qu'à 1685, mais on y trouve rapidement trace des Beauvalet qui se sont vraisemblablement installés sur cette paroisse avant le XVe siècle. En 1655, les registres paroissiaux de Rideauville font mention d'un *« Nicolas Beauvalet de Saint Vaast »* comme parrain de Jacques Ruaut, fils de Jacob Ruaut et d'Anne Beauvalet, qui était la sœur de Nicolas. L'acte de décès de ce dernier en 1703, avec la mention *« âgé de 85 ans »* laisse penser qu'il serait sans doute né en 1618. Son père, prénommé également Nicolas, que l'on cite comme déjà décédé en 1669, serait donc né à la fin du XVIe siècle et son grand père Thomas sans doute sous Henri III, dernier des Valois, dont le court règne débuta en 1574 pour s'achever par son assassinat en 1589.

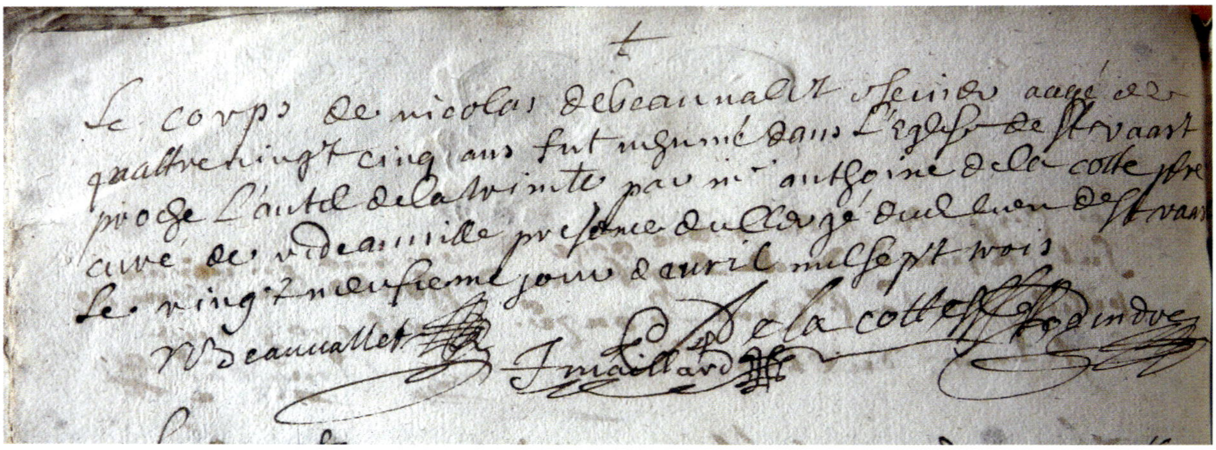

Registre paroissial de Saint-Vaast-la-Hougue, 1703. Inhumation de Nicolas de Beauvalet dans l'église.
On remarquera sur le registre la signature de son fils aîné, Nicolas Beauvalet, prêtre. *(Archives municipales)*

Nous avons des précisions sur la vie de Nicolas Beauvalet grâce aux différents actes, concernant de nombreux procès ou transactions, dans lesquels il apparaît, selon les cas, comme témoin ou comme acteur direct, mais également pour des reconnaissances de rentes à son profit. Ces actes sont enregistrés principalement au notariat de Quettehou, village situé à une demie-lieue de Saint-Vaast et dominé par son église. Nicolas, s'il est un laboureur aisé, fait aussi figure de « manieur d'argent ».

Cette dernière activité, assez lucrative, augmente vite sa fortune. Son aisance financière, reposant sur les bénéfices des revenus liés à l'agriculture et de nombreuses opérations financières, est le socle lui permettant d'envisager la poursuite de son ambition première : devenir noble. Sa condition de laboureur le place déjà au sommet de la société rurale du village, puisqu'il est qualifié de *« Maître »*, Nicolas représente alors l'élite de la paysannerie, entrepreneur possédant de nombreuses terres, un attelage avec des chevaux, une charrue, du bétail, des semences et du fourrage.

Nicolas se marie, à l'âge de 32 ans, le 2 mai 1651, avec Jacqueline Ruel, originaire de Crasville, dont il a au moins quatre enfants qui atteindront l'âge adulte, le premier Nicolas, né vers 1652, le second Jean, né vers 1660, puis deux filles, Guillemette et Françoise, nées respectivement vers 1665 et vers 1674. L'absence de registres paroissiaux avant 1685 ne nous permet pas d'avoir connaissance des autres enfants de Nicolas, sans doute décédés en bas âge, ce qui expliquerait les grands écarts entre ses quatre enfants déjà cités. Sa dernière fille, Françoise, après s'être mariée en 1694 à Thomas Viel, meurt dans la fleur de la jeunesse, le 9 juin 1700, à l'âge de 26 ans !

Gentilhomme contemporain de Nicolas de Beauvalet (auteur anonyme, collection particulière).

La paroisse de Quettehou, très fréquentée par Nicolas de Beauvalet pour se rendre chez les tabellions royaux, est également renommée pour sa superbe église (XIIIe-XVe siècles) et sa nef, où Vigor Bernard, sieur de Durécu et ami de Nicolas de Beauvalet, a été inhumé le 19 juillet 1704.

Nous avons déjà fait allusion au qualificatif de *« Maître »* donné à Nicolas. Ce titre apparaît bien dans certains actes notariés[5], ce qui témoigne de la reconnaissance d'une certaine position sociale. . Nicolas est également choisi comme témoin dans différentes procédures, autre marque de respectabilité et de notoriété. Sous l'Ancien Régime, les témoins avaient souvent un rôle d'arbitre et, de ce fait, étaient choisis avec circonspection. Ainsi, le 5 décembre 1667, Nicolas est témoin devant Nicolas Hubert, tabellion royal à Quettehou et Noël Jolis, tabellion en la haute justice de Varenguebec, à l'occasion des modalités de partage entre les trois frères Pillet, tous de la paroisse de Morsalines, des biens de leur père et de leur oncle.

L'église de la paroisse de Morsalines.

Ce même jour, Nicolas en profite pour mettre fin à un procès *« pendant en la jurisdiction de viconté à Vallongnes »*, étant *« demandeur pour estre payé par récompense de quinze livre toujours par lui payés à Pierre du Prey pour cinq années d'arrérage de 60 sols de rente hypothèque due au dit du Prey par le dit Beauvalet, lequel en avoit chargé deffunct Clément Lestoupin par contrat passé devant les tabellions de Quettehou le 23 juin 1641, avec interests depuis, en payement et despens et procédeures empar ce jour, a l'encontre de Robert Lestoupin fils du dit Clément d'une part, et le dit Robert Lestoupin, deffendeur, disant avoir renoncé à la succession du dit son père »*.

Le différend se termine dans la mesure ou Robert Lestoupin est tenu d'acquitter Nicolas Beauvalet envers Pierre du Prey, tant en principal qu'en arrérages, et promet également d'indemniser Nicolas Beauvalet des frais de procès s'étant *« obligé payer au dit Beauvalet la somme de 21 livres 10 sols, scavoir 30 sols touttefois et quantes et, pour les 20 livres restantes, le dit Lestoupin les a baillées à recevoir au dit Beauvalet au jour St-Michel prochain venant sur Charles du Saux dont le dit du Saux sera redevable au dit Lestoupin pour jouissance d'héritages au dit temps, suyvant le bail que le dit Lestoupin en mettra [remettra] touttes fois et quantes aux mains du dit Beauvalet »*.

Il semble utile, ici, de faire une petite digression pour rappeler les mécanismes de prêt d'argent pour pallier l'absence de système de crédit bancaire, à une époque où l'Eglise interdisait de toucher des intérêts. Les rentes constituées sur les particuliers étaient l'une des astuces juridiques qui permettait de contourner l'interdiction canonique du prêt à intérêt, il s'agissait en fait d'actes de vente. On « vendait » pour un certain prix une rente annuelle.

Pour masquer le caractère de crédit, le taux d'intérêt était exprimé non pas en pourcentage mais en denier, rapport entre l'intérêt (= rente) et le capital. Une rente au denier 18 correspondait à un prêt à 5,5 %, une autre au denier 20 correspondait à un prêt à 5 %. Cent livres de capital procuraient donc, au denier 20, 5 livres d'intérêts. Le prêteur ne pouvait exiger de remboursement. Seul l'emprunteur pouvait en décider.

---

5. Conseil départemental de la Manche, arch. dép. (AD 50), notariat de Quettehou. Cotes des actes notariés cités dans les pages du présent chapitre : 5 E 8327, 5 E 8328, 5 E 8330 et 5 E 8333.

Grâce à cette règle, on contournait la législation qui prohibait l'usure : la rente était dite « perpétuelle ». Le seul moyen pour le rentier de récupérer le fonds qu'il avait prêté était de céder la propriété de la rente à un tiers, qui lui remboursait ce capital et percevait les intérêts à venir, appelés « arrérages » et versés par trimestre. Menacer le créancier de remboursement anticipé était un moyen pour l'emprunteur de tenter d'obtenir un denier plus élevé donc un intérêt plus bas. Mais le droit du prêteur était souvent assuré par une garantie sur un immeuble, un terrain, ou une autre rente, ce qui permettait de limiter le montant de l'intérêt.

Les rentes constituées, dont les revenus étaient, le plus souvent égaux, ou même supérieurs à ceux des rentes foncières, ont ainsi dominé, en nombre et en volume, toutes les autres transactions financières en France, jusqu'au dernier tiers du XVIIIe siècle.

Pour la période où nous avons pu prendre connaissance des actes notariés dans lesquels Nicolas Beauvalet est concerné en qualité de partie contractante ou de témoin, soit de 1660 à 1689, nous n'avons trouvé que quelques actes de constitution de rentes mais beaucoup d'entre elles se faisaient sous seing privé et nous n'en avons plus de traces tangibles.

Le 13 décembre 1668, on fait à nouveau appel à *« Maitre Nicollas Beauvallet »*, comme témoin, lors d'une transaction entre Floxel Thin et Nicolas Le Prieur. Le 25 janvier 1669, Nicolas est devant les tabellions de Quettehou pour l'achat à Catherine Thin *« de l'intégralité de la succession héréditaire à elle eschue par le décès de Jacques Pouhier »*. Catherine était la veuve de François Maillard et *« héritière en sa partie de feu Jacques Pouhier, de la paroisse de Rideauville »*. La famille Pouhier se trouve liée, plus tard, aux Beauvalet puisque la première fille de Nicolas Beauvalet, Guillemette épouse, le 19 février 1686, un Jacques Pouhier, laboureur, sans doute le fils du Jacques Pouhier décédé.

Le 28 février 1669, Nicolas, « laboureur » et Nicolas Le Gaigneur, vicaire de Saint Vaast (à ne pas confondre avec le jeune fils Beauvalet, Nicolas[6]), comparaissent comme témoins pour une affaire de vente par les héritiers de Jean Maillard à Paul Simon, d'une pièce de terre de deux vergées et demie, au hameau, laquelle est *« chargée d'une rente de 3 boisseaux de froment »* dont le bénéfice est revendiqué contradictoirement par plusieurs familles locales.

Le 26 mai 1669, Nicolas, pour accroître ses terres, achète à la veuve de Jean Maillard trois petits champs proches des salines pour la somme de 70 livres qu'il règle en louis d'argent, devant les tabellions chargés de rédiger l'acte de vente. La minute des tabellions précise que ces champs sont bordés par les dicks (système de fossés et talus), laquelle *« dicquerie »* est présentement en ruine.

Il n'est pas question de laisser ces digues dans un tel état et l'acheteur doit s'engager, dans l'acte de vente à les réparer à ses frais. Ces terres relevaient des Abbesses de Caen qui veillaient à l'entretien de leurs biens, du fait de la proximité des salines côtières.

6. Dans un relevé d'acte de 1669, sous la cote 5 E 8327, figurant sur un site internet, on lit : Nicolas (fils de Nicolas Beauvalet), comme vicaire de Saint-Vaast ce qui est une erreur, Nicolas Beauvalet n'ayant alors que 17 ans. A lecture de l'acte original aux AD 50, on relève que le vicaire de Saint-Vaast, en 1669, s'appelle Nicolas Gaigneur.

Cet extrait d'un plan, levé dans les années 1774-1778, permet de bien voir l'emprise des salines qui s'étendaient encore le long de la côte, une fois passé le Pont de Saire, et se poursuivaient au-delà de Durécu (bâtiments encadrant une cour carrée, en bas à gauche sur le plan), jusqu'au village de Saint-Vaast.

Le 30 décembre 1669, Nicolas Beauvalet se trouve devoir délibérer, en compagnie des enfants de Pierre Pouhier et de membres de leur famille, sur la vente qu'aurait faite Pierre Pouhier de biens, pouvant lui appartenir, à Vincent Bernard, écuyer, sieur des Arcis.

Le 31 janvier 1670, nouvel acte passé devant les tabellions de Quettehou : Maître Nicolas Beauvalet et son épouse Jacqueline Ruel procèdent à un échange de rentes avec Vigor Bernard, écuyer et seigneur de Durécu. Vigor Bernard abandonne à Nicolas Beauvalet une rente de 60 sols, don de mariage. Nicolas Beauvalet abandonne à Vigor Bernard 24 sols de rente avec 14 années d'arrérages à prendre sur Jacquette Viel, veuve de Jean Lefebvre de Crasville, ce contrat avait été passé devant Charles Laffoley, le 4 juin 1636.

Cette famille Bernard, demeurant sur la paroisse voisine de Quettehou, nous intéresse pour au moins trois raisons. C'est une famille représentative de cette petite noblesse rurale récente qui vivait en Cotentin et que Nicolas Beauvalet souhaitait rejoindre, obtenant par l'anoblissement une considération sociale très recherchée. Les Bernard semblent avoir eu des relations de voisinage suivies avec Nicolas Beauvalet, relations qui se poursuivront entre les deux familles avec la génération suivante; enfin Vigor Bernard se titrait seigneur de Durécu, avant que ce titre ne soit porté ultérieurement par les Beauvalet.

Thomas Bernard, sieur de Montfort et père de Vigor, a été anobli en 1646[7]. Il porte: Ecartelé: aux 1er et 4e de gueules et d'azur, à la fasce d'argent, accompagné de trois quintefeuilles d'argent; au 2e et 3e d'azur, chargé de trois pattes ou griffes d'or. De son épouse, Gilette Courtin, avec laquelle il s'est marié avant 1619, Thomas Bernard aura au moins trois enfants (non décédés en bas âge), Vincent, né le 7 avril 1618, écuyer et seigneur des Arsis, Vigor, né vers 1630, écuyer et seigneur de Durescu et Louis, né vers 1637, écuyer et seigneur de Mesnil-Lande. Ses fils obtiendront des lettres de confirmation en 1668.

Armoiries de Thomas Bernard,
Registre la Cour des Aides, Parlement de Rouen.

Nous avons déjà évoqué, en citant un aveu de 1621, qu'un *« membre de fief »* relevant du fief Durécu de Gatteville était *« possédé par Jacques du Praël, écuyer, sieur de Morsalines »*. Or les héritiers des Praël vont vendre leurs terres de Morsalines, en 1633, *« partie à N (oble) h (homme) Charles Castel, écuyer, seigneur et patron de Saint Pierre Eglise partie à M(aître) Thomas Bernard, sieur de Montfort, de Quettehou, partie à N(oble) h(omme) Pierre Sénot, écuyer, sieur d'Auberville*[8] ».

Cet achat par Thomas Bernard permet à l'un de ses fils, Vigor, sieur d'Arbec, de se titrer Seigneur de Durécu. Comme cela est fréquent, le titre (avec ou sans la terre) se transmet aux générations suivantes. Dans le cas présent, sans doute sans terre puisque le fief de Morsalines-Durécu appartient, au XVIIIe siècle, aux Boran de Catilly selon l'état des fiefs de 1746. Ainsi Marie-Louise Bernard, l'une des filles de Vigor née vers 1667 et mariée le 6 mars 1707, à Quettehou, avec Jacques Louis Ruallem, écuyer, sieur de Carto, a l'un de ses fils, Nicolas François Ruallem, né le 14 février 1712 à Réville, qui se titre lui aussi seigneur de Durescu[9].

---

7. Chamillard Guy (intendant), *Recherche de noblesse*, p. 753, Henri Delesques, imprimeur-éditeur, Caen, 1887. N.B. Pour la présentation et description du blason, nous avons repris celle du registre de la Cour des Aides de Normandie (3B 34 f°207) qui diffère légèrement de celle de Chamillard qui n'évoque pas pour les 1 et 4 le descriptif *« de geules et d'azur à la fasce d'argent »* mais simplement *« d'azur à la fasce d'or »*.
8. Conseil départemental de la Manche, arch. dép., 132 J /2, fonds du Chanoine Gohier.
9. Bréguet Jean-Jacques, *Descendants de Thomas, sieur de Monfort*, (Note communiquée en 2016, d'après ses recherches personnelles).

Ce titre figure également sur les registres paroissiaux de Réville, lors de inhumation de *« noble homme Nicolas François Ruallem, escuyer, sieur de Durescu »* dans la nef de l'église de cette paroisse, par monsieur le curé de Morsalines, le 28 juillet 1774, après son décès en sa maison de Quettehou.

Réville et son église dans laquelle a été inhumé Nicolas François Ruallem, sieur de Durescu.

Pour revenir à Vigor Bernard, contemporain de Nicolas Beauvalet, on notera son mariage bien tardif[10], le 21 janvier 1674, puisqu'il devait avoir environ 44 ans ! C'est à Cerisy-la-Forêt que Vigor se marie avec la jeune Marie-Anne de Saint-Germain, âgée de 18 ans, née le 20 septembre 1656 sur cette même paroisse. Toutefois c'est Quettehou le lieu principal de résidence des mariés, même si leur premier fils, Louis, est né, le 21 octobre 1674, dans la demeure de sa grand-mère maternelle, à Cerisy-la-forêt et y a été baptisé, trois jours plus tard, sa marraine étant cette même grand-mère, Germaine Potier, veuve de Louis de Saint Germain. Après 30 ans de mariage, Vigor décède le 19 juillet 1704. Marie-Anne épouse alors en secondes noces, le 6 mai 1706, Antoine le Vallois, écuyer, seigneur de Boisfontaine, fils de Robert, écuyer, seigneur de Fonteney.

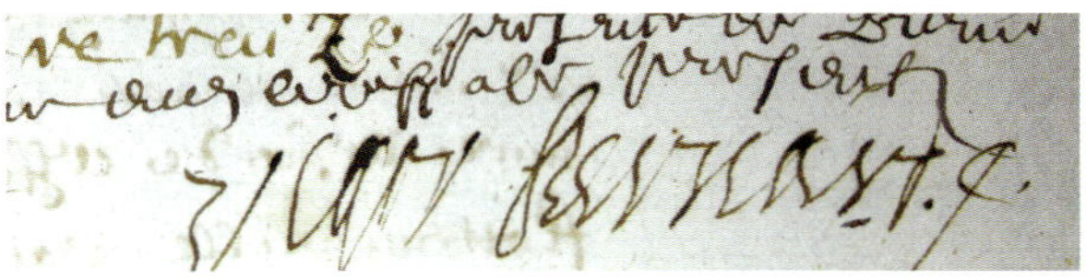

Signature de Victor Bernard lors de son mariage. *(AD 50.)*

10. Conseil départemental de la Manche, arch. dép., 5 E 8993.

Le frère aîné de Vigor, Vincent, s'était marié beaucoup plus jeune, à 28 ans, le 30 juillet 1646, à Rideauville, avec Marie de Pierrepont, fille de feu Jean de Pierrepont, seigneur de Réthoville, en présence de son père Thomas Bernard. On notera que les terres du Pierrepont étaient proches de celles de Nicolas Beauvalet. Par un acte du 13 avril 1667, Vincent Bernard et son épouse Marie de Pierrepont, en vendent deux parcelles à Christophe Colas : une terre de 6 vergées, nommée la Campaigne, une autre terre de 3 vergées, appelée le Clos Paingot, pour le prix de 1 735 livres, afin d'amortir une rente due par Vincent Bernard.

Les terres du Pierrepont.

Alors que le bocage normand, à cette époque, fournit pour les armées du roi une faible proportion de gentilshommes campagnards[11], car ceux-ci répugnaient à quitter leurs terres, le troisième fils de Thomas, Louis Bernard, ne se contente pas d'administrer ses biens, sans doute très limités puisqu'il était le cadet. On sait en effet que c'est Vigor qui le représente à diverses reprises, à l'occasion d'affaires traitées chez les tabellions royaux, par exemple le 13 juin 1667 : *« Fut présent Vigor Bernard, escuyer, seigneur de Durescu, et faisant fort pour Louis Bernard, seigneur de Mesnil Landey, son frère absent estant dans les armées du Roy... ».*

11. Cf. à ce propos : Constant Jean-Marie, La société française aux XVIe, XVIIIe et XVIIIe siècles, Ed. Ophrys, 1995.

Les Bernard, en plus de l'administration de leurs terres, complètent, comme Nicolas Beauvalet, leurs ressources grâce aux rentes. Il s'agit soit de rentes constituées, soit de rentes foncières.

Pour les rentes constituées on a, par exemple, cet acte d'avril 1666 où Vigor Bernard, pour lui-même et pour son frère cadet, Louis, en présence de son frère Vincent et de deux autres témoins, cherche à recouvrir des sommes et arrérages qui leurs sont dus par Estienne Le Bourg.

« En principal et arrérages de 60 sols de rente don de mariage pour lesquels le dit decreps avoit esté encommencé. sans préjudice des auttres demandes du dit Sr de Durescu, tant pour mobil que pour arrérages d'autre partye de rente... ». Le dit Lerebourg se retrouve pour finir redevable de la somme de 260 livres qui a été remise aussitôt au sieur de Durescu *« en louis dor et auttres monnoye ayant cour... par Pierre Hubert, escuyer, Sr de Beaugrand, et Me Nicollas Hubert, Sr de la Parquerie qui ont di les avoir recus de Me Pascal Le Bourg pretre, frère du dit Estienne, ... ».*

Vigor et Louis Bernard achètent également, à l'occasion, des terres pour agrandir leurs domaines. Le 4 mai 1666, c'est au sieur de Lestourmy qu'ils achètent : *« maisons et terres tenue de la baronnie de Quetehou »*, qu'ils connaissent bien, et dont les acquéreurs *« feront l'acquit à ladvenir de cinq boisseaux de froment, six boisseaux d'avoinne, 16 sol et 2 poules de rente ainsy que des droicts et devoirs seigneuriaux ».* Cette vente s'effectue pour la somme de 2 100 livres dont plus de 40 % sous forme de différentes rentes constituées et d'une rente foncière.

La rente foncière

Autre source de revenus, la rente foncière différait de la rente constituée. Elle reposait sur une redevance fixe, créée sur des terres et maisons lors de leur aliénation. La rente foncière permettait à des paysans pauvres et n'ayant d'autre capital que leur travail et celui de leur famille – et ils étaient nombreux à l'époque – de disposer d'un outil de travail dans des conditions plus intéressantes que celles résultant du bail à ferme dont l'expiration laissait les familles sans asile.

Cette rente foncière pouvait également être vendue par le créancier à une tierce personne qui se substituait au créancier initial pour percevoir les arrérages. Ainsi, le 26 décembre 1666, Vigor Bernard, seigneur de Durécu, reconnait avoir vendu à Raoul Courtel, de la paroisse de Saint-Vaast, le nombre de 50 sols tournois de rente foncière qu'il peut percevoir, chaque année, sur les héritiers de Richard Dieul de Saint-Vaast.

Les trois exemples qui suivent illustrent bien le mécanisme de la rente constituée et les obligations qui en découlent tant pour le créancier que pour les emprunteurs ou leurs héritiers.

Le 31 mars 1667, Vigor Bernard est obligé d'accepter le remboursement d'une rente constituée, *« lequel de sa franche voloncté, sans contrainncte d'aucunne personne, en obeissant à la clameur à luy preste à signifier, instance et requeste de Jean Hubert, fils Pierre Hubert de la paroisse de Quetehou, pour avoir et retirer cent souz de rente vendue, crée et constitué par Michel Hubert fils Jacques, à prendre sur Pierre Hubert[12] ».*

12. Cette clameur, inhérente à la Coutume de Normandie et sorte de sommation verbale ayant un caractère obligatoire, valait une assignation de la partie adverse devant une autorité judiciaire pour régler une affaire.

Le 30 juin 1667, il y a foule chez les tabellions royaux ! Jeanne Fauvel, Pierre Cresté, Jean Pouhier, Paul et Estienne Vindart, Pierre Jouan, Estienne et Nicolas Jouan, de la paroisse de Saint Vaast, tous héritiers à des titres divers de feu Philippe Fauvel, et qui de ce fait se trouvent débiteurs, reconnaissent devoir chaque année, *« au terme Saint Michel en septembre, à Vincent Bernard, fils de Thomas Bernard, vivant escuier, sieur de Montfort, cest a scavoir le nombre de sept livres de rente hipoteque, don de mariage d'ancienne constitution »*, donné à Marie Fauvel et vendu au défunt Thomas Bernard, le 7e jour de juillet 1647.

Le 14 décembre 1669, c'est Pierre Pouhier, fils de François de la paroisse de Saint-Vaast, qui se rend chez les tabellions de Quettehou pour régler le différend qui l'oppose à Vincent Bernard, sieur des Arcis, pour le défaut de paiement de cinq années d'arrérages de 20 livres de rente hypothécaire. Pour ce faire, il vend au sieur des Arcis *« une piesce de terre contenant cinq vergées de terre ou environ au bout et sur laquelle sont assis une maison à usage de grange et un autre bout de maison à usage d'estable, quelque masure estant au bout avec les cours et boesles des dites maisons… »*.

Comme on vient de le voir par l'étude de ces différents actes, les gentilshommes campagnards partageaient leurs activités entre l'administration et l'exploitation de leurs biens fonciers et le suivi de leurs affaires financières, avec les procès ou conciliations qui s'y rapportaient quand leurs débiteurs ne réglaient pas les arrérages dus. En fait leurs soucis étaient parfois assez voisins de ceux des riches laboureurs, peu nombreux, qui aspiraient à les rejoindre, ceux-ci pouvant, comme Nicolas Beauvalet, être également des manieurs d'argent.

Nous avons déjà évoqué, au regard des actes qui nous sont connus, les interventions de Nicolas Beauvalet comme témoin, à la demande des tabellions, en 1667, 1668, 1669. C'est encore le cas, le 9 mars 1682. Il est alors sollicité pour arbitrer un différend entre les frères Maillard, après le décès de leur père, concernant la déclaration des *« meubles et immeubles »* de ce dernier. Nicolas jouit donc d'une notoriété certaine et a ainsi un rôle social affirmé au sein des paroisses du Val de Saire proches de Saint-Vaast.

Mais, plus souvent encore, Nicolas se rend chez les tabellions pour régler ses propres affaires.

Le 27 décembre 1682, c'est Noël Fleury de la paroisse de Crasville qui reconnait devoir à *« Maitre Nicolas Beauvallet de la paroisse de Saint Vaast »* la somme de 60 sols de *« rente hypothèque d'ancienne constitution au denier 14 »* et établie en avril 1682, ce qui correspondait à un taux d'intérêt de 7,14 %, alors que le taux normal était au denier 20, c'est-à-dire 5 %, sauf pour les emprunts monarchiques dérogatoires, émis à l'occasion des guerres, à des deniers plus faibles, donc de ce fait plus rémunérateurs et attractifs.

Eglise de la paroisse de Crasville.

Le 14 juillet 1687, Jacques Pouhier et Guillemette Beauvalet, son épouse, se rendent chez les tabellions, *« obtempérant à la clameur »* de Nicolas et Jean Beauvalet, ses frères, pour leur remettre *« le nombre et somme de trente livres »* de rente. Celle-ci avait été donnée par Nicolas Beauvalet, père de la dite Guillemette, et par ses frères Nicolas et Jean Beauvalet à l'occasion de son mariage, l'année précédente, avec Jacques Pouhier, *« laquelle remise et délaissance a été faite moyennant la somme de trois cent livres »*.

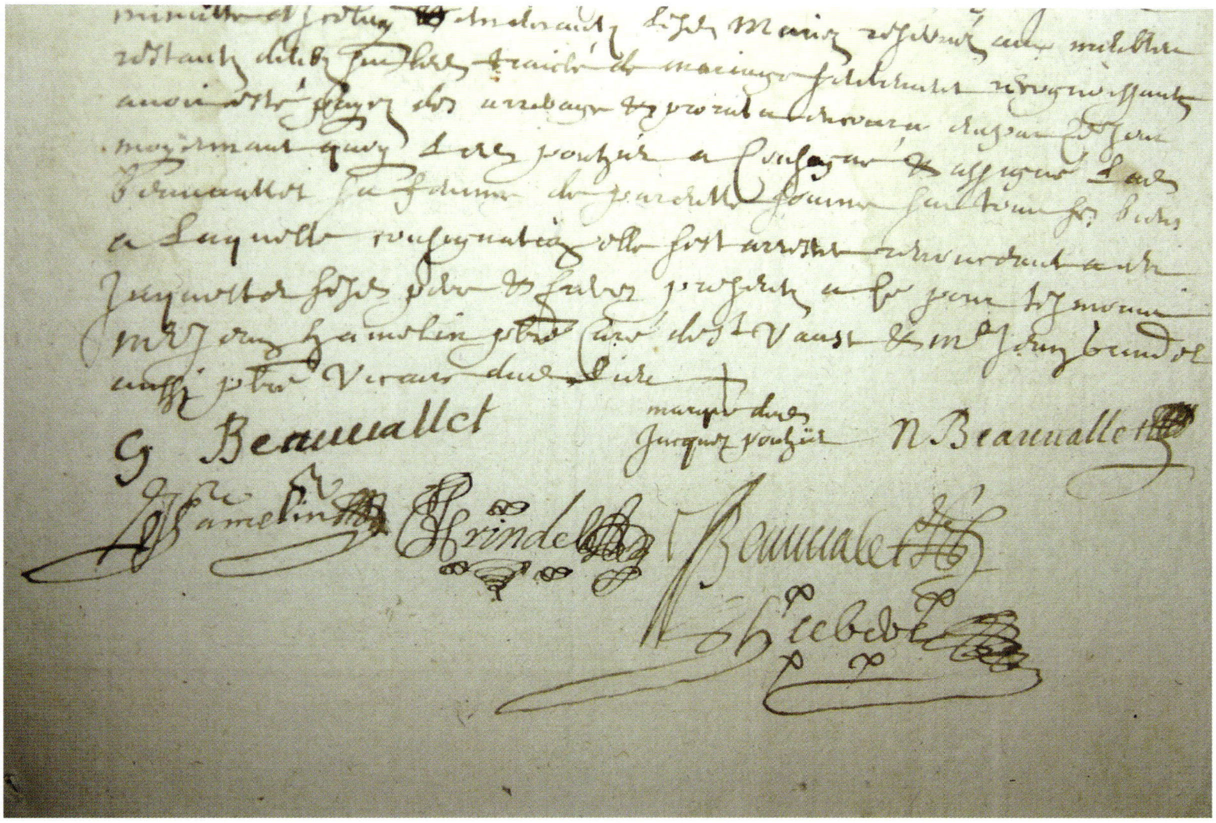

Signatures sur l'acte du 14 juillet 1687 : à gauche, signature de Guillemette Beauvalet, au milieu une croix pour Jacques Pouhier, qui ne sait pas écrire, à droite celle de Nicolas Beauvalet fils et celle de Jean Beauvalet.
(AD 50.)

Le 29 septembre 1687, c'est un *« matelot pescheur »* de Saint-Vaast, Guillaume Guiffard, qui reconnait, devant les tabellions, devoir la somme de 6 livres 10 sols de rente hypothèque à Maître Nicolas Beauvalet, dans un acte préparé par Nicolas Beauvalet, son fils présent, et en présence également de Germain Thin, Maître de bateau, sans doute (sauf homonymie) le premier ancêtre connu de l'actuel propriétaire de la demeure de Nicolas Beauvalet !

Ce sont donc les affaires d'argent qui intéressent principalement Nicolas, c'est un homme de la terre, qui conserve avant tout un esprit pratique, tout en ayant l'ambition de s'élever jusqu'au second ordre. C'est son « obsession » qui l'occupe plus que tout, beaucoup plus encore que les graves événements qui s'annoncent, liés à la politique étrangère du roi. En effet, la menace d'une guerre avec l'Angleterre reste toujours d'actualité. C'est la raison pour laquelle, après le démantèlement des châteaux de Cherbourg et de Valognes, voulu par le roi, quelques travaux de fortification côtière sont entrepris, au cours de l'année 1688, sur l'île Tatihou, à la Hougue, à l'église de Saint-Vaast et le long de la côte est, jusqu'à Audouville.

Quatre ans plus tard, 313 matelots sont levés, pour le seul département des Classes de Cherbourg en vue de la campagne de 1692, dont 55 matelots de Saint-Vaast qui vont rejoindre Brest pour embarquer sur les vaisseaux du roi, sous le commandement de Tourville. Parmi eux figure Nicolas Thin, maître de bateau, levé avec la qualification de pilote et ancêtre de l'auteur de ces lignes. Nicolas Thin va se battre pour son pays, se trouvant de fait, et sans doute par force, plus concerné par la politique étrangère du roi que Nicolas Beauvalet, le maître laboureur.

Tourville.

Louis XIV a donné ordre à sa flotte d'envahir l'Angleterre pour replacer sur son trône Jacques Stuart, le catholique, détrôné par son gendre Guillaume d'Orange, qui regroupe autour de lui les principales puissances européennes hostiles à la politique d'expansion territoriale de la France. Le vice-amiral Tourville doit retrouver à Saint-Vaast Jacques Stuart pour l'embarquer vers l'Angleterre avec les nombreuses troupes - plus de 10 000 hommes - qui stationnent auprès de la Hougue et sur les paroisses voisines, provoquant de nombreuses rapines et exactions diverses, en attendant l'arrivée de la flotte française.

Celle-ci, après un affrontement victorieux le 31 mai 1692, au large de Barfleur, contre les Anglo-Hollandais pourtant supérieurs en nombre, se trouve poursuivie, le long des côtes du Cotentin et Tourville, après l'abandon de trois vaisseaux, en trop mauvais état devant Cherbourg, fait route vers la Hougue, espérant pouvoir compter sur l'appui des troupes et bateaux qui s'y trouvent.

Le manoir du Houguet.

Cette poursuite, fait craindre à Pierre Mangon, sieur du Houguet, une descente toujours possible. Son manoir de Réville étant proche de la grève qui borde ses terres, Mangon aperçoit 138 navires de ligne et entend même, quelquefois assez distinctement, parler les ennemis. Craignant une tentative des Anglais, pouvant facilement atteindre la côte avec quelques chaloupes, Mangon fait armer à la hâte dix hommes qui, le mousquet sur l'épaule, vont se promener le long du rivage, pour laisser croire qu'il s'y trouve un corps de garde en alerte.

Tourville reçoit l'ordre de faire échouer ses vaisseaux, six sont alors échoués près de l'île Tatihou et six autres à proximité de la Hougue. Les Anglo-Hollandais, qui suivent la flotte française, voyant ces vaisseaux pratiquement sans défense, profitent de la marée du soir, le 2 juin, pour mettre le feu à ceux proches de Tatihou. Le 3 juin au matin, ils font de même avec ceux proches de la Hougue, en dépit des quelques tirs de mousqueterie et tentatives de résistance.

La bataille de la Hougue, estampe de William Woollett. *(AD 50.)*

Nous ignorons comment se comporta Nicolas Beauvalet pendant ces graves évènements qui se soldent par la perte de douze vaisseaux français devant la Hougue et l'île Tatihou. Mais il est vrai que sa demeure se trouvait moins exposée que celle du sieur du Houguet et avec des troupes proches, sur le rivage !

Poulie provenant de l'un des vaisseaux de Tourville. *(cliché musée de Tatihou.)*

En 1694, année où les tours de défense côtière de Tatihou et la Hougue commencent à sortir de terre, Nicolas a le grand malheur de perdre son épouse, Jacqueline, qui est inhumée dans l'église de Saint-Vaast, le 26 octobre, *« vis-à-vis le second pilier »*.

Désormais, la seule grande affaire qui compte encore réellement pour Nicolas, alors qu'il a à la fois fortune et considération, c'est d'obtenir enfin son anoblissement ! L'occasion va lui en être enfin donnée grâce aux besoins d'argent du trésor royal. À partir de la guerre de la Ligue d'Augsbourg (1689-1697) et celle de la succession d'Espagne (1700-1713), Louis XIV, qui a grand besoin de restaurer les finances du royaume, accorde à plusieurs reprises à ses sujets *« les plus méritants »* des lettres de noblesse en contrepartie d'une taxe payée par les bénéficiaires.

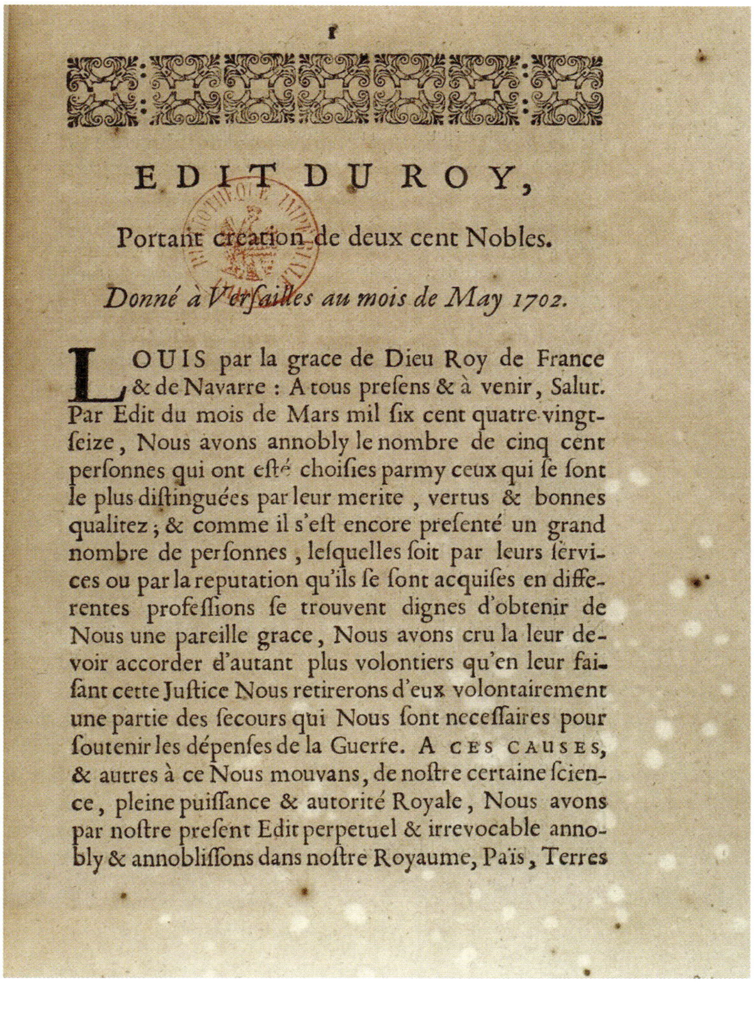

EDIT DU ROY,

Portant creation de deux cent Nobles.

Donné à Versailles au mois de May 1702.

LOUIS par la grace de Dieu Roy de France & de Navarre : A tous presens & à venir, Salut. Par Edit du mois de Mars mil six cent quatre-vingt-seize, Nous avons annobly le nombre de cinq cent personnes qui ont esté choisies parmy ceux qui se sont le plus distinguées par leur merite, vertus & bonnes qualitez ; & comme il s'est encore presenté un grand nombre de personnes, lesquelles soit par leurs services ou par la reputation qu'ils se sont acquises en differentes professions se trouvent dignes d'obtenir de Nous une pareille grace, Nous avons cru la leur devoir accorder d'autant plus volontiers qu'en leur faisant cette Justice Nous retirerons d'eux volontairement une partie des secours qui Nous sont necessaires pour soutenir les dépenses de la Guerre. A CES CAUSES, & autres à ce Nous mouvans, de nostre certaine science, pleine puissance & autorité Royale, Nous avons par nostre present Edit perpetuel & irrevocable annobly & annoblissons dans nostre Royaume, Païs, Terres

Cette pratique est souvent assortie, par la suite, d'un chantage à la révocation de ces lettres qui oblige les acheteurs à les payer à nouveau, quelques années plus tard, faute de quoi ils se retrouvent dans la roture. L'arrêt du conseil d'état du roi, du 31 juillet 1696 oblige ainsi ceux qui avaient obtenu des lettres de maintenue, de réhabilitation ou de rétablissement de noblesse depuis 1600, à les présenter à nouveau pour confirmation moyennant le paiement de nouvelles taxes, faute de quoi ces lettres de noblesse étaient annulées. Nicolas Beauvalet a-t-il fait une première tentative pour obtenir une lettre de noblesse en 1696, nous l'ignorons. Par contre, 1702 est l'année faste pour la concrétisation de son rêve !

En mai 1702, un édit royal accorde deux cents nouvelles lettres de noblesse en complément aux cinq cents accordées en mars 1696, justifiant ainsi sa décision : *«... et comme il s'est encore présenté un grand nombre de personnes, lesquelles soit par leurs services ou par la réputation qu'ils se sont acquises en differentes professions se trouvent dignes d'obtenir de Nous pareille grace, Nous avons cru la leur devoir accorder d'autant plus volontiers qu'en leur faisant cette Justice Nous retirerons d'eux volontairement une partie des secours qui Nous sont nécessaires pour soutenir les dépenses de la Guerre ».* Cet édit, selon le texte même signé par le roi, est *« perpétuel & irrévocable »*. Il est enregistré au Parlement le 16 juin 1702 puis à la Chambre des comptes le 27 et, pour finir, à la Cour des aides le 6 juillet. Des copies sont alors envoyées aux bailliages ou sénéchaussées du royaume.

Un arrêt du Conseil d'Etat du roi, en date du 20 juin 1702, avait fixé le prix de chaque lettre de noblesse, en exécution de l'édit de mai 1702, à six mille livres et 2 sols pour livre (soit au total 6 600 livres). Ces lettres pouvaient également être acquises par ceux dont les lettres avaient été révoquées dans le passé, ces nouvelles lettres *« leur tiendront lieu de confirmation »* ! Enfin ces lettres exemptaient les acquéreurs du *« service personnel de l'arrière-ban*[13] *et de toutes contribution à icelui pendant deux années »*.

On note, dans la copie adressée au parlement de Rouen, les recommandations du roi qui mandate les conseillers *« tenant notre Cour de Parlement à Rouen, que notre présent Edit ils aient à faire lire, publier & registrer, & le contenu en icelui garder & observer selon sa forme et teneur, cessant & faisant cesser tous troubles & empêchemens qui pouroient être mis ou donez, nonobstant Clameur de Haro, Charte Normande, tous Edits, Déclarations, Réglements, & autres choses à ce contraires, ausquels Nous avons dérogé & dérogeons par le présent Edit*[14] *»*.

C'est l'occasion à saisir pour Nicolas Beauvalet ! Passer directement de la roture à la noblesse pouvait se faire encore assez facilement au XVIe siècle, mais ce n'est plus le cas aux XVIIe et XVIIIe siècles. Un petit notable paysan demeurant au fin fond de la province, dans un modeste village du Cotentin, va réussir à devenir écuyer alors qu'il n'est même pas bourgeois ou membre de l'administration royale, même s'il semble déjà vivre *« noblement »*. À cette époque, c'est assez exceptionnel, la transition vers la noblesse s'effectuait le plus souvent en deux ou trois générations et la richesse seule, rendant possible l'achat de lettres de noblesse, ne suffisait pas à n'importe quel sujet du roi pour les obtenir. Des enquêtes étaient effectuées pour connaître la situation personnelle et familiale et le mérite des postulants.

Par ailleurs, comment Nicolas, habitant cette petite paroisse du bout du Cotentin, pouvait-il être si bien informé des intentions du roi ? Cela suppose sans doute un réseau de relations et d'appuis pouvant peut-être même remonter jusqu'à l'intendant de la généralité, demeurant à Caen ? Il est probable que Maître Beauvalet avait déjà ce réseau, grâce à ses contacts avec les divers ingénieurs du roi séjournant à Saint-Vaast, à l'occasion des travaux entrepris pour la fortification des côtes, et grâce à ses relations bien développées avec les notables valognais. Ces relations lui permettent d'ailleurs, à lui simple maître laboureur, de marier, en 1700, son fils avec la fille d'un riche bourgeois de Valognes.

---

13. Anciennement ban et arrière-ban, puis simplement, arrière-ban. Convocation que faisait le roi de sa noblesse, tant vassaux qu'arrière-vassaux, pour aller à la guerre. Après la disparition des vassaux directs de la couronne, les deux mots ban et arrière-ban finirent par n'avoir plus de signification pratique distincte. On exprimait, par ces mots ou par arrière-ban seul, le service militaire exigé des possesseurs de fiefs. Dès la fin du Moyen Âge, il devient possible pour chaque fief de se racheter de ce service moyennant le versement d'une somme d'argent. Avec le produit de cet impôt, le roi entretient des mercenaires, archers ou gens d'armes, soldats de métier, qui supplantent l'armée féodale.
14. *Recueil des édits, déclarations, lettres-patentes, arrêts et règlements du roi, registrés en la Cour du Parlement de Normandie, depuis l'année 1700, jusqu'en 1706,* Rouen, Richard Lallemant, imprimeur du Roi, 1774.

On ne peut, en effet, qu'être étonné par la rapidité dont fait preuve Nicolas Beauvalet dans cette affaire. Sans attendre, Nicolas, bien informé, effectue, ou fait effectuer, les démarches nécessaires pour pouvoir se trouver parmi les premiers bénéficiaires de l'édit royal. La preuve, nous pourrions l'avoir grâce à l'acte de baptême de son petit-fils, qui nous apprend que, le 4 mai 1702, est né *« Charles Nicolas de Beauvalet, fils de Jean, escuyer »* tandis que son parrain est : *« Nicolas de Beauvalet, prêtre, escuyer, son oncle »* !! Il s'agit des deux fils de Nicolas. Or celui-ci n'a pas encore réglé l'achat de son titre puisque l'arrêt du conseil d'état du roi, fixant le prix de chaque lettre de noblesse, ne sera rendu public que le 20 juin. C'est, vraisemblablement, une anticipation osée de leur futur état !

Armoiries de Nicolas de Beauvalet, Registres mémoriaux de la Cour des Aides, Parlement de Rouen.

Cette « anticipation » avait déjà été pratiquée, à diverses occasions, de longues années auparavant, par son fils Nicolas, jeune prêtre, comme nous le découvrirons plus loin en évoquant ce personnage étonnant.

Nicolas se trouve donc bénéficiaire, en 1703, de l'une de ces nouvelles lettres qui lui donnent la qualité d'écuyer. Son blasonnement est le suivant : *de sable, au chevron d'argent, accompagné d'un croissant d'or en pointe et en chef d'un barbeau d'argent accompagné de deux étoiles d'or. Timbre et lambrequins*[15].

15. AD 76, Registres mémoriaux de la Cour des Aides, 3B48, f° 536 v°. Le timbre, ornement extérieur au blason (casque ou, par exemple, coiffure pour un ecclésiastique) est la marque la plus distinctive de la noblesse, les roturiers ne pouvant avoir des armoiries « timbrées », c'est-à-dire surmontées d'un casque. Pour les anoblis, le casque, depuis 1697, devait être blanc et à trois grilles et posé de profil, mais cette règle n'était pas toujours respectée.

Quelle peut être la symbolique du barbeau qui figure sur le blason de Nicolas Beauvalet? S'il est difficile de la connaître avec certitude, il nous semble intéressant d'évoquer ce que pouvait signifier ce barbeau en nous référant à Louvan Geliot, avocat au parlement de Dijon et auteur d'un *Indice Armorial*, édité en 1635, à Paris, par Pierre Billaine.

Notre auteur nous précise, à la notice POISSON, que quelques princes et seigneurs ont choisi de *« charger l'Ecu de leurs armes de la figure, qui d'un dauphin, qui d'un barbeau, qui d'un chabot, qui d'un autre poisson pour nous faire savoir que rien ne sortoit de leur bouche, que ce que la pointe de leur coeur y poussoit »*. Pour un noble, porter un barbeau sur ses armoiries signifierait donc que ses paroles sont toujours en accord avec sa pensée intime, qualité que l'on appelle la franchise.

Barbeau commun.

Maintenant, il semble intéressant de s'arrêter sur quelques passages de la lettre du roi adressée à Nicolas, lettre qui sera précieusement conservée par son fils Jean, durant toute sa vie, avec ses autres papiers de famille, dont les contrats de mariage.

Le roi rappelle, selon des formules identiques à toutes les lettres de noblesse, le contexte de l'anoblissement, la raison du choix et les obligations de l'anobli: sa lettre particulière d'anoblissement lui sera expédiée *« en payant une somme auxquelles elles sont fixées pour aider aux besoins pressants de la guerre où nous nous trouvons engager et comme nous avons esté pleinement informé de la famille, mérite et bonne qualité de mon cher et bien aimé Nicolas de Beauvallet père qui a toujours vécu noblement et a du bien suffisamment pour soutenir la qualité de noble et d'écuyer, désirant le traiter favorablement et luy donner des marques de notre satisfaction, nous l'avons choisy et agréé pour luy des deux cents annoblis créés par notre édit »* du mois de mai 1702.

Le roi précise également qu'il pourra acquérir terres et seigneuries et il permet à sa postérité de porter les armoiries timbrées telles quelles sont réglées et blasonnées par le sieur d'Hozier ingénieur d'armes de France, avec pouvoir pour lui et sa postérité, de *« les faire peindre, graver et insculpter sur tous endroits de ses maisons terres et seigneuries que bon luy semblera; sans que pour raison du présent anoblissement le dit Nicolas de Beauvallet et ses descendants soient tenus de nous payer ni à nos successeurs Roys aucune finance ni indemnité dont et a quelque somme quelles puissent monter nous leur et avons fait et faisons don par ces présentes à charge de vivre noblement sans déroger à la dite qualité et sans que le dit anoblissement puisse estre par nous et nos successeurs suprimé ni révoqué ni sujet à aucune taxe pour estre confirmé »*.

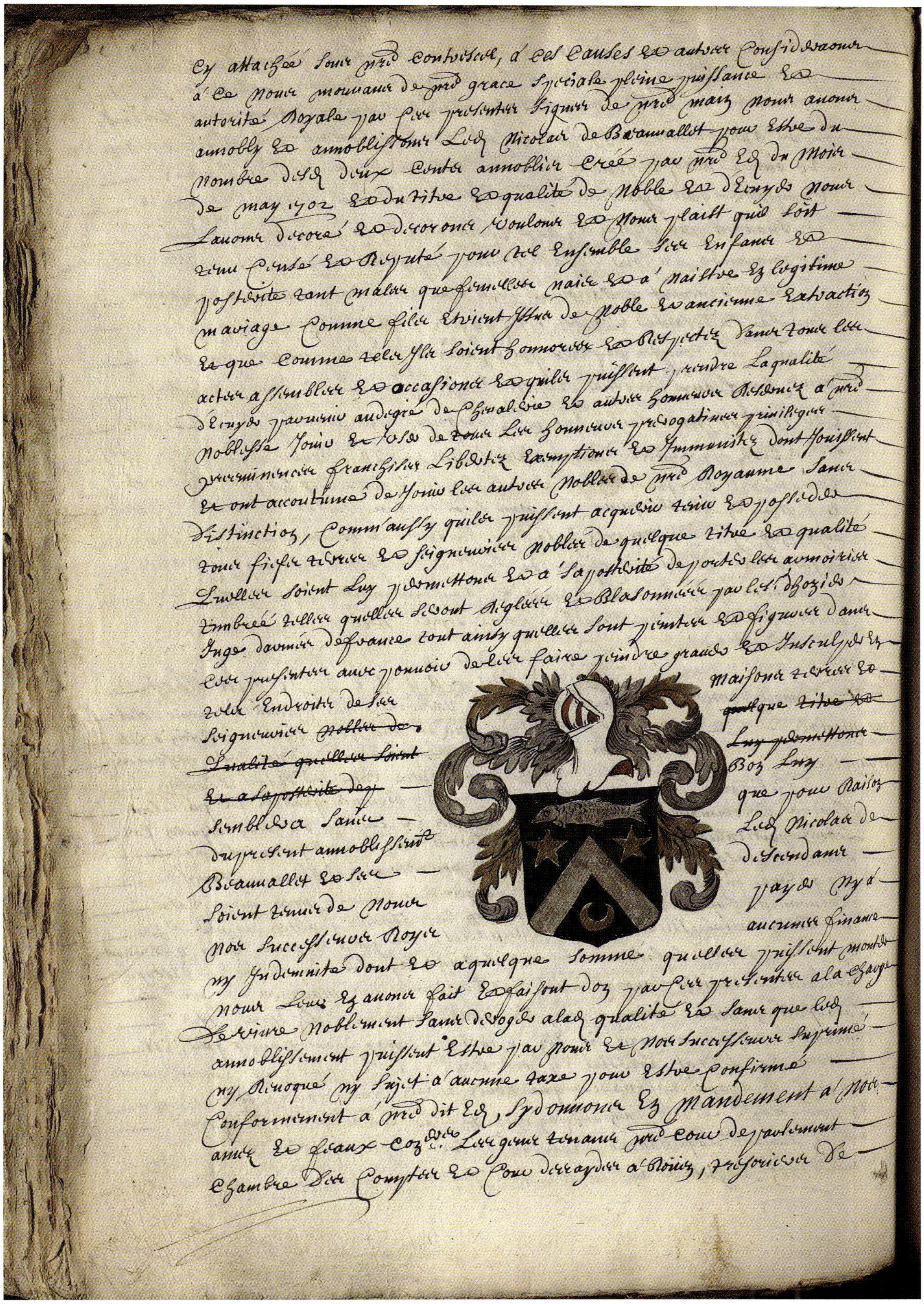

Une des pages de la lettre de noblesse de Nicolas de Beauvalet, Registre de la Cour des Aides.

La Cour des aides confirme et enregistre, au vu du règlement des 6 000 livres, l'anoblissement de Nicolas Beauvalet le 21 mai 1703[16], décision dont ce dernier n'aura hélas pas connaissance, car il est décédé le mois précédent, le 29 avril 1703, comme l'indique le registre paroissial, *« le corps de Nicolas de Beauvallet, escuyer, agé de quatre-vingt-cinq ans fut inhumé dans l'église de St Vaast proche l'autel de La Trinité ».*

L'église de Saint-Vaast, aquarelle d'E. Bisson, d'après le tableau de Crestey.

Ce sont donc les enfants de Nicolas de Beauvalet qui profitent de ce nouveau statut social et, comme nous l'avons vu, ils n'ont pas hésité à affirmer leur nouvelle position avant même qu'elle soit validée par le roi ! En effet, ces lettres de noblesse avaient l'avantage d'être héréditaires, comme le précisait l'édit du roi : *«...voulons qu'ils soient censez et reputez pour Nobles, ensemble leurs enfans & posterité nez & à naistre en loyal mariage ».*

Pourtant, les Beauvalet devront, peu d'années après, payer au roi de nouvelles taxes pour confirmation de leur noblesse, lorsque le royaume aura, à nouveau, besoin d'argent ! Le roi savait qu'il pouvait taxer facilement ces nouveaux nobles, soucieux de conserver leur nouveau statut et avides de considération sociale. En effet, à cette époque tout homme qui, du fait de ses activités se trouvait assez riche, aspirait à poursuivre son élévation sociale et donc à quitter le tiers-état pour rejoindre le second ordre, la noblesse, modèle social dominant, et donc à payer, même cher, le degré d'honneur et de distinction ainsi obtenu.

La duplicité du pouvoir

À la lecture de la lettre de noblesse de Nicolas et au vu de son contenu qui semble sans ambiguité, on ne peut qu'être confondu par la duplicité du pouvoir royal vis-à-vis de ses nouveaux nobles. Ces derniers lui apportent des ressources financières qui lui manquent cruellement et pourtant le roi n'hésitera pas, en contradiction avec sa propre parole, à les taxer à nouveau, à la première occasion venue !

Toutefois, une conclusion s'impose déjà. Nicolas Beauvalet, homme de la terre, a su s'enrichir par le biais des rentes, grâce à son habileté de manieur d'argent. En conjuguant son intelligence et sa richesse, aidé par un important réseau relationnel, il a réussi à s'élever encore plus dans la hiérarchie sociale, passant ainsi directement de la roture au second ordre, ce qui est remarquable.

16. Arundel de Condé G. (comte d'), *Dictionnaire des anoblis normands (1600-1790)*, 1975. À noter son interprétation différente des armoiries de N. de Beauvalet puisqu'il y voit un brochet au lieu du barbeau ! De même, Jougla de Morenas (H.) y voit un saumon. Pour les dates d'enregistrement, d'autres sources, moins sûres, l'avancent au 11 mars 1703, soit un peu avant le décès de Nicolas Beauvalet : Magny Edouard (de), *Nobiliaire de Normandie, Liste chronologique des lettres d'anoblissement enregistrées à la cour des comptes, aides et finances depuis la dernière maintenue des nobles jusqu'à nos jours*, tome 2, 1863-64. Pourtant la lettre de noblesse de Nicolas de Beauvalet conservée aux AD 76 est bien datée du 21 mai 1703. Par contre elle est officialisée par le roi dès février 1703.

Nicolas et Jean, nobles et manieurs d'argent

Désormais c'est Jean de Beauvalet, âgé d'une quarantaine d'années, qui profite réellement du statut d'écuyer, même si son père vivait déjà noblement, avant même d'obtenir son anoblissement dans les dernières semaines de sa vie ! Son frère aîné, Nicolas, prêtre de son état, jouit aussi de la fortune et de l'ascension sociale de leur père, mais il est également, un habile et avisé « manieur d'argent ». Nicolas, enfin, semble même plus ambitieux que son frère.

Ce sont Nicolas et Jean qui font figurer rapidement sur leur belle porterie, permettant d'accéder à leur domaine et logis, les armoiries créées lors de l'anoblissement de leur père et malheureusement buchées au cours de la Révolution.

Armoiries buchées.

Jean, pas encore anobli, s'était marié à l'âge de trente-six ans, à Valognes, le 13 mai 1700, avec une jouvencelle de dix-sept ans, Marie Charlotte Le Conte, fille de riches bourgeois de cette cité aristocratique. L'afflux d'une noblesse de plus en plus nombreuse et la multiplication des titres et des offices conférés à la bourgeoisie avaient permis à la ville d'affirmer son statut de petite capitale du Cotentin, dès le XVIIe siècle. Le siècle du Roi Soleil a été pour Valognes celui de son essor et de sa plus grande prospérité.

Jean, bénéficiant des relations de son père, contribue, par ce mariage, à l'ascension sociale des Beauvalet, en nouant des liens avec une famille ayant alors un statut plus élevé que le sien. Quelques mois plus tard, le 14 novembre 1700, les proches parents se retrouvent chez les tabellions de Valognes pour l'enregistrement du contrat de mariage des futurs époux. Ce contrat avait déjà fait l'objet, avant le mariage, d'un acte sous seing privé en date du 7 mai.

La rédaction de ce premier acte avait été l'occasion de réunir parents et amis nombreux, à commencer par la famille: Maître Nicolas Beauvalet, père du futur époux, Messire Nicolas Beauvallet, prêtre, son frère, Maître Jacques Pouhier et Thomas Ruel ses beaux- frères, Maître Jean Leconte père, bourgeois de Valognes, et Marie Marguerite Anquetil, mère de la future épouse, Maître Charles Leconte, marchand, oncle paternel, Louise de la Vallée tante de la future épouse, Maître Philipin Fleury, oncle de la fiancée et Louis Anquetil, gardien des Cordeliers de Valognes, son oncle maternel, qui ont approuvé les additions faites, figurant dans l'acte.

Ce même acte sous seing privé avait été signé par Jean Beauvalet, Marie Charlotte Le Conte, Ambroise Murdrac noble habitant le manoir de Grenneville, peu éloigné de Saint-Vaast, Marie Marguerite Anquetil, Nicolas Beauvalet, prêtre, Le Conte Anquetil, oncle de la dite fille, Ruel Chaulieu, Fleury, Marguerite, Louise de la Vallée, Claire Frebert, Th. Viel, avec une marque de Beauvalet père, lequel n'avait pu signer autrement à cause de sa perte de vue, ceci en présence du sieur de Boisy de Brillevast et de Charles Simon de la paroisse de Saint Vaast, témoins qui avaient également signé ce dit jour de mai 1700, avec, en marge, la signature de Marie Madeleine Cadot de Grenneville, l'épouse de Nicolas Murdrac.

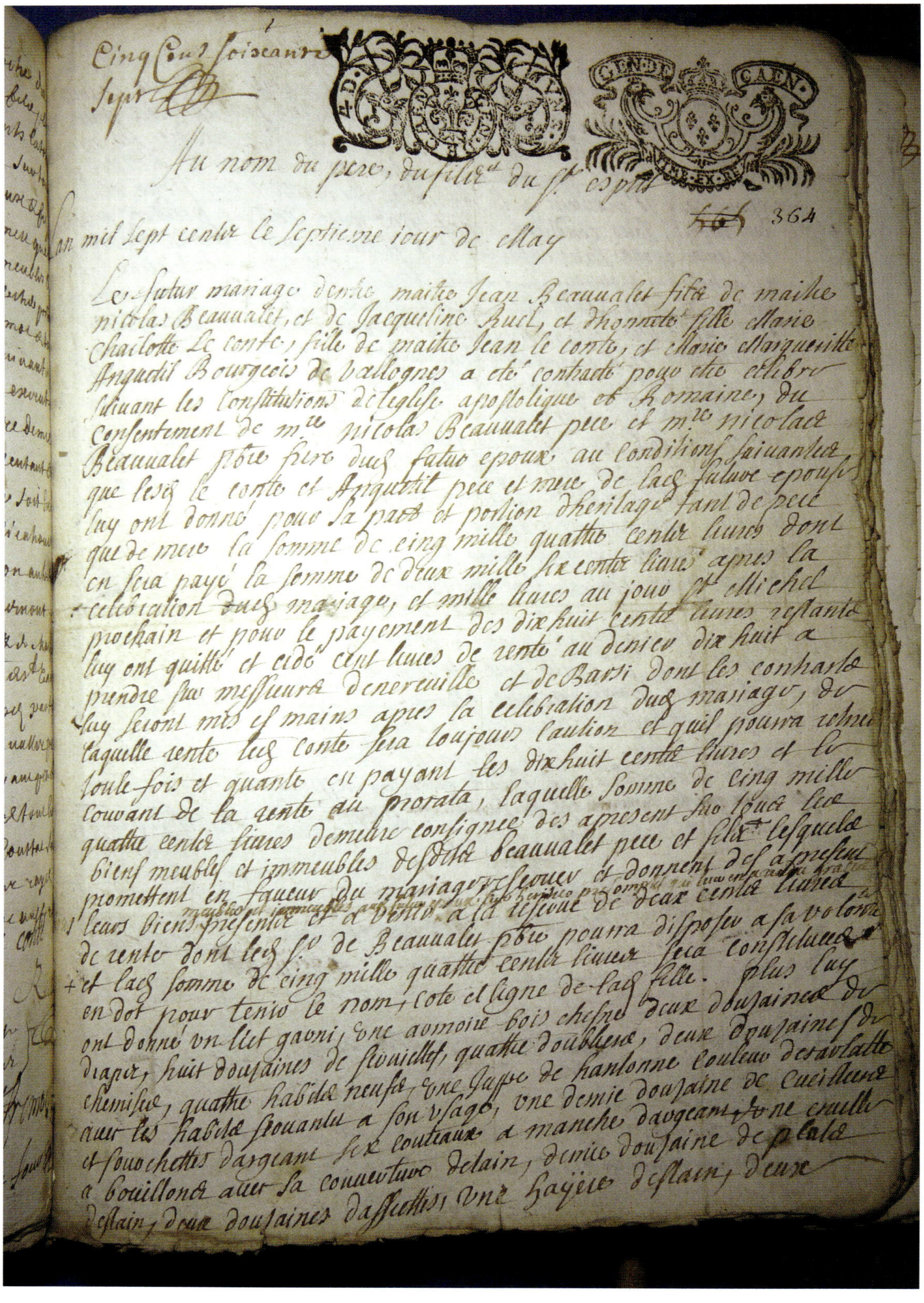

Cinq Cent soixante sept

Au nom du pere, du filz et du St esprit

364

L'an mil sept cents le septiesme jour de May

Le futur mariage d'entre maitre Jean Beauvalet filz de maitre nicolas Beauvalet, et de Jacqueline Ruel, et d'honneste fille Marie Charlotte Le conte, fille de maitre Jean le conte, et Marie Marguerite Anquetil Bourgeois de ballognes a esté contracté pour estre celebré suivant les constitutions de l'eglise apostolique et Romaine, du consentement de Mre nicolas Beauvalet pere et Mre nicolas Beauvalet prestre frere dud. futur epoux aux conditions suivantes que lesd. le conte et Anquetil pere et mere de lad. future epouse luy ont donné pour sa part et portion d'heritage tant de pere que de mere la somme de cinq mille quattre cents livres dont en sera payé la somme de deux mille six cents livres apres la celebration dud. mariage, et mille livres au jour St Michel prochain et pour le payement des dixhuit cents livres restants luy ont quitté et cedé cent livres de rente au denier dixhuit a prendre sur messieurs de [illegible] et de [illegible] dont les contracts luy seront mis es mains apres la celebration dud. mariage, de laquelle rente led. conte sera tousjours caution et qu'il pourra rembourser toutefois et quantes en payant les dixhuit cents livres et le courant de la rente au prorata, laquelle somme de cinq mille quattre cents livres demeure consignee des apresent sur touts leurs biens meubles et immeubles desdits Beauvalet pere et filz lesquels promettent en faveur du mariage [illegible] et donnent des a present leurs biens [illegible] presents et a venir a la reserve de deux cents livres de rente dont led. Sr de Beauvalet prestre pourra disposer a sa volonté et lad. somme de cinq mille quattre cents livres sera constituee en dot pour tenir le nom, coté et ligne de lad. fille. plus luy ont donné un lict garni, une armoire bois chesne deux douzaines de draps, huit douzaines de serviettes, quattre [illegible], deux douzaines de chemises, quattre habits neufs, une juppe de [illegible] couleur d'escarlatte avec les habits servants a son usage, une demie douzaine de cuilleres et fourchettes d'argent six couteaux a manche d'argent, une [illegible] a bouillon avec sa couverture d'estain, demie douzaine de plats d'estain, deux douzaines d'assiettes, une [illegible] d'estain, deux [illegible]

Contrat de mariage de Jean Beauvalet et de Marie-Charlotte Le Conte, 7 mai 1700. *(AD 50.)*

Prenons maintenant connaissance du contrat de mariage de Jean et Marie Charlotte. L'ensemble des biens qui y figurent ne se limite pas aux seules espèces apportées par la future mariée. Jean Beauvalet a la chance d'avoir une épouse très richement dotée. Elle lui apporte, outre meubles, linge et argenterie, 5 400 livres de dot, somme considérable à l'époque et sans commune mesure avec celles des catégories sociales même aisées vivant à Saint-Vaast.

Le contrat signé le 7 mai, précise que la somme de 5 400 livres, donnée par les parents de Marie Charlotte, sera versée en trois fois, 2 600 livres juste après la célébration, 1 000 livres *« au jour saint Michel prochain »* et enfin pour les 1 800 livres restantes, les futurs époux recevront 100 livres de rente au denier 18, *« à prendre sur messires Dancreville et de Boissy »* dont les contrats leur seront remis en main après la célébration du mariage.

De leur côté, les Beauvalet père et frère du marié promettent de donner tous leurs biens aux futurs époux, leurs héritiers présomptifs, dont ils conservent la jouissance et l'usufruit leur vie durant, à l'exception d'une somme de 200 livres de rente dont le fonds est de 4 000 livres et dont le sieur Beauvallet, prêtre, pourra disposer selon sa volonté.

La dotation de la future mariée comprend également : un lit garni, une armoire de chêne, deux douzaines de draps fins, huit douzaine de serviettes, quatre doubliers, deux douzaines de chemises, quatre habits neufs, une jupe de Hantonne, couleur écarlate, avec les habits servant à son usage (menu linge de femme).

La dot de Marie Charlotte ne se limite pas à ce que nous venons d'énumérer. La future épouse apporte en plus : une demi-douzaine de cuillères et fourchettes d'argent, six couteaux à manche d'argent une écuelle à bouillon avec sa couverture d'étain, une demie douzaine de plats d'étain, deux douzaines d'assiettes, une esguidée d'étain, deux flambeaux, deux pots, deux chopines le tout d'étain, un tapis de table couleur sable, de la même étoffe que le tour de lit et deux salières lesquels meubles sont estimés entre les parties à la somme de 1 000 livres sans y comprendre ces meubles, hardes et nippes qui sont dès à présent entre les mains de ladite future épouse qui se montent à la somme de 600 livres.

Les dots

Les recherches de l'historienne Annick Perrot sont très éloquentes sur ce point : la dot la plus élevée rencontrée chez les négociants de Saint-Vaast, au XVIIIe siècle, se situe à 2 900 livres tournois[1]. Pour les laboureurs, la dot la plus élevée n'est plus que de 1 300 livres, précédant de peu celles des maîtres de bateau où elle est de 1 200 livres. Pour les autres classes sociales, y compris les militaires, elle est toujours inférieure à 1 000 livres, tandis que pour pour les matelots pêcheurs et les artisans la dot se situe entre 250 et 300 livres, mais peut aussi se réduire, pour le pôle de population le moins favorisé, les journaliers et domestiques, à 80 ou 85 livres.

1. Perrot Annick, d'après ses recherches en vue de l'élaboration de sa thèse de Doctorat.

Le contrat précise enfin que c'est Louis Le Conte, prêtre, *« docteur en l'université de Paris et curé de Saint Godard de Rouen »*, oncle paternel de Marie-Charlotte, qui a fait donation à sa nièce de deux flambeaux d'argent, de deux salières et de diverses autres pièces d'argenterie. Ce détail sur la qualité de cette personne est aussi intéressant parce qu'il nous apprend que le Valognais Louis Le Conte, un des oncles de l'épouse de Jean, sans doute poussé par sa famille, a poursuivi de brillantes études à l'université de Paris et est titulaire d'une importante cure, celle de l'une des paroisses de Rouen.

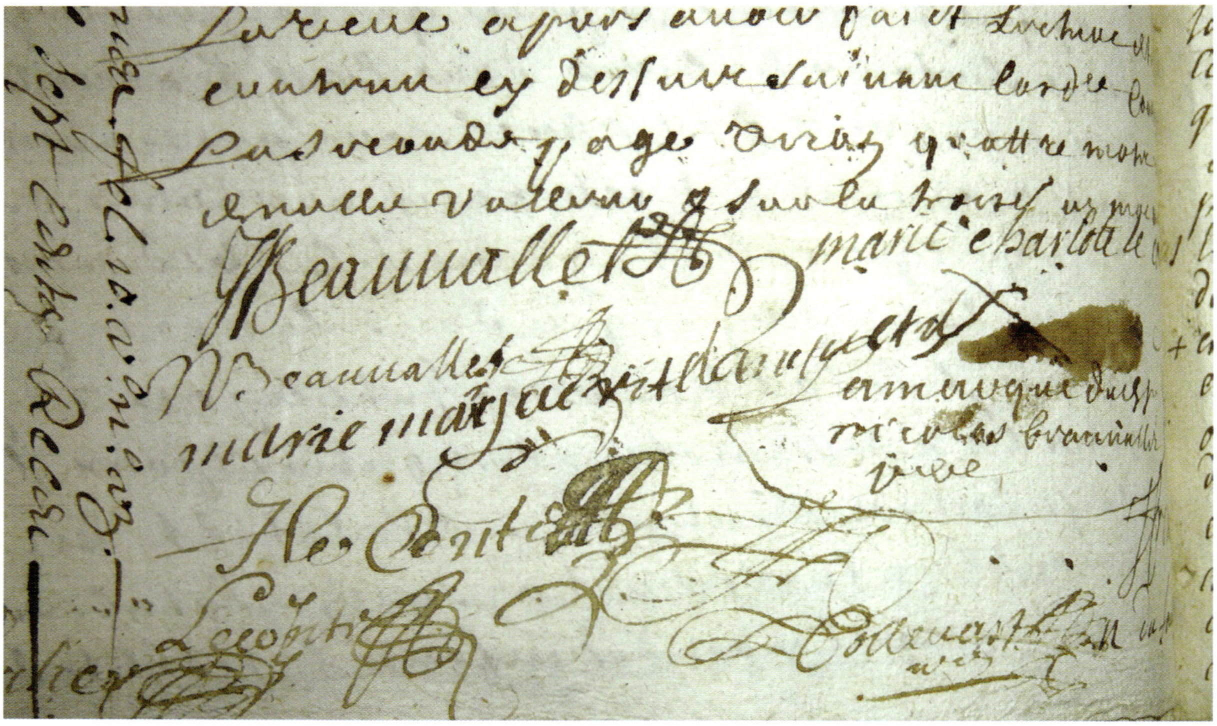

Signatures de Jean Beauvalet, de Marie-Charlotte Le Conte et de leurs familles sur le contrat de mariage.
(Archives départementales de la Manche.)

Cette alliance de Jean Beauvalet avec une jeune valognaise montre également que les classes aisées se fréquentaient et n'hésitaient pas, pour cela, à sortir de leurs domaines campagnards. Faire, à cheval, un trajet de presque trois heures ou au minimum deux heures pour un cavalier chevronné et fort pressé de se rendre à Valognes, n'empêchait pas de nouer ces relations mondaines, habitude qui se poursuivra pour les Beauvalet, comme nous le verrons avec la génération suivante.

Le mariage de Jean nous pose par ailleurs question, lorsque l'on découvre, sur l'acte, la mention *« après publication d'un ban seulement controlé du jour d'hier ayant obtenu dispense des deux autres »*. La dispense de deux bans, moyennant espèces, trois étant normalement obligatoires et lus lors du prône pendant la messe, le dimanche des trois semaines précédant le mariage, était sollicitée soit si la future mariée était enceinte, soit si le mariage se trouvait dans une période de temps clos (Carême ou Avant), soit lors du remariage d'un veuf. Or les deux dernières situations n'étant pas d'actualité, il ne resterait que la première. Il faut donc chercher si l'on trouve trace d'un baptême d'un nouveau-né illégitime ou d'un enfant trouvé dans les mois précédents la naissance du premier enfant né « officiellement » après le mariage de Jean et Marie Charlotte.

La consultation des registres paroissiaux de Valognes, domicile de la jeune mariée, avant ses noces, pour l'année 1700 et jusqu'en août 1701, puisque Charles Nicolas de Beauvalet, son premier enfant figurant sur les registres de la paroisse de Saint-Vaast, est baptisé le 4 mai 1702, n'apporte pas de certitudes. Mais la crainte d'une entorse à la morale de l'époque, de la part de Marie Charlotte ne subsiste guère car il n'y a, à Valognes, dans cette période que deux naissances « suspectes » donnant lieu à des baptêmes, mais trop tardives, car l'une datant de mars et l'autre d'avril 1701, c'est-à-dire 12 à 13 mois après le mariage de Jean et Marie Charlotte. Le 13 mars, c'est le baptême d'un enfant mâle par *« une nommée demoiselle Le Clerc »* peut-être la gouvernante d'une noble dame? Le 11 avril, il s'agit vraiment d'un bébé abandonné, une *« fille de parents inconnus d'environ huit jours, trouvée à la porte de l'hopital du dit lieu, sur les cinq heures du matin »* qui sera baptisée le même jour !

L'honneur de Marie Charlotte est donc sauf! Nous pouvons également préciser que les notables et encore plus les nobles avaient pris l'habitude de se dispenser de cette règle des trois bans, estimant que leur position sociale ne justifiait pas ces annonces répétées. Cette dérogation aux règles de l'Eglise, qui pouvait être obtenue, donnait lieu à un don au clergé.

Trois années plus tard, en 1703, Jean Beauvalet et son frère Nicolas peuvent enfin, à juste raison, se titrer écuyer grâce à l'acquisition, déjà évoquée, d'une lettre de noblesse par leur père Nicolas. Les deux frères représentent la première génération des Beauvalet pouvant profiter pleinement de cette ascension sociale dans le second ordre, mais il leur faut défendre presque aussitôt cette position tant désirée !

Par un édit royal d'octobre 1704, qui sera publié à la cour du parlement de Rouen le 8 janvier 1705, Louis XIV décide de supprimer cent des deux cents lettres de noblesse créées par son édit de mai 1702. Ces lettres n'avaient pas trouvé preneur par suite du manque d'argent et de confiance. On peut le comprendre d'autant plus que Louis XIV, dans son édit d'octobre 1704, fait encore un appel pressant et non discutable aux nouveaux anoblis de 1702 pour qu'ils conservent *« les privilèges accordés par les autres Lettres de Noblesse »*. Le roi justifie ainsi son appel: *« ...comme acquit ces Noblesse, l'exemption des contributions qui Nous sont payées par les Roturiers, & que la plus part ne se trouvant point en état de Nous servir dans nos Armées, comme les anciens Nobles de notre Royaume, Nous ne doutons point qu'ils ne se portent volontiers à Nous secourir de leur credit dans les besoins pressans de l'Estat, d'autant plus que Nous leur donnerons des rentes au denier vingt des sommes qu'ils Nous payeront. »*

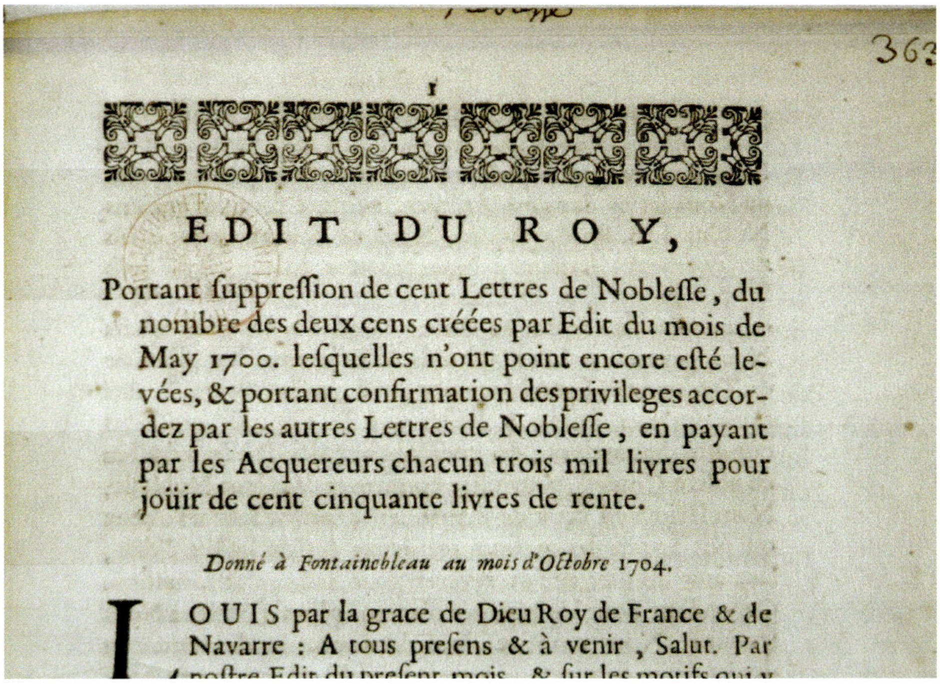
363

1

EDIT DU ROY,

Portant suppression de cent Lettres de Noblesse, du nombre des deux cens créées par Edit du mois de May 1700. lesquelles n'ont point encore esté levées, & portant confirmation des privileges accordez par les autres Lettres de Noblesse, en payant par les Acquereurs chacun trois mil livres pour joüir de cent cinquante livres de rente.

Donné à Fontainebleau au mois d'Octobre 1704.

LOUIS par la grace de Dieu Roy de France & de Navarre : A tous presens & à venir, Salut. Par

Les Beauvalet se trouvent donc obligés, comme chaque nouvel acquéreur non seulement des lettres octroyées par l'édit royal de 1702 mais également des cinq cents créées par l'édit de 1696, de payer au trésor royal la somme de 3 000 livres et 2 sols pour livre (soit 300 livres). En compensation de cette somme, ils bénéficient de cent cinquante livres de rente annuelle.

Dans ce XVIIIe siècle naissant, quelle peut-être la physionomie du domaine des Beauvalet à Saint-Vaast ? Sans doute est-il peu différent de notre description de 1686. Nous avons la chance de nous trouver sur une côte à l'importance géo-stratégique certaine, lieu de débarquements répétés au cours des siècles passés, car plate, sableuse et d'accès facile, à l'abri des vents et houles dominants d'ouest. De ce fait, elle est régulièrement l'objet de représentations de plus en plus détaillées par les cartographes et ingénieurs du roi. C'est le cas en 1708. Nicolas Mangin, ingénieur du roi aidé de son frère Jean, poursuit à Saint-Vaast son relevé des ports et côtes normandes, entrepris depuis 1696, la Hougue ayant déjà fait l'objet d'un premier plan en 1699. Cette fois-ci, il s'agit d'un immense plan entièrement manuscrit, de 110 cm x 173 cm, s'étendant de Réville à Quinéville et d'une grande maîtrise technique et scientifique, avec la figuration précise du parcellaire.

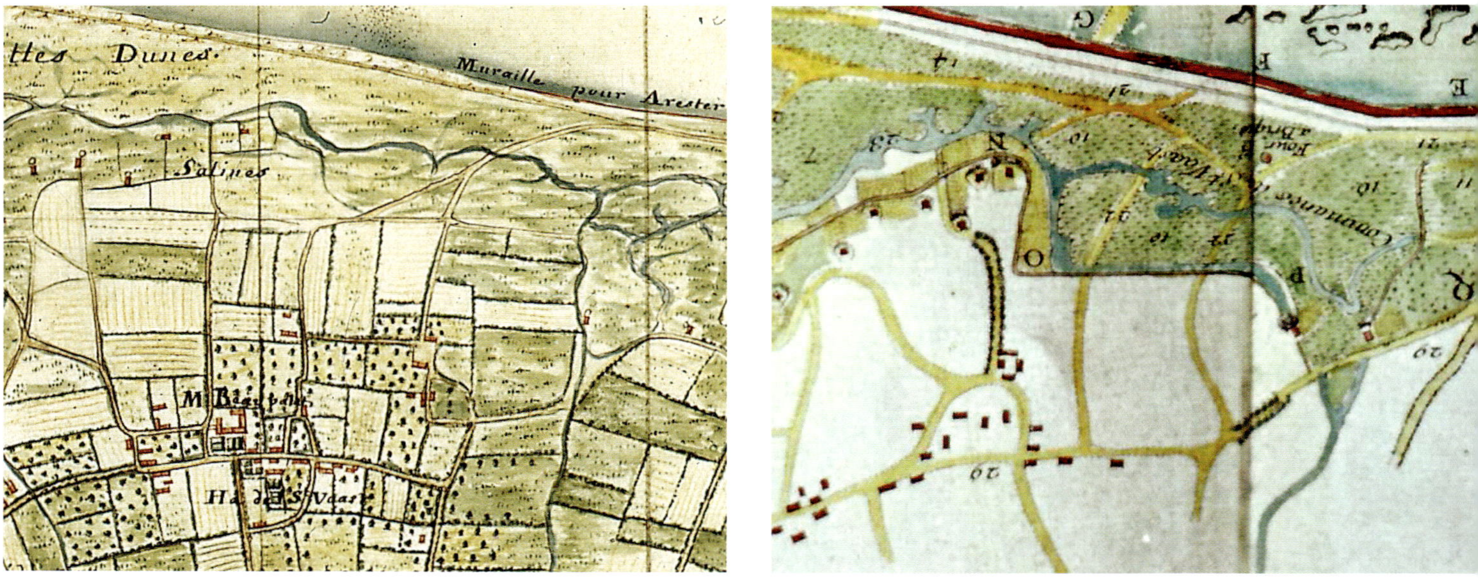

Représentation de l'emplacement du manoir des Beauvalet en 1708 et en 1724.

Ce plan nous permet d'avoir une première représentation fidèle de l'implantation de la demeure des Beauvalet, avec, en plus, l'indication *« M* [maison] *Beauvalet ».* Elle se dresse au fond d'une cour avec les communs qui l'entourent de part et d'autre, et qui délimitent ce qui sera appelée ultérieurement la cour d'honneur avec, à l'extrémité droite, un bâtiment d'angle la fermant partiellement. On voit bien, également, la proximité des salines tandis qu'un autre plan manuscrit consacré principalement aux salines, levé en 1724, bien que moins fidèle en ce qui concerne l'implantation et la forme exacte des bâtiments, nous révèle que, venant de la zone des salines, une belle allée bordée d'arbres permet alors de rejoindre le manoir, ce qui est assez curieux, l'allée n'aboutissant qu'aux salines. On retrouve d'ailleurs ce type d'allée, souvent plus importante, devant chaque propriété noble des environs, à Rideauville comme à Réville.

Pour revenir à la vie plus intime de Jean de Beauvalet et de son épouse, il est intéressant de noter la succession rapprochée des grossesses de Marie Charlotte qui a son premier enfant, Charles Nicolas, à 19 ans ! Charles Nicolas est baptisé le 4 mai 1702, avec pour parrain son oncle Nicolas, prêtre, et pour marraine sa grand-mère maternelle, Marguerite Anquetil. Cette première naissance sera suivie régulièrement par d'autres en avril 1704, octobre 1706, septembre 1707, août 1708, puis après une pose, en mai 1711 puis en juin 1716, soit 7 enfants, dont 5 garçons et 2 filles, en 16 ans ! Ses 3 premiers garçons décéderont en bas âge. Ce n'est qu'à 34 ans, qu'elle aura enfin un héritier mâle, Jean Antoine, qui lui survivra et deviendra monsieur de Durescu, son précédent fils, Jean Francois, né en 1711, étant décédé à l'âge de 22 ans, le 13 septembre.

Les deux enfants nés en 1707 et 1708 sont morts, le premier, le jour de sa naissance et le second, 5 mois après sa naissance. La mortalité infantile dans les années 1700, à Saint-Vaast, était proche de 150 ‰ pour les enfants de moins d'un an. On ne trouve pas trace, sur les registres paroissiaux de Saint-Vaast, du décès des deux garçons nés en 1702 et 1704, du fait d'un enregistrement assez mal tenu sur les registres paroissiaux des enfants morts l'année de leur naissance, surtout au XVIIe siècle. Il est cependant probable que leur vie a été également très courte, poussant Jean et Marie-Charlotte à avoir encore de nouveaux enfants mâles en 1711 et 1716, pour assurer leur descendance.

Enfin cette succession de naissances très rapprochées à partir de 1706, laisse supposer que Marie Charlotte n'allaitait pas ses enfants. C'est un signe révélateur d'aisance sociale réservée à la noblesse et à la bourgeoisie. L'épouse de Jean devait avoir une nourrice à demeure ou confier ses nouveaux nés à une nourrice voisine. À l'inverse, pour les classes peu aisées, le temps d'allaitement de la mère participait à un étalement des conceptions et donc au contrôle des naissances.

L'église de Grenneville.

En parcourant les registres paroissiaux, pour connaître les parrains des enfants de Jean, si l'on rencontre à trois reprises son frère Nicolas de Beauvalet, prêtre et écuyer, on y retrouve également des noms de la noblesse locale : en 1704, Jacques Felix Muldrac de Grenneville, écuyer et chevalier de Malte, en 1708, l'épouse du sieur des Coursières, en 1711, Louis Dyel, chevalier, seigneur du Parquet, comte de Sorel et lieutenant des vaisseaux du roi, *« commandant la marine en ce port »*, en 1716, Jean Antoine de Menildot, écuyer, *« seigneur et patron de Rideauville »*.

On voit ainsi que les Beauvalet fréquentent une noblesse bien plus ancienne, tout en n'hésitant pas, en ce qui les concerne, à conserver des liens avec les autres branches familiales restées roturières. Marie-Charlotte se trouve par exemple marraine, en 1703, de sa jeune cousine Marie Catherine Beauvalet, fille de Toussaint Beauvalet qui est le petit-fils de Jacques Beauvalet, dont le frère, maître Nicolas, avait choisi de rejoindre le second ordre.

Nous avons déjà évoqué, en 1704, le recours du roi à ses nouveaux nobles pour faire face aux besoins financiers de l'Etat. En janvier 1710, un nouvel édit royal porte sur la création de trente mille livres de rente au denier vingt qui devront être réparties entre les bénéficiaires des lettres de noblesse de 1696 et 1702, le roi précisant que : *« Nous nous flattons qu'ils se porteront d'autant plus volontiers à Nous aider dans nos besoins qu'outre que les prérogatives dont ils ont jusqu'à present joui sont considérables, Nous voulons bien leur accorder l'interest des sommes qu'ils Nous payeront pour cette confirmation. »* Les Beauvalet ne peuvent donc que répondre, à nouveau, à la demande du roi.

Le 15 décembre 1711, un arrêt du conseil du roi rétablit les cent lettres de noblesse retirées de la vente en 1704, moyennant le paiement de 6 000 livres. Les Beauvalet ne sont pas concernés, mais ils ne seront pas quittes pour autant ! En effet les lettres d'anoblissement étaient, depuis déjà longtemps, devenues pour le pouvoir royal un expédient fiscal, en jouant sur leur création puis leur taxation répétée, suivie de temps à autre par leur révocation, obligeant les anoblis à payer à nouveau pour voir leurs privilèges maintenus. Mais, quand on aime, on ne compte pas !

Le pire, pour les Beauvalet, arrive un peu plus tard ! Louis XIV, par l'édit d'août 1715, supprime tous les anoblissements par lettres attribués depuis le premier janvier 1689 !

Les Beauvalet, comme beaucoup d'autres anoblis, continuent à se prétendre toujours nobles, estimant que leur noblesse avait été indument révoquée. Mais ils figurent à nouveau sur les rôles des tailles, imposition dont étaient exemptés les nobles confirmés et ne sont plus considérés comme tels dans les correspondances ou actes officiels des intendants de la généralité. Les Beauvalet restent en attente d'une nouvelle opportunité royale, celle qui leur permettra de retrouver pleinement une place dans le second ordre, selon le bon vouloir du nouveau roi et surtout selon ses besoins en finances.

Jusqu'à maintenant, nous avons à peine évoqué la figure de Nicolas de Beauvalet, le frère aîné de Jean. Nous ne connaissons pas l'origine de sa vocation religieuse ni la formation exacte qui fut la sienne, à une époque où les clercs commencent à être instruits dans les séminaires, le plus grand nombre étant encore formés sur le tas. Dès le XVIe siècle, le Concile de Trente (1545-1563), réuni en réaction aux théories protestantes pour promouvoir une Contre-réforme catholique, avait, en plus de son travail doctrinal, institué les séminaires pour la formation des prêtres qui, par ailleurs, devaient avoir au moins 25 ans.

Les révocations de nobles

Ce chantage à la suppression, qui permet de refaire payer les acheteurs, a pesé ainsi sur la mobilité sociale, compromettant même le renouvellement de la noblesse. En Normandie, les deux principales révocations d'anoblissement par lettre, en 1664 et 1715, se sont soldées, selon le comte d'Arundel de Condé, par le rejet de presque 60 % des anoblis[2]. Le roi anoblit et révoque presque aussi largement. Quelle confiance peut-on avoir alors dans le pouvoir royal ?

2. Arundel de Condé Gérard (comte d') *Anoblissements, maintenues et réhabilitations en Normandie (1598-1790)*, Chap. IV, p. 113, SEDOPOLS Paris, 1981.

Dans la France du XVIIe siècle, les créations de séminaires étaient encore rares et il faut attendre 1698 pour que Louis XIV ordonne la création d'un séminaire dans chaque diocèse. Quoi qu'il en soit, Nicolas a une intelligence doublée d'ambition et, comme son père, est avisé dans l'art des prêts.

Buste de Nicolas de Beauvalet, écuyer et prêtre, conservé à Durécu.

A-t-il été un bon prêtre ? S'il dispose des connaissances et des compétences pour remplir valablement son office, connaissant sans doute le latin, la liturgie, les sacrements et disposant d'une culture théologique, il a également des connaissances juridiques lui permettant d'utiliser ou de préparer des actes notariés pour son père, comme par exemple le 26 septembre 1687, comme cela a déjà été relaté.

Alors que Nicolas vient juste d'être ordonné, son activité sacerdotale consiste à remplacer le curé de Rideauville assez souvent malade. C'est ainsi qu'il apparaît, à au moins dix reprises, en 1683, sur les registres paroissiaux de Rideauville comme officiant ou aide du curé de cette paroisse proche de son domicile. Sa présence est, par la suite, très épisodique (5 fois) pendant les huit années qui suivent et seulement en 1685 pour deux actes dont l'inhumation d'un enfant faite par *« moy nicolas de beauvalet prêtre sous-signé pour la maladie du sieur curé de Rideauville »* et, en 1689, pour trois actes. Le 9 janvier 1689, il baptise un fils de messire du Mesnildot, seigneur et patron de Rideauville. Nicolas en rend compte sur les registres paroissiaux en indiquant qu'il été fait *« par moy nicolas de Beauvalet, prêtre de St Vaast »*.

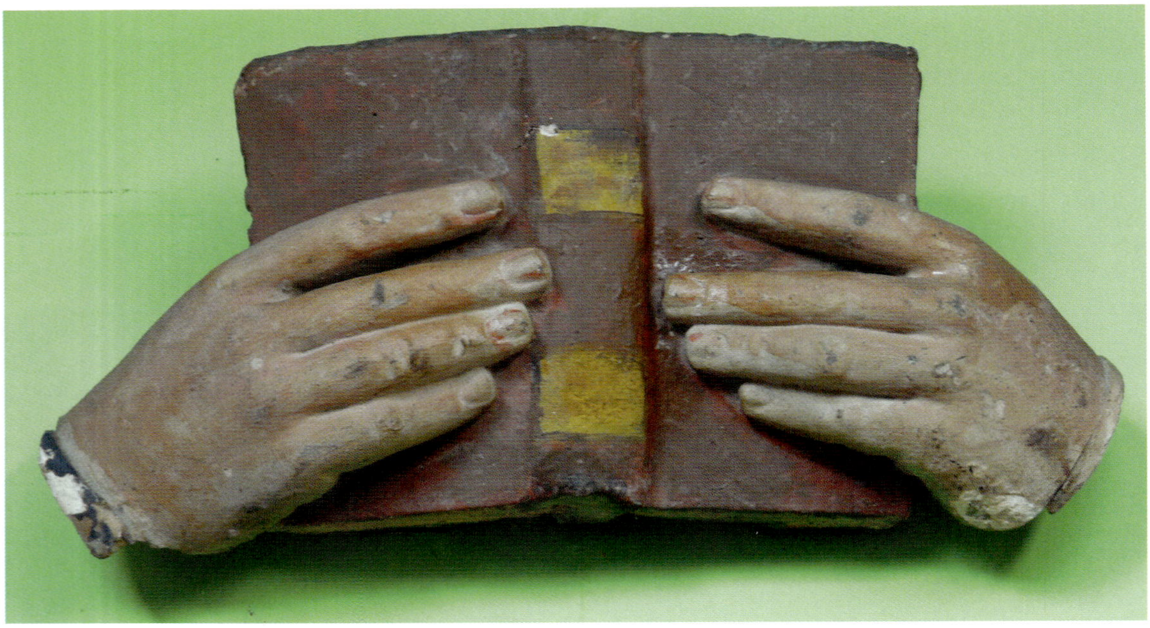

Mains de Nicolas de Beauvalet tenant son missel, conservées à Durécu.

Nous ne pouvons qu'être étonnés, dès 1685, de l'ajout précoce d'une particule qui ne sera acquise que 18 ans plus tard, témoignage sans doute révélateur de l'ambition sans limite du jeune prêtre pour se prétendre au sein du second ordre, bien avant que l'anoblissement ne soit accordé à son père par le roi, position qu'il estime encore plus valorisante que celle des prêtres, constituant pourtant le premier ordre.

A partir de 1700 et jusqu'à 1711, on ne retrouve Nicolas sur les registres paroissiaux de Rideauville qu'à l'occasion de quatre actes, en 1701, 1705, 1710 et 1711, dont les trois derniers font à nouveau état de Nicolas de Beauvalet. L'acte de 1711, relatif à un mariage précise même qu'il est : *« célébré par Nicolas de beauvalet, prêtre escuyer »*. Ce titre d'écuyer, il peut maintenant le revendiquer en toute légalité, grâce à l'anoblissement de son père en 1703.

Par la suite, Nicolas de Beauvalet semble s'être principalement consacré à la gestion de ses finances, en octroyant des prêts, sous forme de rentes constituées, concentrant pour son profit un certain nombre de dettes dont il est le créancier, pratique qui est aussi, à l'époque, celles de certaines communautés religieuses du royaume, mais à des fins plus altruistes[3]. Il s'occupe également de l'éducation de ses neveux et participe activement à la gestion des biens familiaux qui sont restés en indivision à la mort de son père. Il réside d'ailleurs dans la demeure familiale, où il a sa chambre attitrée.

Mais il faut aussi faire état, sur le plan religieux, de sa présence lors des visites archidiaconales de la paroisse de Saint-Vaast, particulièrement entre 1702 et 1730, où sa signature figure sur les comptes-rendus de ces visites faites par le vicaire général pour vérifier le bon état de fonctionnement de chaque paroisse.

<u>*Extraits du compte-rendu de la visite de 1702 :*</u>

«... aux pères et mères d'envoyer leurs enfants au catéchisme et d'y venir eux mesmes et faire deffense aux cabartiers de donner à boire ou à manger pendant le service divin; sera derechef adverty le Sr prieur [de Barfleur] *de l'obligation qu'il a de vivre en ecclesiastique et de donner l'exemple aux autres de venir à l'église au service, surtout les jours de dimanche, et de festes, n'étant prêtre que pour cela, ce que nous croyons en conscience estre obligé de luy faire dire et seront exécutés nos ordonnances touchant les petits enfants qu'on y apporte à l'église, les chiens qu'on y amène, le bon ordre des processions, les causeries aux portes de l'église, et la lecture au moinsd'un chapitre des statuts par mois au prosne de la messe et après avoir sur le tout enquis, et donné règlement avons signé »*[4].

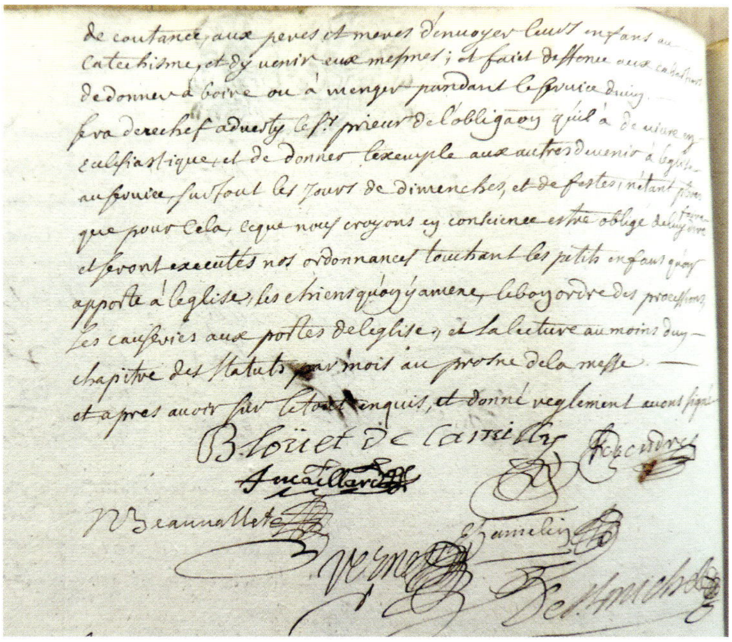

Les prêtres habitués

Un clergé relativement nombreux, composé d'un vicaire, d'un prêtre et de quatre *« prestes volontaires du lieu qui assistent aux offices[5] »*, que le chanoine Joseph Leterrier appelle « prêtres habitués », c'est-à-dire attachés au service de la paroisse sans avoir ni charge ni dignité, secondait alors le curé de Saint-Vaast[6]. Outre le vicaire, choisi par le curé et dont la plupart n'ont occupé le poste qu'une année, ces prêtres habitués bénéficiaient soit d'une rente constituée par un bienfaiteur et des honoraires de messes. Ils pouvaient aussi exercer des fonctions de chapelain ou d'aumônier des garnisons locales ou, ce qui est beaucoup plus rare, mais est le cas pour Nicolas, disposer d'un patrimoine familial.

3. Gomis Stéphane, Les fraternités de prêtres en France sous l'Ancien Régime, *Du ciel à la terre*, Presses universitaires de Rennes, 2008.
4. Conseil départemental de la Manche, AD 50, 301 J, document aimablement communiqué par Annick Perrot.
5. Archives nationales. fonds Marine, C4/159 Mémoire de Sicard, 1731.
6. Leterrier Joseph (chanoine), *opus cité.*

Le prêtre Nicolas de Beauvalet est en plus titulaire d'un office de Receveur des Aides, comme le signalent les registres paroissiaux de Saint-Vaast, le 14 juillet 1712, à l'occasion du baptême de Nicolas Picaud dont il est le parrain. Il s'agit sans doute de la charge de receveur des aides de Saint-Vaast dont l'existence du bureau est rappelée par l'inspecteur des pêches de Sicard, dans son rapport d'inspection de 1731, où il précise que le produit des recettes de ce bureau est alors d'un médiocre objet.

Le frère de Nicolas, Jean de Beauvalet, prête également de l'argent sous forme de rentes constituées, comme le prouve l'acte notarié du 12 aout 1719, concernant une constitution de rente effectuée par le Sieur Raoul Hyacinthe du Mesnildot au profit du sieur Jean de Beauvalet. Autre exemple, l'acte du 28 août 1719, qui concerne une constitution de rente faite par Marguerite Thin au profit du sieur Jean de Beauvalet. Si la terre, à cette époque, rapporte le plus souvent moins que la rente constituée[7] qui a favorisé l'enrichissement des Beauvalet, elle constitue un placement plus sûr.

Les Beauvalet vont, l'année suivante, en faire l'expérience, en étant victimes d'une grave crise financière qui va toucher l'ensemble du royaume, suite à l'effondrement du système de Law. Ecossais installé depuis peu à Paris, John Law avait proposé au régent, Philippe d'Orléans, d'ouvrir une banque qui deviendra Banque royale en 1718, afin d'endiguer la banqueroute qui se profilait du fait de l'état désastreux dans lequel se trouvaient les finances du royaume à la mort de Louis XIV et après des décennies de guerre. Son capital est constitué, pour les trois quarts, par des créances sur l'Etat. La banque émettra du papier-monnaie contre de l'or et prêtera à l'Etat le métal récolté. John Law est convaincu que des billets de banque remboursables à vue contre leur valeur en argent et garantis par le roi sont plus pratiques que la monnaie de métal et permettront d'accélérer les échanges et de faciliter le commerce et l'investissement. Les billets sont même acceptés par l'Etat en paiement des impôts.

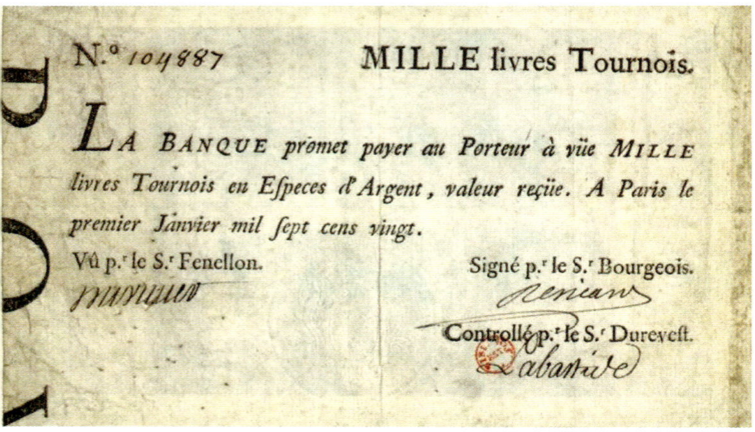

Billet de banque de 1 000 livres tournois.

Enhardi par son succès rapide, Law développe son système, qui va regrouper la Compagnie d'Occident transformée en Compagnie des Indes pour la mise en valeur des territoires coloniaux et dont les bénéfices promis provoquent une fièvre spéculative débouchant sur une hausse phénoménale des actions.

Simultanément les émissions de billets sont multipliées. Or, malgré les promesses de Law, les dividendes versés sont bien inférieurs à ce qui était attendu, conduisant les spéculateurs à vendre leurs actions qui perdent leur valeur, entraînant ensuite le discrédit des billets. On se presse, à Paris, aux guichets de la banque pour se faire rembourser en numéraire. Le 21 juillet 1720, un arrêté institue une semi-banqueroute. Le système est supprimé par paliers entre septembre et octobre. Le 10 octobre, enfin, on annonce la suspension des billets de la Banque royale à compter du 1er novembre. John Law, ruiné, s'enfuit de Paris le 14 décembre.

7. Cf. les estimations données par l'historien Denis Richet sur les rendements comparés de la terre et de la rente constitué au XVIe siècle, tendance qui s'est poursuivie aux siècles suivants.

À Saint-Vaast, les frères Beauvalet se trouvent face à des emprunteurs qui profitent de la situation pour mettre fin à leurs dettes en les remboursant en billets de banque qui perdent rapidement de leur valeur au cours de cette année 1 720. Le système de la rente constituée, rappelons-le, permettait à l'emprunteur d'obtenir un remboursement quand il le décidait, le prêteur ne pouvant s'y opposer.

C'est ainsi que durant cette année, de mars à octobre, plus de 12 800 livres, dont environ le quart de cette somme concerne des rentes au profit conjoint de Nicolas et de son frère Jean, sont remboursées aux Beauvalet, uniquement en billets, par sept des huit emprunteurs !

Le premier et seul remboursement en louis d'or, en date du 14 mars, concerne un capital de 762 livres. Le 23 avril, 2 934 livres et 10 sols sont remboursés à Nicolas par la veuve de Michel Estoc, écuyer, grâce à trois billets de la banque royale de 1 000 livres. Le 27 juin, pour extinction d'une rente de 100 livres au denier 18, François de Hennot, chevalier, seigneur de Théville et autres lieux, rembourse à Nicolas de Beauvalet 1 800 livres en principal et 150 livres d'arrérages qui lui sont remises sous la forme de billets de banque dont un de 1 000 livres.

Le 8 juillet, Nicolas accorde 2 000 livres, en billets et seulement au denier 30, du fait de la crise, à Pierre Touzard de Gatteville, soit une rente hypothèque de 67 livres.

Le désir de se débarrasser de billets de banque envers lesquels on perd confiance s'accélère, dès septembre, puisque les Beauvalet vont se trouver confrontés à cinq demandes de remboursement de rentes constituées par leurs débiteurs, en l'espace de deux mois, sur un total de sept remboursements en billets de rentes constituées pour toute l'année !

Entre le 3 et le 28 septembre, ce sont quatre emprunteurs qui pressent Nicolas d'accepter leurs remboursements. La première extinction de rente concerne Jean du Hecquet, prêtre à Montfarville, et son frère Jean Louis du Hecquet pour 1 000 livres et 5 sols. Le règlement se fait avec un billet de 1 000 livres et le surplus en argent.

La deuxième extinction concerne Adrien de Hennot qui rembourse avec un billet de 1 000 livres le capital d'une rente de 50 livres au denier 18.

La troisième, pour 3 026 livres, n'est concrétisée qu'après assignation à comparaître, par Nicolas Thomas, écuyer, de Montfarville, des deux frères Beauvalet, bénéficiaires conjointement de la rente, à comparaître devant les notaires, le 27 septembre. Il est fait obligation aux deux frères créanciers d'accepter l'extinction d'une rente de 100 livres au denier 30, constituée juste deux mois auparavant, le 16 juillet de la même année. On ne s'étonnera pas de la réticence, bien compréhensible, de Nicolas et Jean de Beauvalet !!!

La quatrième demande d'extinction formulée par Jullien Dorey de Gatteville concerne une rente de 50 livres au denier 18, constituée en 1714, pour un capital de 900 livres, qu'il paye avec un billet de banque de 1 000 livres.

En octobre, enfin, une nouvelle assignation à comparaître des deux Beauvalet, sur la demande du sieur Frolland des Mases d'Alleaume, lui permet d'obtenir l'extinction d'une rente de 50 livres au denier 18 pour 900 livres de principal et 263 livres d'arrérages, réglées également en billets.

« Le diable d'argent », gravure satirique sur l'effondrement du système de Law.
(Jacques Chéreau le jeune, Paris, vers 1720.)

Comme l'a analysé Jérôme Jambu[8] pour une autre région rurale normande, dans son étude sur les répercussions du système de Law en Pays d'Auge, cette liquidation précipitée du papier-monnaie montre le choix délibéré, même dans les campagnes normandes, où la présence du papier-monnaie est désormais avérée, d'utiliser rapidement les billets

8. Jambu Jérôme, Le système de Law dans les campagnes, l'exemple du Pays d'Auge. *Annales de Normandie* vol. 50, n° 2, 2000.

que l'on possède. Alors que leur dévaluation progressive, échelonnée sur sept mois, est programmée depuis un arrêté du 21 mai[9], il s'avère judicieux de s'en débarrasser au plus vite *« pour s'affranchir de dettes, contractées le plus souvent sous formes de rente »*, au lieu de les déposer aux banques, à un court plus bas.

La seule différence notable par rapport au Pays d'Auge, alors que notre échantillon est beaucoup plus modeste, car se limitant aux seuls cas concernant les Beauvalet, est le règlement presque systématique, en billets de banque de 1 000 livres, des extinctions de rentes constituées effectuées chez Jean Le Chevalier, notaire de Quettehou. À l'inverse, ce billet de 1 000 livres semble avoir été très rarement utilisé lors des transactions d'extinction de rentes chez les notaires du Pays d'Auge. Nous émettons l'hypothèse, pour expliquer ce fait, que la « clientèle » des Beauvalet était constituée de nobles ou de notables assez aisés, alors que l'analyse de Jérôme Jambu, en Pays d'Auge, concerne une population d'emprunteurs beaucoup plus nombreuse et socialement très diversifiée.

Nous ne pouvons mesurer les conséquences exactes de cette crise financière sur la fortune des Beauvalet, mais ils ne tardent pas à les surmonter et à poursuivre leur ascension sociale, même si cette crise peut avoir eu, quelque temps, des répercussions sur leur niveau de vie.

En témoigne, comme nous le verrons par la suite, la description des biens se trouvant dans leur demeure qui apparaît pauvrement meublée par rapport à leur statut social, en 1726, lors du décès de Jean de Beauvalet.

Mais, auparavant, il nous faut revenir sur les initiatives du jeune roi vis-à-vis des anoblis, dès le mois de septembre 1723. Louis XV, selon la coutume du droit de joyeux avènement à la couronne, impose à tous ceux qui ont obtenu des lettres de noblesse, depuis l'année 1643 jusqu'au décès du feu roi, une taxe de deux mille livres à régler dans les trois mois pour jouir pleinement des privilèges de la noblesse. En cas de non règlement, ils ne pourront *« prendre dans aucuns actes la qualité décuyer, ni jouir des privilèges de noblesse, à peine d'être poursuivis comme faux nobles*[10] ». Par contre, cette déclaration ne prévoit pas de déchéance pour ceux qui ne paieraient pas.

Cet arrêté royal est suspendu le 7 décembre de la même année et remis en vigueur, deux ans plus tard, le 1er juillet 1725. Toutefois une grande partie des nobles concernés, dont les Beauvalet, se dispensent de payer ou reportent leur règlement à plus tard, ces arrêts étant purement comminatoires, c'est-à-dire ne s'appliquant pas de plein droit, la déchéance ne pouvant résulter que d'un jugement spécifique. Il apparaît, par ailleurs, difficile de punir la faute de n'avoir payé une taxe, par la déchéance de la noblesse, peine infamante que l'on ne destine qu'à ceux qui sont convaincus de crimes capitaux.

Le 1er avril 1726, Jean de Beauvalet, après avoir reçu les saints sacrements de l'Eglise, décède en son logis, *« âgé de 63 ans environ »*, et est inhumé le lendemain dans l'église de Saint-Vaast, au pied du crucifix.

Huit mois après, le 15 novembre 1726, nous allons, à l'occasion d'un inventaire après décès, parcourir en compagnie de Jean Le Chevalier, notaire royal, la demeure des Beauvalet, pièce par pièce, et découvrir non seulement les meubles qui s'y trouvaient mais également le contenu des armoires, buffets ou coffres qui meublaient alors ce logis.

---

9. Jambu Jérôme, Le système de Law dans les campagnes, l'exemple du Pays d'Auge. *Annales de Normandie* vol. 50, n° 2, 2000.
10. Chérin, *Abrégé chronologique*.

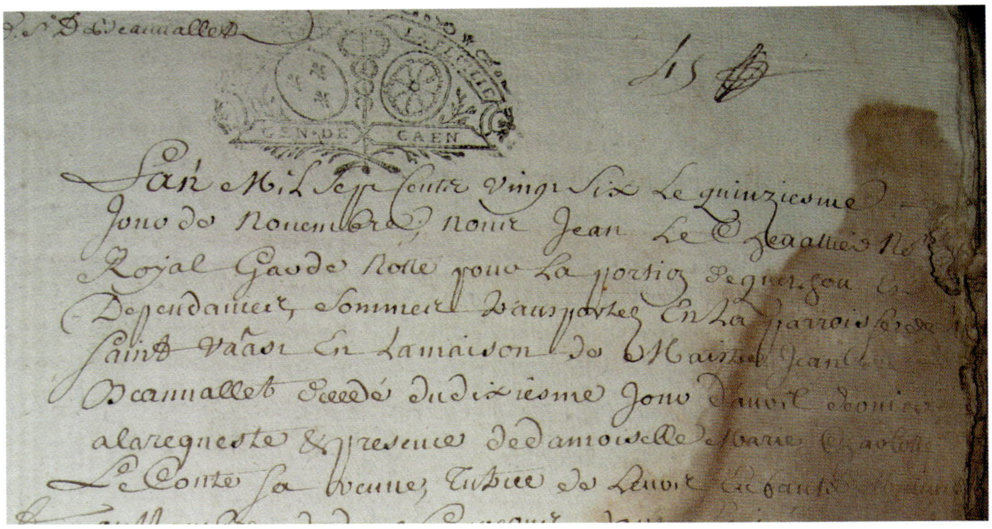

L'inventaire après décès est effectué *« à la requête de Damoiselle Marie Charlotte Le Conte sa veuve, tutrice de leurs enfants mineurs au nombre de deux garçons, dont laisné n'ayant à présent que viron quatorze a quinze ans, suivant la déliberation de leurs parents, en daste sous seing privé du quinzième du dit mois d'avril*[11] ... ».

Marie Charlotte accueille le notaire, arrivé vers les sept heures du matin, et lui *« requiert »* donc de *« faire le répertoire des meubles et effets restés après le décès du dit feu sieur de Beauvalet »* ainsi que d'apposer des scellés sur *« les fermants ou sont repposés les titres et papiers concernant le bien et revenu des dits mineurs »*. Ceci après lui avoir donné, à sa demande, *« les clefs de tous les aistres*[12] *et fermants »* contenant ces documents.

Entrant alors dans la maison, le notaire se trouve en présence de Nicolas de Beauvalet, frère du défunt. Celui-ci déclare *« qu'il se réserve à toutes prétentions »* qu'il pourrait demander sur la moitié de tous les meubles et effets contenus et mentionnés au présent répertoire et des lettres et effets restés après le décès de son frère, également aux réservations de la demoiselle veuve pour ses droits, prétentions et demandes sur la dite succession, *« le tout conformément à l'acte d'institution de tutelle ci-dessus daté. »*

Nous suivons alors Jean Le Chevalier dans la salle de droite dans laquelle se trouvent un lit avec paillasse et un traversin de coutil garni de plume, deux petites pentes *« de quart de laine »* brun, deux draps, une courtepointe (couverture de lit doublée) garnie de boules[13] et un autre petit lit de coutil, un traversin garni de plume, deux draps et une couverture. Le notaire note également la présence d'un petit garde-manger en hêtre, d'un buffet à usage de laiterie, ouvrant à quatre panneaux de divers bois, dans lequel il s'est trouvé douze pièces de fil blanc d'étoupe et plusieurs morceaux de fer et enfin de deux tables de chêne, un petit banc et deux bancelles de chêne ainsi qu'un autre garde-manger en hêtre, garni de toile.

Nous nous dirigeons maintenant vers le salon (pièce toujours utilisée comme salon[14]), proche de la salle en traversant l'entrée, pour y trouver seulement huit chaises autour d'une table ronde en chêne. Puis nous montons par l'escalier droit, à l'époque en pierre avec deux volées séparées par un mur plein, pour atteindre le premier étage et entrer dans la chambre située au-dessus de la salle, qui

11. Conseil départemental de la Manche, arch. dép., 5 E 8351
12. Aistres ou estres : Pièces ou diverses parties d'une maison.
13. Il s'agit de boules de laine, au lieu de plumes.
14. Il est très curieux, dans cet inventaire particulièrement précis et exhaustif, que ne soit pas fait mention d'un cabinet ou autre pièce ouvrant dans le salon, et qui existait déjà puisque son mur de séparation avec le salon est un mur porteur qui abrite le conduit de la cheminée du salon. Cette pièce (actuel bureau) a été utilisée ultérieurement comme chapelle et boudoir puis comme bibliothèque et enfin, comme cuisine en 1918, avant l'édification de la grande cuisine sur la partie arrière de l'emplacement des communs nord, abattus peu après.

était celle de Jean et de Marie Charlotte. Cette chambre, curieusement et sans précision du notaire permettant de l'expliquer, a été l'objet de deux visites, la seconde ayant lieu après l'inspection de la chambre de Nicolas de Beauvalet et des deux cabinets jouxtant chacun une chambre.

Cet inventaire, nous permet également, outre la description du mobilier, de découvrir la manière de se vêtir de Jean de Beauvalet, si on se réfère, aux vêtements répertoriés à la suite de son décès :

Vêtements, linges et accessoires de Jean de Beauvalet

- **Un habit de soie**
- **Douze chemises**
- **Deux paires de bas de couleur brun**
- **Une paire de souliers**
- **Une épée et un ceinturon**
- **Deux chapeaux**
- **Un manteau brun (nouvelle dénomination de la cape)**

Ceci situe notre gentilhomme proche des autres nobles bas-normands de son époque, lui permettant de s'adapter au monde qu'il fréquente, la plupart des nobles disposant alors d'un seul vêtement de soie pour paraître en société. C'est le cas, par exemple, mais un peu plus tard, en 1755, du seigneur de Montfort qui possède également trois habits mais quatre vestes, dont une seule en soie[15]. Précisons que l'habit, porté par dessus la chemise, se composait d'une culotte, d'une veste et d'un justaucorps (qui prendra le nom d'habit). Enfin les chapeaux en Normandie au XVIIIe siècle étaient de deux types, le chapeau rond, porté par les ruraux et le tricorne, réservé aux classes sociales les plus aisées, dont faisait partie Jean de Beauvalet. Enfin, on ne s'étonnera pas de l'absence de mention de sous-vêtements, puisqu'à l'époque peu de personnes en portaient.

Lors du retour du notaire dans la chambre, à la suite de sa première visite, celui-ci fait état d'un fauteuil de chêne garni de « *meslingue* » jaune.

Fauteuil Louis XIV (restauré), conservé à Durécu. C'est peut-être celui figurant dans l'inventaire. Son mauvais état, avec des pieds rafistolés, a dû conduire rapidement à son abandon au grenier par les habitants successifs de Durécu.

15. Pagnier Catherine, Le château de Montfort, Coutances, 2017, Cercle de généalogie et d'histoire locale de Coutances et du Cotentin.

Sont également répertoriés diverses affaires et des effets personnels de Marie-Charlotte : vingt-cinq draps, trois douzaines de serviettes, six doubliers (nappes), une jupe de Hampton à fleurs rouges, une autre jupe à fleurs rouges et vertes, vingt-cinq draps de lit de grosse toile et six aunes de coutil, douze chemises *« à usage de la Damoiselle veuve »*, deux habits d'étamine, un habit de cotonnade rayée et douze coiffes.

Enfin le notaire recense, outre un tapis au point de Hongrie et le mobilier présenté ci-après en encadré, différents objets : un balancier avec les poids pour peser et des morceaux et ustensiles de fer à plusieurs sortes d'usage, deux vieux barils dans lesquels il y a quelques graines de chanvre, un miroir, un fusil, une épée et un ceinturon.

On s'attardera un instant sur la description des couches, témoins du niveau de confort. La première couche dans un *« lit ciel »* (baldaquin) avec ses deux pentes d'étoffe, une paillasse, un lit et des oreillers de coutil garnis de plumes, deux draps de lit, une couverture de quart laine garnie de boules. La seconde contient une paillasse remplie de paille, elle jouait le rôle d'un sommier), « un lit » (notre matelas), un traversin et des oreillers de coutil garnis de plumes, un matelas garni de laine, deux draps de lit, une couverture de meslingue, un tour[16], ciel et pente de lit, façon de Tours.

Une chambre bien encombrée !

On a vraissemblablement réuni, pour l'inventaire du notaire, dans la chambre de Marie-Charlotte, certains meubles se trouvant dans différentes pièces de la demeure :

- **Un lit à baldaquin**
- **Un autre lit à baldaquin**
- **Une armoire ouvrant à cinq panneaux**
- **Une armoire en chêne fermant à clef**
- **Deux petits bahuts en sapin**
- **Une table en hêtre**
- **Une table en chêne, ronde**
- **Une table en chêne, carrée avec un tiroir**
- **Deux guéridons en orme**
- **Une huche-coffre fermant à clef**
- **Un fauteuil**
- **Huit chaises garnies de paille**
- **Une glace garnie de bois**

Jean Le Chevalier poursuit son inventaire par la visite de la chambre au-dessus du salon qui était celle de Nicolas de Beauvalet. Celle-ci contient une couche en chêne, une paillasse, un lit, un traversin de coutil garni de plumes, deux draps de lit avec couverture de toile rayée, des pentes de port de Paris, un petit buffet de chêne ouvrant à deux panneaux avec tiroir au milieu et les habits du sieur de Beauvalet, prêtre, et plusieurs tomes de livres pour le service divin lui appartenant.

Ensuite, le notaire inspecte les deux cabinets[17] jouxtant les chambres, où il répertorie deux couches avec deux lits dont un garni de boules et de deux draps de lits et, dans le second cabinet, une huche de chêne dans laquelle se trouvent un drap de toile pleine de laine blanche, un rouet à fil, une paire de coins et douze livres de fil pour faire des chemises.

16. La mélingue est une toile. Le tour est un entourage du lit en tissu, comme le baldaquin.
17. Pièces plus petites qu'une chambre servant par exemple de chambre pour les enfants ou de lieu de rangement.

Au haut de l'escalier, se trouvent un châlit de hêtre, deux bries[18] et vingt planches de chêne ; dans le grenier au-dessus de la salle, ce sont huit cent poignées de lin brié, un monceau d'orge de vingt-deux boisseaux, un vieux rouet, un vieux van[19], un crible[20], cinq paquets d'osier et deux ruches à mouches à miel. Dans l'autre grenier, une vieille barrique défoncée et vingt-deux planches de chêne.

Revenus au rez-de-chaussée, nous trouvons auprès de l'escalier une laverie contenant un baquet, deux barils et trois épieux de fer. Puis, traversant la salle, nous gagnons les communs nord[21] pour nous rendre dans l'office (actuelle petite salle à manger, à la suite de la salle à manger de réception) pour y répertorier la vaisselle, le tout en étain[22] : trois douzaines d'assiettes, une douzaine de plats « tant grands, moyens que petits » et abbesses[23], deux salières, deux pots, une chopine, un tiers, une pinte[24], six cuillères, mais également trois pots de chambre en étain tant fin que commun, six fourchettes *« de fil de fer et cuivre »*, deux chaudrons, trois autres de contenances diverses, une poêle, deux cruches d'airain[25] un bassin d'airain, un couloir[26].

Cette description détaillée des pièces de cette demeure, datant de trois siècles, est particulièrement émouvante pour ceux qui l'habitent aujourd'hui, car on découvre qu'il y a très peu de différences entre le logis d'hier et la maison d'aujourd'hui. Le salon actuel était déjà celui des Beauvalet, la grande salle est toujours une salle à manger de réception, la chambre de Jean et Marie-Charlotte, les maîtres de maison du XVIIe siècle, toujours celle des maîtres de maisons actuels !

Pot en étain conservé à Durécu, époque des Beauvalet.

18. Ustensiles pour brayer le lin.
19. Van : Panier plat, généralement en osier, à deux anses dont on se servait pour séparer la paille et la poussière du bon grain en les projetant en l'air par de petites secousses répétées.
20. Sorte de tamis.
21. Bâtiment rasé par Augustin Valette, en 1918, pour agrandir la cour.
22. C'est au cours du XVIIIe siècle que la vaisselle d'étain sera remplacée par la vaisselle en faïence.
23. Abbesse, s'écrit normalement abaisse, terme propre à la Manche, c'est un plat de forme et destination indéterminées.
24. Tiers et pinte : Mesures dont le nom a été attribué à des récipients dont le volume correspondait à ces mesures spécifiques.
25. Métal également connu en fontainerie, à la fin du XVIIIe siècle, sous le nom de cuivre rouge.
26. Passoire pour égoutter le lait du fromage.

L'inventaire se poursuit par la cuisine, également située dans les communs nord. On y répertorie : un pot de fer, une cuillère à pot de contenance de sept pots, une écumoire, un haveau[27], une broche, des pinces, une pelle à feu, un réchaud, un gril et un garde-feu, une lampe de fer, une paire de soufflets, deux tasses, six cuillères d'argent.

L'un des deux gros chaudrons (diamètre 49 cm) cités dans l'inventaire notarial.

Nous visitons maintenant le cellier, qui se trouve dans le prolongement de la cuisine, où l'on recense douze pièces de futailles (fûts) dont quatre pleines de petit cidre[28] et les autres vides, de différentes grandeurs, six planches de fers carrés et de fers plats de différentes longueurs. L'autre cellier, dans les communs sud, au bout de la charreterie, abrite neuf pièces de futailles *« tant grandes que petites »*, dans lesquelles il y a quatre pleines de cidre et trois de petit cidre, les autres, de différentes grandeurs, étant vides et un petit baril dans lequel il y a quelque peu d'ancienne bière.

27. Un haveau est un outil utilisé par les sauniers.
28. Le petit cidre est un cidre qu'on coupait d'eau pour la consommation courante.

Ensuite, dans la charreterie, nous trouvons deux fûts de bottes, une herse et environ un cent et demi de foin étant sur les perches (pour sécher). Le pressoir est maintenant inspecté par Jean Le Chevalier qui note la présence de deux fûts ou tonneaux dans un desquels il y a du petit cidre, l'autre étant vide, une cuve et une tinne[29], un couteau, une échelle en orme, avec un autre fût pareillement vide.

Dans l'étable proche du pressoir, se trouvent deux veaux de l'année.

Les veaux de Durécu

Jeune veau échappé de son enclos en avril 2016, et appartenant à l'ancien fermier de Durécu, dont le père est venu le récupérer au *« château »*. Cette dénomination est encore conservée dans le parlé local, au hameau de Saint-Vaast, et rappelle l'époque révolue des seigneurs de Durécu !
Du temps des Beauvalet, le cheptel local était vraisemblablement constitué d'animaux de la race Cotentine, à l'origine sans doute viking, l'une des trois races dont est issue l'actuelle race normande.

Dans la grange (probablement le bâtiment d'angle, perpendiculaire et au bout des communs sud, abattu sans doute au début du XVIIIe siècle), on dénombre quinze pièces de *« trameaux »* servant à la pêche du maquereau et, sur les perchoirs, environ soixante *« gleux*[30] *»*, puis dans l'écurie, une longue auge, un long râtelier, deux selles, deux brides, un licol de cuir, des licols de chanvre, un vieux bât.

Dans une autre *« aistre »*, se trouvent enfin dix pièces de futaille dont huit de fer de différentes grandeurs, un établi de bois, six jantes à roues, une hache, deux coins de fer, un truble, une fourche, un piquois[31].

Le notaire se rend ensuite dans le fenil où se trouvent environ quatre *« cents*[32] *»* de foin, douze jantes à roues et un harnais. Dans la cour, il note la présence d'une charrette, de deux banneaux, d'une charrue avec ses agrès, de deux vieux chevaux, de huit vaches *« de différent poil »* et d'une jeune génisse, d'un porc et de plusieurs vieilles barriques et morceaux de bois propres à brûler.

29. Tinne : sorte de tonneau qui sert au transport de l'eau, ou du lait.
30. Gleux, ou gluis en Normand, restes de paille pour les toits de chaume.
31. En Cotentin, sorte de houe dont l'extrémité est pointue (cf. Lachiver (Marcel) *Dictionnaire du monde rural*, Fayard, 1997).
32. Le cent était une unité de mesure.

Dans la boulangerie, on trouve un *« trouar »* (??) à faire la pâte, un « tabellier[33] », une grande cuve à lessive, une *« crevelle »* (??), deux petites tinettes[34] et une barate en chêne liée par des liens de fer. La présence d'une barate, de tinettes et du *« couloir »*, que nous avons déjà cité dans l'office, témoignent de la production de fromage et de beurre pour l'alimentation quotidienne.

La boulangerie.

La totalité des biens ainsi répertoriés est évaluée à 1 220 livres, dont la moitié appartient aux enfants mineurs. A cela s'ajoutera la valeur du domaine, des autres biens, obligations et rentes, que nous découvrirons lors de l'examen des titres et papiers du défunt.

La demoiselle et le sieur Nicolas de Beauvalet ont déclaré que le sieur Carré, receveur de la Romaine de Saint-Vaast dispose de biens leur appartenant : un lit de coutil, garni de plumes, d'un traversin, d'une paillasse, d'une couverture avec pentes de lit de serge gris et d'une petite table de chêne ronde avec six chaises de bois *« enfoncées de paille »*. De même ils ont déclaré que le sieur de Beauvalet a prêté à Jean Passilly, de la paroisse de Montfarville, deux bœufs *« à poils rouge et noir »*.

Pour conclure, le notaire précise n'avoir *« rien trouvé d'autre dans les aistres et appartements, quelque recherche que nous ayons faite »*. Ayant sommé le sieur de Beauvallet et la demoiselle de déclarer s'ils n'ont point connaissance d'autres meubles et effets que ceux contenus au présent répertoire, ce qu'ils ont confirmé, il clôt et ferme les présentes, en présence de Louis Viel, cousin des mineurs.

Après avoir réalisé cet inventaire, le notaire entreprend d'« inventorier et mettre par ordre tous les titres et enseignements du bien et revenus » du défunt.

33. Tablier, en Normand.

34. Tinette : Anciennement, petit baquet de bois, dont le fond est plus large que le haut, qui servait à transporter le beurre salé ou fondu.

Le nombre de documents répertoriés est conséquent puisque le notaire inventorie sept liasses, contenant chacune de trois à vingt pièces d'écriture en papier ou, le plus souvent, sur parchemin. Pour plus de clarté, nous les avons regroupés en quatre catégories, en fonction de leur objet.

Une première catégorie de documents se compose de trois « contrats de vente », consacrés à des achats de biens effectués par Jean de Beauvalet. En premier, l'achat, le 2 mai 1696, de la terre d'Héroudeville, sise à Saint-Vaast et vendue par Bernardin Lecourtoux, écuyer, sieur d'Héroudeville, au bénéfice de feu Jean de Beauvalet, devant le notaire de Picauville. Ensuite, la vente de plusieurs maisons situées à Saint Vaast faite par noble dame Françoise Mangon, veuve de Julien Douville, seigneur de la Motte *« au profit du dit sieur de Beauvalet et du dit feu* [sic] *son frère*[35] *»*, passée à Quettehou le 18e jour du mois de (illisible car document abimé) 1720. Enfin le troisième contrat concerne la vente de plusieurs *« héritages »* sur la paroisse de Réville, faite par Jacques Nicolas Le Mignot, bourgeois de Valognes, au profit du feu sieur de Beauvalet, le 27 septembre 1720, à Quettehou.

Les papiers de Jean de Beauvalet, gentilhomme campagnard :

- **3 contrats d'achats de terres, de maisons et « héritages »**
- **25 contrats de rentes constituées et rentes foncières**
- **20 baux faits à des particuliers**
- **17 documents personnels (2 contrats de mariage, 4 reconnaissances de dettes au profit de J. de Beauvalet, 11 pièces concernant les lettres de noblesse.**

Une seconde catégorie de documents, répartis en trois liasses, regroupe vingt-cinq contrats de quelques rentes foncières et surtout de rentes constituées, effectuées par différents particuliers, l'un au profit de feu Nicolas Beauvalet père, les autres de Jean de Beauvalet seul ou du sieur et de la demoiselle de Beauvalet ou encore des deux frères Jean et Nicolas. Un vingt-sixième contrat, classé là on ne sait pourquoi, est un contrat de fief fait à Jean Pouhier, neveu de Jean de Beauvalet.

Une troisième catégorie, en une seule liasse comprenant vingt pièces, toutes d'écriture en papier, est constituée par des baux faits à plusieurs particuliers.

La quatrième catégorie se compose de documents plus personnels, en deux liasses distinctes de six et onze pièces. Il s'agit, pour la première de ces deux liasses, des contrats de mariage de maître Nicolas Beauvalet avec Jacqueline Ruel passé devant Ursin Huet, notaire à Octeville l'Avenel, le 2 mai 1651 et de celui de feu Jean de Beauvalet avec la demoiselle Marie Charlotte Le Conte, sa veuve, passé devant maître Tollevast, notaire à Valognes, en date du 14 mai 1700. Il y est précisé la réduction faite de la dot de la demoiselle Le Conte par Louis Le Conte, conseiller du roi, du titre de monsieur le procureur général du parlement de Rouen, de la somme de sept mille livres à cinq mille livres, suivant l'acte sous seing privé, du 11 octobre 1706. Enfin les

35. Pris sans doute par sa conversation avec les témoins, lors de l'inventaire, le notaire attribue par erreur la mention « feu » au frère du défunt, pourtant toujours bien vivant.

quatre autres documents sont des obligations, c'est-à-dire des reconnaissances de dettes au bénéfice du feu sieur Jean de Beauvalet pour des sommes s'échelonnant de dix-huit à deux-cent-dix-huit livres.

La dernière liasse de ces documents personnels, contenant onze pièces en papier et parchemin, concerne les lettres de noblesse du sieur de Beauvalet, père du défunt.

Nous nous sommes attardés sur ces inventaires car ils nous permettent de compléter notre approche de la personne de Jean de Beauvalet, de son cadre de vie journalier, de sa position sociale et de sa situation financière, de ses biens et des affaires qu'il traitait, qu'il s'agisse d'achat de terres, d'achat de maisons ou d'héritages, de rentes foncières, de contrats de fiefs attribués à des cultivateurs, de *« rentes hypothèques »* (les rentes constituées) ou encore d'obligations pour des prêts car le sieur de Beauvalet savait, lui aussi, comme son père et son frère, manier l'argent.

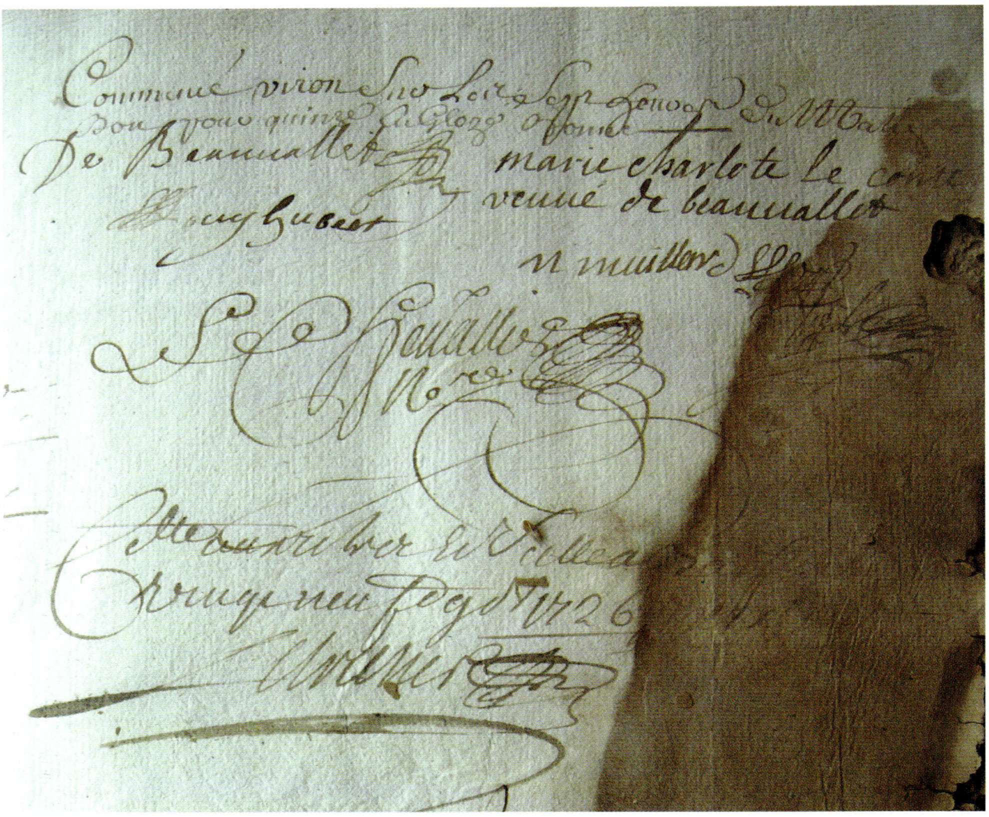

Signatures de Marie-Charlotte et de Nicolas de Beauvalet, du notaire et des témoins sur l'acte d'inventaire.
(Conseil départemental de la Manche, arch. dép., 5 E 8351.)

Ces inventaires apportent beaucoup pour notre connaissance des mœurs et conditions de vie au XVIIIe siècle. Nous nous limiterons, pour finir, à quatre constatations qu'une première lecture fait vite apparaître, puis à une analyse comparée de l'habitat des nobles campagnards du XVIe et de ceux du XVIIIe siècle, analyse rendue possible du fait des éléments très précis dont nous disposons désormais sur la demeure de Jean de Beauvalet, en 1726.

La première constatation, qui saute aux yeux, est la faiblesse de l'estimation des biens répertoriés qui est globalement inférieure à la valeur des biens de la dot (non comprise sa part en espèces !) apportée par Marie Charlotte lors de son mariage. De même, on constate la disparition d'objets luxueux figurant dans cette même dot, en particulier les flambeaux et les couverts en argent : cuillères, fourchettes et couteaux. Ce sont là des indices pouvant faire croire à de difficultés financières passagères, par exemple à la suite de la banqueroute de Law, mais il est possible que ces disparitions soient le fait des héritiers, comme cela se pratiquait quelquefois avant l'inventaire notarial.

La seconde constatation est d'ordre culturel. On est frappé par l'absence de livres dans le logis des Beauvalet, si ce ne sont les quelques ouvrages de Nicolas, le prêtre, *« pour le service divin »*. Cette situation concerne en premier lieu les nouveaux nobles ruraux du Cotentin. Ceci fait dire à l'historien Marcel Duval[36], pour la région spécifique de Carentan, que les gentilshommes paysans, même si leur aisance peut être supérieure à celle des fermiers laboureurs, ont les mêmes préoccupations que leurs voisins et *« aucune bibliothèque, aucun souci de culture chez ces nobles dont l'ambition intellectuelle se limitait sans doute à savoir rédiger un bail, une reconnaissance de dettes et dessiner leur signature souvent prétentieuse »*.

La rareté des bibliothèques chez les nouveaux nobles ruraux

Au XVIIIe siècle, les bibliothèques étaient rares, surtout chez les nobles ruraux du Cotentin. C'est ce que souligne Marcel Duval dans son étude sur L'élection de Carentan où il ne rencontre que deux bibliothèques, l'une appartenant à Hervé de Gourmont, lieutenant général civil et criminel au baillage de Carentan et l'autre, comprenant cinquante-deux ouvrages, à Christian Coravin, avocat du roi et bourgeois de Carentan, mort en 1752.

La troisième constatation concerne le rôle de Jean de Beauvalet comme prêteur vis-à-vis des petits fermiers locaux. Ce rôle semble, au vu de l'inventaire, des plus limité, contrairement à la situation rencontrée chez les riches laboureurs de la région de Carentan. Par exemple, lors des inventaires après décès de ces laboureurs, l'un se trouve avoir trente-et-une obligations et l'autre trente- cinq, signées par de petits fermiers afin de leur permettre la poursuite de leur activité et l'achat de semences. Ces obligations se transformaient souvent en saisies de biens possédés par les débiteurs, pièces de terre, « maisons et héritages » au profit du prêteur, pourtant les sommes prêtées étaient le plus souvent modestes et inférieures à 10 livres. Les Beauvalet semblent avoir recherché de préférence des gros emprunteurs susceptibles de leur fournir des rentes plus importantes et donc de favoriser leur enrichissement.

La quatrième constatation concerne l'importance de la demeure de Jean de Beauvalet, qui marque une évolution considérable de l'habitat « noble » en Cotentin comparé à celui des siècles antérieurs et la part plus limitée de l'activité agricole chez les Beauvalet, ce dernier caractère leur étant spécifique. Aussi, avant de poursuivre l'histoire des

36. Duval Marcel, *L'élection de Carentan du milieu du XVIIe au milieu du XVIIIe*, Cahier des Annales de Normandie N°3, Caen 1963.

La chapelle du manoir de Gilles de Gouberville, surmontée d'un colombier.

Beauvalet, il nous semble intéressant d'approfondir cette comparaison entre les conditions d'habitat, en Cotentin, des gentilshommes campagnards du XVIe siècle et de ceux de la fin du XVIIe-début XVIIIe siècle, la demeure des Beauvalet ayant été, rappelons-le, édifiée en 1686 et ayant conservé depuis la même distribution intérieure de ses pièces.

Nous avons la chance pour cet exercice de disposer d'une référence, devenue nationale, Gilles de Gouberville, gentilhomme campagnard du XVIe siècle, habitant lui aussi le Val de Saire. La description de son manoir de Barville au Mesnil au Val, paroisse où se trouvent les sources de la Saire, nous a été aimablement communiquée par Julien Deshayes.

Le principal point commun entre le manoir de Gilles de Gouberville et la belle demeure d'un maître laboureur, qui s'agrège à la noblesse, est leur disposition. L'un comme l'autre ont l'ensemble de leurs bâtiments, maisons manables et communs, regroupés autour d'une cour fermée, close par un portail, selon un usage qui a perduré longtemps pour les maisons nobles du Cotentin. Pour la demeure des Beauvalet, alors que l'époque des Guerres de Religion est déjà lointaine, subsiste encore ce souci de disposer d'un espace protégé et clos de hauts murs. Outre les larcins de vagabonds locaux toujours envisageables, la crainte de descentes anglaises, qui hantera longtemps les populations maritimes du Cotentin, est sans doute une raison supplémentaire pour s'enfermer et retarder ainsi les pillages toujours possibles de corsaires anglais en mal de butin à rafler à proximité des côtes.

Pour le reste, la demeure des Beauvalet est bien plus importante que celles de Gilles qui était parfaitement représentative de son époque, témoignant ainsi de l'évolution de l'habitat et du confort en un peu plus d'un siècle. Et pourtant la maison édifiée par Nicolas Beauvalet n'était à l'origine que celle d'un riche laboureur qui, il est vrai, vivait déjà noblement avant son anoblissement de 1702, avait sans doute déjà des fermiers et avait, cela est sûr, le souci de « paraître ». Il s'agissait pour lui de construire une maison avec des pièces de réception distinctes de celles liées à l'activité agricole, pour exercer au mieux une certaine sociabilité.

Le logis seigneurial de Gilles de Gouberville comprend au rez-de-chaussée une salle, lieu d'accueil et de réception mais également, à l'occasion, lieu de travail pour certains activités domestiques ou d'entretien : on y *« étreint du miel »*, on y scie des lattes ! La salle dispose d'un cellier. A côté de la salle, la cuisine avec sa dépendance et un cellier est la pièce dans laquelle se déroule la vie quotidienne. C'est là où Gilles dîne parfois en petit comité, y reçoit un tabellion, y délivre des quittances, y effectue les comptes de ses rentes de l'année en présence de plusieurs de ses fermiers. Enfin, à l'étage, une première chambre directement accessible par l'escalier à vis et disposant d'une cheminée est celle de Gilles. Cette pièce dispose de deux gardes-robes, petites pièces dont l'une semble incluse dans la chambre et dotée de cloisons légères, à usage de rangement et d'annexe. Il existe une autre chambre, au-dessus de la salle où Gilles loge probablement ses nombreux hôtes de passage.

Les dépendances agricoles sont nombreuses et présentent la particularité de comprendre un colombier, privilège réservé aux nobles, dont le rez-de-chaussée est constitué par une chapelle. C'est d'ailleurs le seul vestige actuel du manoir qu'habita Gilles de Gouberville.

Face au logis, une aile des communs comprend une grange et une écurie, une étable pour les bœufs. Un bâtiment distinct abrite l'étable aux vaches et l'étable aux moutons. Il y a aussi une étable pour les porcs, une *« étable du bois »*, un pressoir à cidre, une charreterie, un fournil dans un bâtiment distinct équipé d'une chambre à l'étage et, près des pâtures, une bergerie.

Le logis des Beauvalet, édifié bien plus tard, possède une entrée distincte des pièces du rez-de-chaussée où se trouvent, de gauche à droite, un assez vaste cabinet dans lequel sera aménagée plus tard une chapelle, une belle pièce avec deux fenêtres (et deux côté jardin, au moins depuis le XIXᵉ siècle) et une cheminée. Cette pièce est déjà notée comme salon dans l'inventaire de 1726. Après l'entrée abritant un escalier droit desservant les étages, se trouve une grande salle avec cheminée, éclairée par trois fenêtres donnant sur la cour d'honneur. Un petit couloir permet d'accéder ensuite aux communs nord, bâtiment perpendiculaire au logis, pour entrer dans une grande cuisine à l'intérieur de laquelle se trouve un office. Le reste des communs nord est occupé par des celliers, le tout surmonté de greniers. Pour revenir au logis, à l'étage se trouvent, à gauche du palier, une chambre avec cheminée et un grand cabinet avec cheminée, où dorment les enfants, et, à droite un grand cabinet et une autre belle chambre, avec cheminée, celle des maitres des lieux.

Les communs sud et leurs extensions abritent un autre cellier, la charreterie, le pressoir à cidre, une étable, une écurie, un fenil. Enfin, face au côté nord du logis, se trouve une boulangerie. Mais l'activité proprement agricole chez les Beauvalet est passée au second plan, le cheptel bovin est très réduit et on ne recense, en 1726, qu'un seul cochon.

Enfin les pièces de la demeure des Beauvalet n'ont plus qu'un rôle résidentiel, même la cuisine se trouve désormais dans les communs, aucun travail lié à l'exploitation agricole ne se déroule dans le logis, comme cela était courant à l'époque de Gilles de Gouberville.

Revenons maintenant à la pauvre Marie Charlotte, veuve à l'âge de 43 ans, avec ses deux fils mineurs à charge. Peu après le décès de son époux, Marie Charlotte a bien du mal à prouver que sa propriété de la pêcherie la Tocquaise, située devant l'île Tatihou, ne résultait pas d'une usurpation, mais bien d'une concession en bonne forme ou d'un dénombrement antérieur à 1544, conditions figurant à l'article IX du titre III des *« parcs et pescheries »* de l'ordonnance de la marine d'août 1681.

La pêcherie de la Tocquaise, au sud-est de l'île, plan de 1689.

En effet, on s'inquiétait à Versailles d'une pénurie des ressources halieutiques, à la suite des rapports provenant des quartiers maritimes du royaume. D'où la décision d'envoyer des enquêteurs pour voir l'état des pêcheries créées souvent sans autorisation et leur conformité avec l'ordonnance de la marine d'août 1681, vérifier les titres de propriété des seigneurs sur le rivage, observer les techniques de pêche des pêcheurs, quelle que soit leur condition, et de pose des filets dont les mailles ne doivent pas être trop resserrées.

Le Masson du Parc, ancien commis aux classes dans le quartier de Dieppe, est donc chargé, entre 1722 et 1724 d'une première inspection des côtes de la Flandre à la Normandie. A cheval ou à pied, lorsque les grèves sont trop accidentées, Le Masson du Parc parcourt inlassablement le rivage et visite tous les riverains, s'appuyant sur les officiers des Amirautés, et rédigeant chaque jour des comptes rendus précis et très détaillés où il note les infractions relevées.

Les grèves des côtes de la Hougue sont également inspectées par Masson du Parc.

A la suite de ces premières inspections, l'arrêt du roi du 28 janvier 1725 stipule que *« tous les Parcs et Pêcheries, dans la construction desquels il entrera bois ou pierres, seront démolis, à la réserve de ceux bâtis avant l'année 1544 dont la jouissance desquels les possesseurs seroient maintenus en justifiant de leurs titres, lesquels ils seroient tenus de représenter dans l'espace d'un mois à compter du jour de la publication »* par l'intendant de la généralité de Caen.
Au mois de juin 1726, l'intendant rapporte qu'il ne lui a été présenté aucun titre pour les parcs et pêcheries de diverses amirautés, dont celle de la Hougue. Aussi la sentence royale tombe brutalement, avant même la fin de l'année, le 22 juillet, alors que Jean de Beauvalet avait rendu son âme à Dieu le 10 avril !

Cette décision, objet d'un rapport manuscrit de l'amirauté de la Hougue, le 21 juin[37], donne lieu à un arrêt du Conseil d'Etat du roi, imprimé et publié le 22 juillet, signé Phelypeaux, avec ordre donné par l'amiral de France aux officiers des Amirautés concernées de le faire publier et afficher : *« Les sept Parcs & Pêcheries cy-après nommez seront détruits par les Propriétaires d'iceux dans un mois du jour de la publication de présent arrest ; savoir celuy placé en la Paroisse de S.tVaast sur les Grèves de l'Amirauté de la Hougue, appartenant au S.r Jean Beauvalet ; celuy appartenant au S.r Abbé de Troüard situé un peu au dessus de la pointe de Reville sur les Grèves de l'Amirauté de Barfleur... ».*

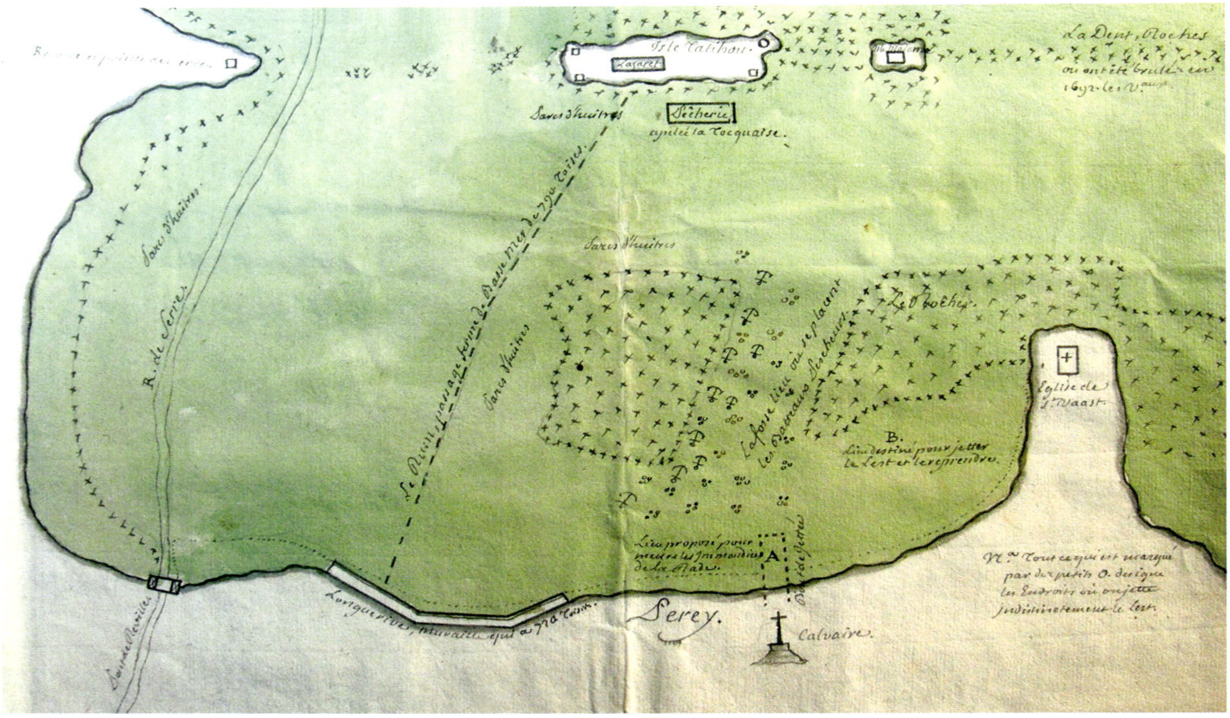

Situation de la pêcherie La Tocquaise en 1739.
(AN Marine C5/34, Mémoire de Verdier et Rivière, croquis annexé au mémoire sur le lestage et délestage dans le port de Saint Vaast, 12/10/1739.)

Toutefois, Marie Charlotte, se sort finalement de cette menace à laquelle il n'est pas donné suite, sans que nous sachions quels documents elle a produits ou de quelle manière elle a procédé. L'arrêt du Conseil du roi, en date du 24 novembre 1726, qui autorise Marie Charlotte Beauvalet à conserver un parc situé sur la paroisse de Saint-Vaast le prouve[38]. C'est ce que confirme également le Procés verbal de la Visite faite par ordre du Roy concernant la Pesche en 1729 et 1730, le long des Costes du Ressort de l'Amirauté de la Hougue : *« Il n'y a dans cette Amirauté qu'un seul Parc de pierres qui a été conservé au Propriétaire par les arrests du Conseil de S. M., cette pescherie se nomme la Tocquaise placée sur le territoire de St. Vaast a la bande occidentale de l'Isle de Tatihou entre la d. Isle et l'Eglise de St. Vaast appartenant a la Veuve et heritiers Beauvallet et occupée actuellement par le nommé Bon Perigaut. »*

37. AD14, C4148.

38. Pouessel Jean, *Histoire de la Manche aux Archives nationales, Guide de sources manchoises conservées aux Archives nationales (site de Paris)*, MAR/A/1/65, Editeur A D 50, Saint-Lô, 2009 (Information aimablement communiquée par Jack Lepetit-Vattier).

L'autre préoccupation, encore beaucoup plus importante pour Marie Charlotte, c'est l'avenir de ses enfants, Jean François et Jean Antoine, et leur retour dans le second ordre.

Le 2 mai 1730, un nouvel arrêt du Conseil d'Etat du roi cherche à contraindre les anoblis à payer la taxe décrétée en 1723 puis 1725, selon la coutume du droit de joyeux avènement, taxe qui devrait être considérée, selon l'argumentaire du roi, comme modique du fait des exemptions fiscales qu'elle leur offre. Tous les anoblis, depuis 1643 jusqu'au premier septembre 1715, seront tenus de payer dans les trois mois *« la somme de deux mille livres et les deux sols pour livre pour le Droit de Confirmation dû à sa Majesté, à cause de son Avenement à la Couronne, faute duquel payement ils seront déchûs de la Noblesse et des Privilèges y attachés, et compris dans les Rolles des Impositions de l'Année prochaine comme Roturiers »*.

Cependant un grand nombre d'anoblis victimes de l'abrogation de 1702, refusent encore de payer cette nouvelle taxe pour confirmation[39], tout en se considérant comme toujours nobles. L'évolution des idées, en ce siècle des Lumières, facilite l'opposition à une forme d'arbitraire royal, même limitée dans ce cas précis aux seuls anoblis.

Outre le reproche fait au roi d'avoir manqué à la parole donnée - on notera d'ailleurs l'ambiguïté du discours du roi qui reconnait leur noblesse aux nouveaux nobles puisqu'il commence son adresse à :*« tous ceux qui jouissent de la Noblesse, en conséquence de Lettres obtenues, soit qu'elles soient d'anoblissement ... depuis 1643 jusqu'au premier septembre 1715 »* - la déchéance de noblesse était considérée comme illégale pour une raison bien précise.

En effet la déclaration de 1723 n'avait pas prévu cette peine de déchéance contre ceux qui ne payeraient pas ce droit de confirmation et les arrêts du conseil du roi qui, eux, l'avaient prévue n'avaient pas été enregistrés par une cour souveraine. Or, au XVIIIe siècle, la cour des Aides de Paris, cour souveraine chargée de certaines questions fiscales, dont la validité des titres de noblesse, affecte d'ignorer les lois en forme d'arrêts du conseil du roi, si elles ne lui sont pas expressément soumises pour enregistrement[40].

Pour les Beauvalet, la situation est complexe puisque Jean de Beauvalet, jadis écuyer, père de Jean François et de Jean Antoine, est décédé en 1726 et que ses fils sont encore mineurs ayant 10 et 15 ans, leur mère étant simplement bourgeoise, comme cela est encore rappelé, en 1730, sur différents actes notariés d'achat de terres. Ceci étant, le feu roi Louis XIV avait bien, jadis, par sa déclaration du 8 février 1661 concernant un précédent rétablissement d'anoblis, autorisé les enfants dont le père anobli était décédé à retrouver leur noblesse en payant chacun 1000 livres au lieu des 1500 prévus pour les anoblis toujours vivants.

Nous ne connaissons pas la raison principale du choix des Beauvalet d'ignorer la demande de Louis XV. Une impossibilité financière passagère semble peu probable, il s'agit sans doute d'un choix délibéré, comme l'ont fait beaucoup d'autres anoblis, celui d'attendre pour payer cette taxe.

---

39. Roquefeuil Fulcran (de), *Anoblissement et révocation de la noblesse,* Patrice du Puy, éditeur, Paris 2005.
40. *Ibid.*

Pour recouvrer officiellement leur noblesse, les Beauvalet ne cherchent même plus à payer, à chaque demande du roi, des taxes de confirmation qui finissent pas coûter fort cher. Acheter une charge anoblissante, le moment venu, semble plus sûr, à terme, pour éviter les taxations royales répétées. C'est ainsi qu'une charge de conseiller secrétaire du roi, maison couronne de France, même si elle semble plus onéreuse à l'achat que les taxes de confirmation, apporte vingt années de tranquillité fiscale, offre également l'exemption de la taille, et peut être ultérieurement revendue avec une marge positive, d'où un retour sur capital intéressant.

Selon Nicolas de Beauvalet, l'objectif, avant d'acheter une charge pour ses neveux, dont il est, avec sa belle-sœur le tuteur, est d'abord de les rendre propriétaires d'un fief noble.

Position sociale et fief noble

A défaut d'anoblir, la possession d'un fief influait cependant notablement sur la position sociale. On verra par exemple, lors de la convocation aux Etats Généraux de 1789, appeler au second ordre les nobles possédant fief, alors que les nobles non- possédant fief n'étaient pas convoqués et devaient justifier d'une noblesse acquise et transmissible, pour pouvoir assister aux Etats Généraux.

Louis d'or de 24 livres, à l'effigie de Louis XV.

Utilisant pour ce faire sa richesse personnelle, Nicolas de Beauvalet, conforté ensuite par le concours de sa belle-sœur, qui a bénéficié sans doute de l'héritage de sa riche famille, a préparé, dès 1729, le retour dans le second ordre de ses jeunes neveux, qui n'ont encore que 13 et 18 ans. Il profite de toutes les opportunités qui vont se présenter pour leur constituer un domaine noble. Le choix de Nicolas se porte sur la paroisse de Gatteville où il va, durant trois ans, concentrer ses achats des terres, pour finir par la seigneurie de Durécu, soit un total d'achat de biens fonciers pour 46 000 livres[41] non compris les frais d'actes !

Le 30 mars 1729, Nicolas de Beauvalet, prêtre, de la paroisse de Saint-Vaast, se rend acquéreur d'un ensemble de terres situées sur la paroisse de Gatteville et vendues par Pierre Tesson, écuyer, sieur d'Ancreville, lieutenant dans le régiment de la marine, pour 4000 livres payées en louis d'or de 24 livres, en son nom et en celui des sieurs Jean François et Jean Antoine de Beauvalet, ses neveux, dont il rappelle qu'il est le tuteur.

Cette acquisition comprend :

- Deux pièces de terre labourable, de 12 vergées, nommées Les clos du pavé, avec une grange sur l'une d'elles, le tout au Triage du Pont le Hot,

- une maison manable et grange avec une pièce de terre de 3 vergées, nommée le Clos Fisel, au Triage du Pont le Hot,

- une pièce de terre de 4 vergées, nommée la queue de Retire, au Triage du moulin d'Auville, *« tous tenus en franc domaine de la seigneurie de Gatteville »*.

41. Bien qu'il soit difficile de présenter des éléments de comparaison parfaitement fiables, on peut indiquer que le revenu annuel d'un laboureur, au XVIIIe siècle, ne dépassait pas le plus souvent 1000 à 1500 livres et celui d'une famille de petits paysans 160 à 300 livres; beaucoup de petites seigneuries ne disposaient que de 4000 à 6000 livres de revenus, tandis que le comte d'Arundel de Condé estime le revenu moyen des anoblis à 4400 livres, toutes catégories sociales confondues (cf. : *Anoblissements, maintenues et réhabilitations en Normandie, op.cit.*).

Nicolas de Beauvalet, avant de conclure et de payer en louis d'or de 24 livres, s'assure que ces terres ne sont pas hypothéquées, en faisant figurer dans l'acte de vente la caution de noble dame Marie Lepoittevin, veuve du sieur d'Ancreville et mère du vendeur, qui déclare *« consentir à la dite vente et même la garantir conjointement à la caution de tous ses biens »*. De plus, Nicolas fait préciser dans le contrat de vente que le vendeur prend à sa charge le treizième et les frais de ce même contrat.

Le même jour, ces terres de 19 vergées environ, ont été par contrat, *« baillées à fief »* à leur ancien propriétaire, Pierre Tesson, écuyer, sieur d'Aureville, demeurant à Montfarville, pour 200 livres de rente foncière annuelle. Là encore le contrat est très explicite. Au cas où le sieur d'Ancreville ne pourrait régler trois années d'arrérages, et faute à lui de les payer aussitôt à l'échéance des trois années, le sieur de Beauvalet pourrait se remettre en plein droit en possession des biens fieffés sans aucune procédure au préalable, sauf à se faire payer ces arrérages sur tous les autres biens du sieur d'Ancreville qu'il oblige à cet effet par une hypothèque générale.

Le dimanche 17 juillet 1729, à Barfleur, lecture publique du contrat de vente de ces terres a été faite, comme il se doit, par le notaire, à la sortie de la messe, devant l'église, afin que nul ne prétende pouvoir l'ignorer.

L'église de Barfleur, dans sa configuration actuelle.

L'année suivante, le 18 septembre 1730 après midi, Nicolas Beauvalet conclut un nouvel achat, pour 13 750 livres *« et 300 livres de pension viagère pendant la vieillesse de la demoiselle venderesse »*, concernant le domaine *« Le mesnage du Quesnay »*, situé au hameau de Carnanville, sur la paroisse de Gatteville et propriété de la Demoiselle Marguerite Francoise Clerel de Montfarville.

Celle-ci vend à *« Nicolas de Beauvalet, prêtre et a Damoiselle Marie Charlotte Le Conte veuve du sieur Jean de Beauvalet et bourgeoise de Valognes, présents acquéreurs et acceptant tant en leur nom personnel que en leur qualité de tuteur et tutrice des deux fils mineurs du feu sieur Jean de Beauvalet et de laquelle Le Conte »*, un tènement de terre et voisinage situé sur la paroisse de Gatteville, appartenant à la demoiselle de Montfarville de la succession de la dame La Haule, sa mère.

Il s'agit d'un bien constitué :

- d'une maison d'habitation avec grange, boulangerie, charreterie, étables, le tout couvert en partie d'ardoise et en partie de glu, les cours bouelles en dépendant, les jardins potagers, une pièce de terre plantée en pommiers et poiriers, le tout faisant une enceinte fermée de murs et de haies nommée le mesnage du Quesnay, situé au hameau de Carnanville,

- d'une pièce de terre plantée en pommiers nommée La Pointe, close de hayes, au bout de laquelle pièce est un tout petit terrain non fermé planté de poiriers,

- de quatre pièces de terre nommées le Clos Caillé, le Clos à la vache, le Clos des Equeries et le Clos à Janterre avec la prairie qui est au bord de la pièce, le tout se situant au Triage de Carnanville,

- enfin, de plusieurs pièces de terre nomméés le Clos de pierre, que le Triage de Carnanville fait jouxter, *« desquels héritages le dit sieur de Beauvalet a pleine et entière connaissance, pour les avoir vus et visités ainsi que la maison du nombre des quels héritages, le Clos caillé pour douze vergées trois quarts, ou environ, le Clos à Vaches pour 6 vergées environ, la pièce de la Pouette pour cinquante perches (1 perche = 6,50m) ou environ de deux vergées et la prairie, relevant du domaine de la seigneurie de Durescu à Gatteville, en exemption de toute rente à charge et redevance »*, excepté les droits seigneuriaux.

Les terres autour du hameau de Carnanville (aujourd'hui Quénanville).

La venderesse cède, en plus, une rente foncière de 250 livres et deux chapons payables au terme de Noël et Pâques et dûs, chaque année, à la demoiselle venderesse par Jacques de Laporte, de la paroisse de Gatteville, du fait de *« la fieffe à lui faite par la feue dame de La Haule d'héritages suivant le contrat passé devant Sainte Geneviève notaire à Valognes, le 6 de septembre 1720 »* .

Selon l'acte notarié, les sommes versées à l'achat par les Beauvalet et la rente viagère payable annuellement dans le mois d'octobre représentent :

- à hauteur de 6250 livres et 25 livres de la pension, le prix de vente de la rente foncière (fermage) de 250 livres et deux chapons,
- à hauteur de 5250 livres et 25 livres de la pension viagère, le prix de vente de l'héritage qui relève de la seigneurie de Durescu,
- à hauteur de 2250 livres et 250 livres de la pension viagère et les autres rentes et charges, le prix de vente des maisons et terres, tenure de la seigneurie de Montfarville.

Les acquéreurs s'engagent à maintenir le fermier en place, Jacques Baude, pendant 3 ans, pour un bail de 600 livres par an au terme de saint Jean Baptiste, après chaque année de jouissance. Ce fermier, à la demande de Nicolas de Beauvalet, devra fournir un demi cent de glu pour couvrir la maison de la ferme et payer la rente des six boisseaux de froment à l'abbé de Cherbourg, ce que le dit Baude accepte.

Un an après, Nicolas de Beauvalet, alors âgé d'environ 75 ans, prend la mer. Après deux jours et demi de navigation depuis Saint-Vaast, il passe une nuit à l'auberge *« ou pend enseigne le chef Saint Jean, sur la paroisse de Saint Eloy »*, aux portes de Rouen. Il a en effet rendez-vous, le 10 août 1731, chez Claude Caignard, l'aîné, et Claude Lefebvre, notaires gardes notes et gardes du scel à Rouen, pour acheter la seigneurie de Durécu, sise sur la paroisse de Gatteville.

Nous avons déjà évoqué cet achat dans le chapitre I, avec les réserves qui s'imposaient puisque Jules Leroux l'évoque mais avec différentes erreurs, pensant même que l'achat de 1731 concernait le domaine situé à Saint-Vaast, qui ne sera, en réalité, nommé Durécu que plus tard, par transfert de ce toponyme.

La preuve incontestable de ce qui n'était, au départ de nos recherches, qu'une hypothèse, se trouve en effet dans l'acte notarié de la vente des terres de la seigneurie de Durécu, faite par *« Haut et puissant seigneur messire Marie Felix Le Conte de Nonant, chevalier, seigneur et marquis de Bertoncelles et de Fontaine »*, à messire Nicolas de Beauvalet, prêtre de la paroisse de Saint-Vaast-la-Hougue, *« acquéreur d'une moitié pour luy et lautre moitié pour demoiselle Marie Charlotte Le Conte, veuve et héritière du feu sieur Jean de Beauvalet, frère du dit sieur prestre, et pour Jean François et Jean Antoine de Beauvalet, frères enfans du dit feu sieur Jean de Beauvalet et de la dite damoiselle Le Conte »*, cette dernière moitié étant à partager par tiers[42].

Toutefois, Nicolas de Beauvalet sait bien que, du fait de l'abrogation de noblesse de 1715, les Beauvalet sont, sur le plan juridique, considérés comme roturiers. C'est pourquoi, s'ils vont pouvoir acquérir, en 1731, la totalité des terres non fieffées de la seigneurie de Durécu à Gatteville, consistant en manoir, bâtiments, près, herbages et labours, ils ne peuvent, pour le moment, se rendre propriétaires des droits et privilèges seigneuriaux.

42. AD76,2E6[69].

La famille du vendeur, les Le Conte de Nonant, est d'ancienne et haute noblesse, originaire de Normandie et revendiquant une filiation remontant à Colinet Le Conte, connétable de Philippe d'Evreux, roi de Navarre, vers la fin du XIIIe siècle. Elle s'était trouvée en possession du fief de Durécu, en 1588, par le mariage de Louis Leconte de Nonant avec Catherine Ferey, dame de Durescu, comme cela a déjà été évoqué.

En 1652, leur fils, François Le Conte de Nonant, chevalier, seigneur de Fontaines, Durescu, Bretoncelle et autres lieux, a baillé à titre de ferme pour six ans, à honnête homme Yves Le Febvre, de la paroisse de Sainte-Geneviève en la viconté de Valognes, la terre et sieurie de Durécu, sise à Gatteville et Sainte-Geneviève. Il accorde au preneur le droit de gravage, mais si la valeur de l'objet ou bien résultant de ce droit dépasse la somme de cent livres, celle-ci sera alors partagée avec le seigneur.

François Le Conte de Nonant constitue également Yves Le Febvre gardien des rentes seigneuriales et il lui donne procuration pour le représenter dans tous les procès pendants tant du sénéchal de la seigneurie de Durescu qu'en appel à Valognes. Le bail ainsi constitué est fait et passé par la somme de douze cent soixante livres par an.

On peut noter que François Le Conte, comme on le découvre dans le tabellionage de Thiberville, signe de différentes manières : *François Le Comte, François de Fontaine et De Fontaine Durescu*[43], ce qui montre, une fois de plus, l'attachement que portent les titulaires du fief de Durécu, ou même d'une simple portion de ce fief, à cette appellation valorisante.

Signature de François Leconte, seigneur de Durescu, en 1652. *(AD 14.)*

Des trois fils de François Le Conte, décédé le 21 août 1676, c'est le plus jeune, Félix Le Conte, né en 1643, qui recevra la seigneurie de Durécu, lors du partage des biens de son père situés dans la province de Normandie, effectué devant les notaires du Châtelet de Paris, le 28 février 1677. Ce sont les deux fils de Félix, François-Michel et Marie-Felix, qui vont vendre, beaucoup plus tard, cette seigneurie de Durécu pour faire face à leur endettement résultant sans doute d'une mauvaise gestion de leurs affaires ou de leur train de vie dispendieux pour assurer leur présence à la cour du roi de France.

Sans avoir plus de précisions, on notera que leur grand-oncle, Felix Le Conte de Nonant (portant le même prénom que leur père) était chevalier des ordres du Roi, c'est à dire les deux ordres les plus élevés de la monarchie française, réservés aux grands dignitaires du royaume, l'ordre de Saint Michel et l'ordre du Saint-Esprit et était également gentilhomme de la chambre du roi.

43. AD 14, 8E 4966 et 4983, Etude de Moyaux, tabellionage de Tiberville. A noter que toutes ces informations concernant les Le Conte nous ont été aimablement communiquées par Jacques Lepetit-Vattier.

C'est tout d'abord François-Michel Le Conte qui vend, les 13 et 16 juillet 1730, par devant maître Ballot et son confrère, notaires royaux au Chatelet de Paris, à Guillaume Giret, sieur de Valleville, avocat au parlement de Paris et maître des eaux et forêts de Nogent, la terre de Durécu à Gatteville. Dès le 19 août de de la même année, maître Joseph Loir, greffier à Valognes, porteur de la procuration de Guillaume Giret, baille à titre de ferme, à Thomas Touzard, marchand, de la paroisse de Gatteville, la totalité des immeubles situés sur les paroisses de Gatteville et de Sainte-Geneviève, nommés la terre de Durécu, pour une durée de six ans et un prix annuel de mille trois cent livres.

Mais cette vente fait l'objet d'une procédure de retrait par clameur lignagère à l'encontre de Guillaume Giret de Valleville, à l'initiative du frère du vendeur, *« Haut et puissant seigneur »* messire Marie-Felix Le Conte de Nonant, chevalier, seigneur marquis de Bertoncelle et de Fontaines, demeurant ordinairement à Paris. Cette procédure était un droit permettant à un membre d'une famille d'annuler la vente d'un bien hérité par un autre membre et vendu à un tiers extérieur, sous réserve de rembourser l'acquéreur.

Le fief de Durécu, à Gatteville, objet d'une procédure de retrait par clameur lignagère en 1731.

Guillaume Giret est donc dessaisi du fief de Durécu et remboursé le 20 juillet 1731, devant les notaires de Nogent-sur-Seine. L'offre de retrait devait se faire au domicile de l'acquéreur et se traduire par une offre de paiement comptant et intégral. Cette obligation étant difficile à satisfaire, vu la situation financière de Marie-Felix, déjà endetté, c'est maître Louis François Lesueur, avocat demeurant en la paroisse de Fontaines, qui lui avance 7646 livres et 7 sols pour lui permettre de régler la totalité de la somme due au sieur Giret de Valleville.

Devenu seigneur propriétaire de Durécu par le retrait lignager, Marie-Felix Le Conte va procéder à la vente de la seigneurie de Durécu par deux contrats successifs. Le premier concerne la vente aux Beauvalet de la terre de Durécu, pour 28 250 livres, *« excepté seulement le noble et fief de la terre de Durescu »*. Le seigneur marquis de Bertoncelles reconnaît avoir déjà reçu 10 600 livres 4 sols le 12 juillet 1731 (somme sans doute utilisée aussitôt pour constituer une partie du remboursement au sieur Giret de Valleville, effectué le 20 juillet).

Nicolas de Beauvalet paye donc, ce 10 août 1731, avec le consentement du dit seigneur vendeur, 7646 livres 7 sols au sieur Louis François Lesueur, avocat, préteur de cette somme au seigneur vendeur pour lui permettre de rembourser le sieur Giret, et le reste du prix de la vente, soit 10 003 livres et 9 sols, en espèce d'or et d'argent, à Marie-Felix Le Conte. Ce dernier déclare enfin que *« son intention est d'employer la dite somme jusqu'à celle de 8600 livres au payment de ses dettes pour promesse de faire mention dans les quittances qu'il en retirera que les deniers proviendront de la présente vente aux fins de la subrogation des hypothèques des dits créanciers comme de faire le dit seigneur subrogé par le présent les dits acquéreurs sans notation »*. Les pièces justificatives des créanciers et des quittances acquittées seront communiquées aux acquéreurs, à charge pour eux de le demander à maître Lesueur, en la paroisse de Fontaines.

Le sieur de Beauvalet entre également en possession de la grosse du contrat de la précédente vente du 13 juillet 1730 et du bail fait à Thomas Touzard qu'il appliquera dans les mêmes conditions.

L'année suivante, le 11 novembre 1731, Marie-Felix Le Conte de Nonant vend à Jean- Baptiste de Gully, seigneur et patron de Gueuteville et Rilly, conseiller du roi et correcteur en la cour des comptes, aides et finances de Rouen, les honneurs et privilèges du fief de Durécu pour 1550 livres, payés en louis d'or et d'argent. Ainsi les Beauvalet deviennent propriétaires de la terre de Durécu, sans la qualité de seigneur et des prérogatives attachées au fief et Jean-François de Gully, écuyer, anobli de fraiche date par lettres du 16 août 1728, devient seigneur de Durécu, seigneurie bien éloignée de son lieu de résidence et sans le revenu du domaine, à l'exception des rentes seigneuriales !

Le siège du fief de Durécu comprend alors, si l'on se réfère à Jules Leroux, mais nous n'avons pu le vérifier par d'autres sources, 150 vergées (environ 30 ha) de terre dont 12 vergées en près et le reste en labour.

La possession de cette terre de Durécu par les Beauvalet, dont on retrouve confirmation en 1746, dans l'état des fiefs de l'élection de Valognes, rédigé par le subdélégué de l'intendant à Valognes, Lefèvre des Londes, conforte ainsi leur ascension sociale, leur permettant d'associer le nom de cette terre noble à leur patronyme comme cela se pratiquait souvent. Jean Antoine de Beauvalet n'hésitait pas en outre, sur les registres paroissiaux, à se titrer lui-même même écuyer et seigneur de Durécu, dès 1738, avant même de recouvrer ces droits cinq ans et huit ans plus tard !

Le 13 septembre 1733, Marie Charlotte de Beauvalet a l'immense douleur de perdre son fils Jean François, âgé de 22 ans. C'est donc à Jean Antoine, le dernier représentant de la branche noble des Beauvalet, âgé alors seulement de 17 ans, que pourront échoir, dans l'avenir et en pleine propriété, la terre de la seigneurie de Durécu et les autres biens fonciers des Beauvalet.

Désormais, il ne manque plus que l'achat d'une charge anoblissante pour confirmer l'ascension sociale de Jean Antoine et asseoir ainsi, de manière incontestable, sa place dans le second ordre. C'est l'objectif majeur, pour les années à venir, que lui assignent son oncle et sa mère.

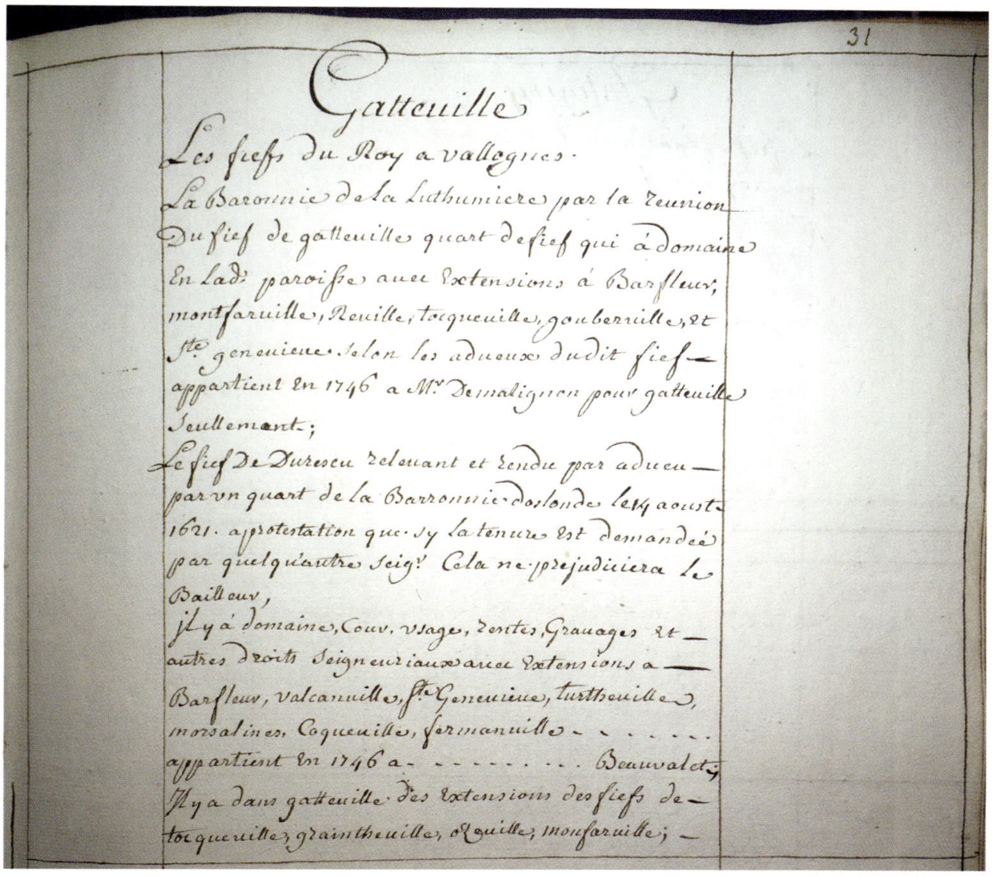

31

Gatteuille

Les fiefs du Roy a vallognes.

La Baronnie de la Luthumiere par la reunion
Du fief de gatteuille quart de fief qui a domaine
En lad. paroisse avec extensions à Barfleur,
montfaruille, Reville, tocqueville, gouberville, et
Ste genevieve. selon les adveux dudit fief
appartient en 1746 a Mr de matignon pour gatteuille
seullement;

Le fief de Durescu relevant et rendu par adveu
par un quart de la Baronnie dorlonde le 14 aoust
1621. a protestation que sy la tenure est demandée
par quelqu'autre seigr cela ne prejudiciera le
Bailleur,

il y a domaine, Cour. usage, rentes, Gravages et
autres droits seigneuriaux avec extensions a
Barfleur, valcanville, Ste Genevieve, turtheville,
morsalines, Coqueville, fermanville . . . . . .
appartient en 1746 a . . . . Beauvalet

Il y a dans gatteuille des extensions des fiefs de
tocqueville, graintheville, Reville, monfarville;

Etat des fiefs de l'élection de Valognes en 1746.
(Conseil départemental de la Manche, archives départementales).

Cinq années après l'acquisition de la terre de Durécu, Nicolas de Beauvalet rend à son tour son âme à Dieu, après avoir reçu les Saints sacrements de l'Eglise. Il est inhumé, le 1er janvier 1736, dans le chœur de l'église de Saint-Vaast, avec la permission du général des Religieux de Fescamp, « sans tirer à conséquence », en présence de ses parents et amis. De ce prêtre bien particulier, reste une belle, mais très endommagée, statue en bois qui le représente, le missel entre les mains. Cette statue fut longtemps exposée en plein air, dans le jardin de Durécu, derrière la demeure, d'où la raison de sa mauvaise conservation.

Le chœur de l'église de Saint-Vaast (devenue la chapelle des Marins).

Fleurs et echiums dans le jardin exotique de Durécu, créé par G. Thin, à partir de 1990 .

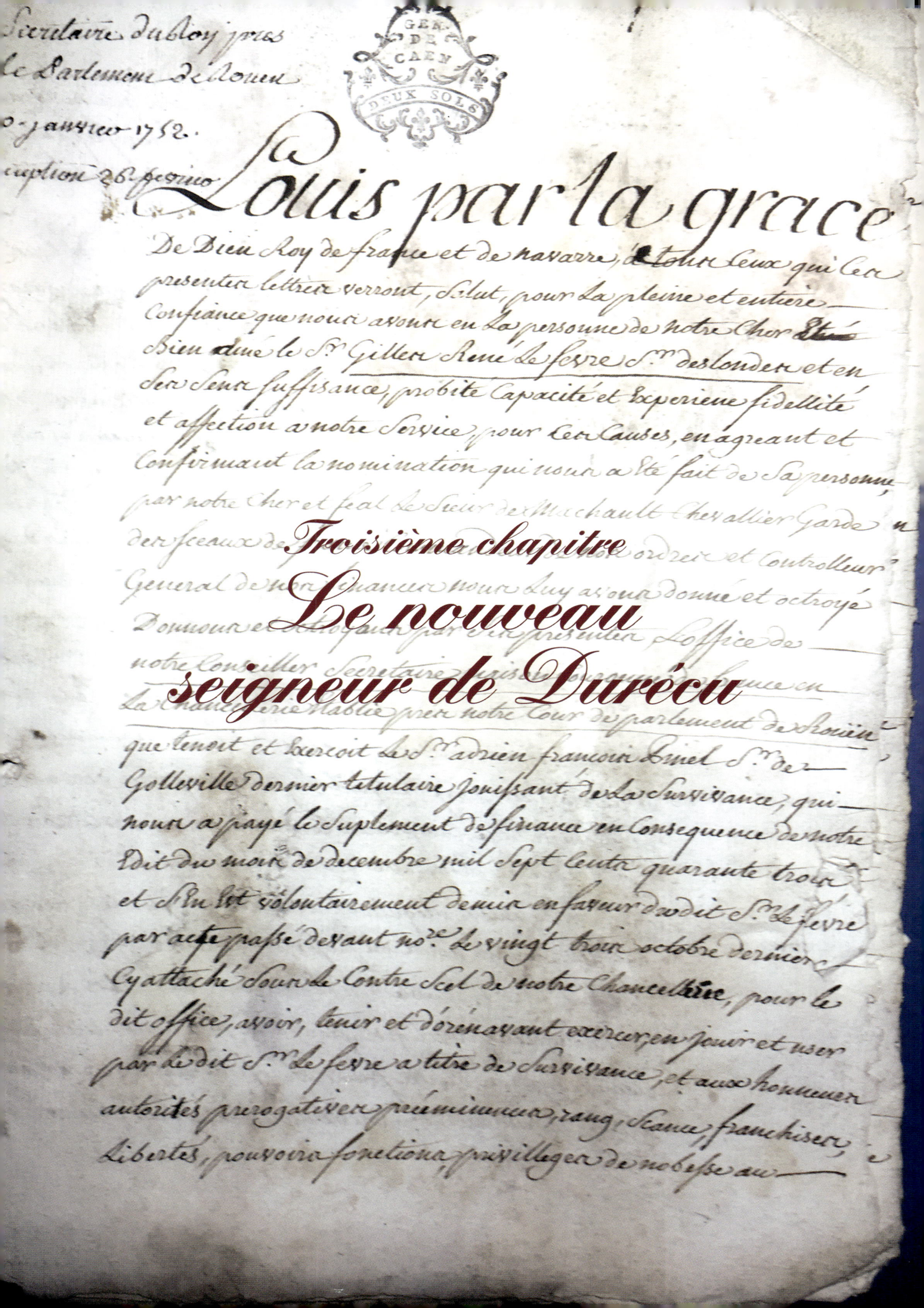

Troisième chapitre

Le nouveau seigneur de Durécu

Le chœur de l'église de Barfleur, édifié à partir de 1630, lieu du mariage de Jean Antoine de Beauvalet.

Jean Antoine de Beauvalet, Conseiller secrétaire du roi

Jean-Antoine de Beauvalet a été baptisé le 11 juin 1716, en présence d'un parrain et d'une marraine issus d'une noblesse confirmée, illustre et fort ancienne, Jean-Antoine du Mesnildot, seigneur et patron de Rideauville et Anne-Madeleine d'Amfreville, petite-fille du maréchal de Bellefond et belle-sœur du parrain.

Jean-Antoine du Mesnildot, qui a été, en 1707, mousquetaire à cheval de la garde du roi, est le descendant de Richard le Goupil, seigneur du Mesnildot, qui obtint, du roi de France Charles VII, en 1487, le changement de son nom en celui de sa terre du Mesnildot, pour récompense de ses services. Le père de Jacques le Goupil, Jean le Goupil, écuyer, demeurait à Saint-Lô. C'est au milieu du XVIe siècle, que les Mesnildot s'établissent dans le clos du Cotentin.

Le dernier fils de Marie-Charlotte de Beauvalet profite pleinement de l'ascension sociale entreprise par son grand-père Nicolas qu'il n'a pas connu car celui-ci est mort en 1703. S'il se retrouve rapidement orphelin de père dès 1726, Jean Antoine bénéficie de l'appui de sa mère encore jeune et de celle de son oncle Nicolas, ce qui lui permet de cumuler, assez vite, biens et titres.

Jean Antoine se marie le 9 septembre 1738, à l'âge de 22 ans, avec Marie Louise Charlotte de Fouace de Saint-Eloy. Profitant de l'ambiguïté de la politique royale vis-à-vis des anoblis, il se laisse titrer sur les registres paroissiaux de Barfleur, paroisse où se déroule la messe de mariage, comme *« écuyer, seigneur de Durécu et officier chez le roy »*. Pourtant il ne peut plus, en principe, sauf à payer la taxe, se qualifier d'écuyer et encore moins porter réellement le titre de seigneur de Durécu, titre à l'époque toujours en possession de Jean- Baptiste de Gully !

Il est vrai que les tentatives de Louis XV pour taxer à nouveau les anoblis n'eurent pas, comme on l'a vu, le même succès que celles de son prédécesseur, d'autant plus que, dans les provinces, les agents des fermiers généraux ne manifestèrent souvent aucun zèle pour faire appliquer les directives royales. C'est ce que rappelle, en 1763, Bosquet, auteur du *Dictionnaire raisonné des domaines et des droits domaniaux*, à propos de l'arrêt royal de 1730 relatif au paiement du droit de joyeux avènement par les anoblis : *« L'on ne tient point la main à l'exécution de cet arrêt*[1] *»*.

Outre le titre de seigneur de Durécu qu'il s'attribue, Jean Antoine précise qu'il est *« officier chez le Roy »*. Il est donc titulaire d'un office dont on ignore l'objet. Serait-ce celui de Receveur des aides, office dont son oncle était titulaire ? Ce n'est pas celui dont il fera état quelques années plus tard, à savoir conseiller secrétaire du roi, maison couronne de France, charge très prestigieuse et toujours signalée, à la suite du nom de son titulaire, dans les documents ou registres officiels. Dès leur prise fonction, ces conseillers sont réputés *« nobles de quatre races, et capables de recevoir tous ordres de chevalerie »*.

1. Bosquet, *Dictionnaire raisonné des domaines et des droits domaniaux*, Imp. J-J Le Boullanger, Rouen, 1763.

Cette simple mention « officier chez le Roy », figurant sur les registres de Barfleur, à l'occasion de son mariage ou, le 28 janvier 1738, sur les registres paroissiaux de Rideauville à l'occasion d'un mariage où Jean Antoine figure comme témoin, fait référence à un office nettement moins valorisant, sans que l'on puisse déterminer sa nature exacte. Par contre, Jean Antoine apparaît, à nouveau, sur les registres de Rideauville, comme écuyer ! Pour revenir sur cet office non précisé, la chance sourit parfois fois au chercheur, en lui permettant, au hasard de recherches sur d'autres sujets, de trouver des réponses à des questions non résolues. Cela a été le cas pour cet office, qui apparaît, en 1737, dans un bail de location d'une saline par Jean-Antoine de Beauvalet, « officier de la fauconnerie du cabinet de sa Majesté »[2].

Armoiries des Fouace de Saint-Eloy.

Par son mariage avec Marie Louise Charlotte de Fouace de Saint-Eloy, âgée de 25 ans, il est le premier Beauvalet à s'allier à la noblesse locale, dans une famille originaire de Réville, bien connue à Barfleur et qui avait été anoblie en mai 1657. En effet le père de Marie Louise Charlotte, Bon Gratien Charles de Fouace, écuyer, sieur de Saint Eloy, né en 1666 sur cette même paroisse, est le fils de Gratien de Fouace, écuyer, sieur de Saint-Eloy, vicomte du Val de Saire, conseiller du roi et lieutenant général civil et criminel de l'amirauté de France pour le siège de Barfleur[3].

Bon Gratien, exerce à son tour ces charges de vicomte et de lieutenant de l'amirauté. La vicomté était une juridiction royale chargée de juger en première instance les affaires des roturiers, celles des nobles relevant directement du baillage. La vicomté de Barfleur résultait, par suite d'un édit royal de 1639, de la division de l'ancienne vicomté de Valognes en quatre, avec création de trois nouvelles vicomtés supplémentaires à Tollevast, Barfleur et Beaumont.

L'amirauté de Barfleur

Comme toutes les amirautés, celle de Barfleur avait à la fois des attributions judiciaires et administratives. C'était une cour contentieuse concernant le commerce maritime, la pêche, le contrôle des navires et équipages, la navigation, les naufrages et les avaries ainsi que la police des ports. Son ressort s'étendait sur huit lieues du littoral, depuis Réville, qui disposait d'un port, le havre de Saire, jusqu' à Fermanville et le port du cap Lévy, et même au-delà2. C'était l'une des plus anciennes de Normandie et, bien avant sa création au XVIe siècle, des officiers de port avaient été établis, à l'époque ducale, par le roi d'Angleterre, Henri II, petit-fils de Guillaume le Conquérant, à Barfleur, ainsi qu'à Cherbourg, Caen, Ouistreham et Dieppe.

2. Conseil départemental de la Manche, AD 50, 5 E 8362, notariat de Quettehou. Référence aimablement communiquée par Jack Lepetit-Vattier.
3. Darsel Joachim, L'Amirauté en Normandie : V. - Amirauté de Barfleur, *Revue du département de la Manche*, tome 10- 1968, fasc. 38.

Le mariage de Jean Antoine de Beauvalet est précédé par l'établissement d'un contrat de mariage en date du 26 août 1738, mais hélas non retrouvé. Le mariage se déroule ensuite à Barfleur, le 9 septembre, après publication d'un seul ban et dispense des deux autres, usage habituel chez les nobles.

Hôtel Fouace de Saint-Eloy, à Barfleur.

Parmi l'assistance, on note la présence de Jacques Charles de Fouace, sieur de Saint Eloy, frère de l'épouse, qui s'est trouvé, à son tour, titulaire des offices de vicomte du Val de Saire et de lieutenant de l'amirauté pour le siège de Barfleur, son père étant décédé à Barfleur huit ans plus tôt, à l'âge de 63 ans. Sont également présents la mère de Marie Louise Charlotte, Marie Madeleine Le Lièvre, fille de Charles Le Lièvre, écuyer, et les deux tantes de l'épouse, Marie Thérèse de Fouace et Bonne Anne de Fouace, veuve de Pierre du Saussey ainsi que Marie Charlotte Le Conte, mère du marié, mais aussi plusieurs ecclésiastiques dont Jean-Pierre Pouhier, prêtre, apparenté aux Beauvalet, choisi pour célébrer cette union.

Cette charge de conseiller secrétaire du roi était devenue, au fil du temps, surtout honorifique, les secrétaires du roi étant officiellement dispensés de résidence et de fonction, à la suite de la décision prise par Colbert en 1672[4]. A l'origine, ces conseillers avaient la responsabilité d'expédier et signer à la chancellerie tous les actes publics du roi.

En Normandie, suite à l'édit royal de 1703, les conseillers secrétaires du roi n'étaient que huit, *« en la chancellerie près le parlement de Rouen »*. Ce même édit avait rappelé que le roi permettait aux pourvus de cette charge de résider ou bon leur semblerait, qu'ils étaient dispensés de service près des chancelleries, que leurs gages leur seraient payés dans leur lieu de résidence, *« sans que le deffaut de service puisse donner lieu à aucune restitution de leurs gages, droits, privilèges et exemptions »*.

Il fallait bien évidemment acheter au roi cet office, ou plus exactement à un titulaire de la charge qui voulait s'en dessaisir, ce qui pouvait conduire éventuellement à la rechercher auprès d'une autre chancellerie. Son prix variait en fonction de l'époque, passant en moyenne de 10 000 livres à la fin du règne de Louis XIV à souvent plus de 25 000 livres vers 1730. Il semble, en plus, que ce prix pouvait varier selon l'importance du nombre de postulants à cette charge particulièrement recherchée. C'était le cas, par exemple à Bordeaux, du fait des nombreuses fortunes réalisées grâce au commerce maritime.

Des intermédiaires facilitaient la recherche de ces charges à vendre. Ainsi il suffisait de donner pouvoir à un mandataire pour ce faire, après lui avoir déposé l'extrait de son baptême et un certificat de catholicité précisant qu'on avait satisfait à son devoir pascal. Une petite gratification lui était donnée lorsque l'achat de la charge se concrétisait. L'érudit Paul Ducourtieux cite même le nom d'un de ces intermédiaires à Paris, M. Gentil, dans les années 1779[5].

La charge de Jean-Antoine n'est pas acquise auprès de la chancellerie de Rouen mais de celle de Metz qui comptait, à l'origine, douze conseillers secrétaires du roi maison et couronne de France.

Dès 1704, un édit royal créant quarante nouveaux conseillers-secrétaires du roi avait porté à 340 leur nombre, réunis dans *« un seul Corps et Collège »*. Aucune poursuite ne serait entreprise pour ceux qui auraient pris la qualité d'écuyer avant d'avoir été pourvu de leurs offices. Un autre édit royal de janvier 1706 avait précisé que les conseillers audienciers, contrôleurs et secrétaires pouvaient *« exploiter et faire valoir par leurs mains une seule ferme franche de Tailles, et sans déroger à Noblesse, dont le labour n'excédera pas la valeur de quatre charrues »*.

Nous ignorons le prix d'achat payé par Jean Antoine en 1743, mais l'on connaît celui payé par le commissaire subdélégué de l'intendant, à Valognes, Gilles René Lefèvre des Londes, pour une charge similaire, acquise en 1751. Adrien François Pinel, écuyer, seigneur de Golleville, lui cède cet office acquis le 1er septembre 1751, pour l'énorme somme de 44 164 livres ! Ceci oblige d'ailleurs notre subdélégué à emprunter pour financer cette acquisition en constituant deux rentes auprès d'un abbé parisien et auprès de la veuve d'un commissaire des Ponts et Chaussées à Paris.

---

4. Voir à ce sujet l'étude de Nicolas Schapira, Université de Marne-la-Vallée, *Revue d'histoire moderne et contemporaine*, janvier-mars 2004.
5. Ducourtieux Paul, *Bulletin de la société archéologique et historique du Limousin*, p.656 et 657, 1908.

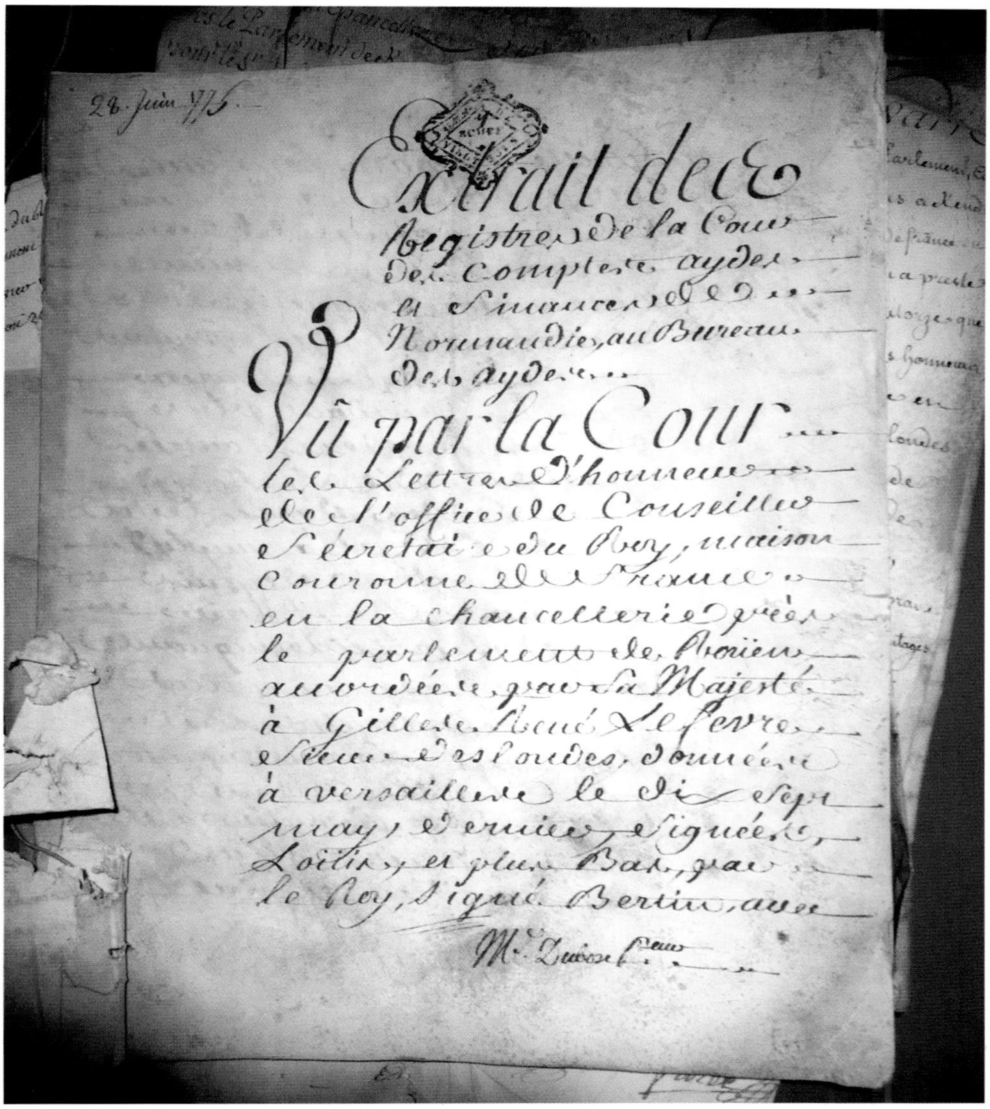

28. Juin 1775

Extrait des Registres de la Cour des comptes, aydes et finances de Normandie, au Bureau des aydes.

Vû par la Cour les Lettres d'honneur de l'office de Conseiller Secretaire du Roy, maison Couronne de France en la chancellerie près le parlement de Rouen accordées par Sa Majesté à Gilles René Lefevre Sieur des Londes, données à Versailles le di sept may dernier, signées Louis, et plus bas, par le Roy, signé Bertin, avec

Registre de la Cour des Comptes de Normandie en vue de l'octroi des lettres d'honneur, en 1775, pour la charge de conseiller secrétaire du Roy accordée à Gilles René Lefèvre des Londes en 1751. (AD 50.)

Ces charges de Conseiller secrétaire du roi, qui conféraient la noblesse pour leur titulaire, étaient souvent revendues juste après les vingt années d'exercice de la charge. Ceci permettait au titulaire, outre de faire un bénéfice lors de la revente, de recevoir des lettres d'honneur et de voir ainsi confirmer sa noblesse, étendue alors à son épouse et ses enfants nés et à naître.

On notera enfin que les secrétaires du roi, aux termes de l'édit de décembre 1701, pouvaient faire librement toute sorte de commerce en gros, tant au dedans qu'au dehors du royaume, pour leur compte, ou par commission, sans déroger à la noblesse. Cette faculté permettra à Jean Antoine de poursuivre le commerce de la soude, si utile pour Versailles, qu'il a sans doute pratiqué à la suite de son père, comme nous allons l'évoquer. Enfin les conseillers étaient rémunérés annuellement. Nous disposons, à titre d'illustration, de l'état des recettes et dépenses de la chancellerie de Metz concernant l'année 1753 et nous pouvons y voir qu'il a été payé, pour cette année, à Jean Antoine de Beauvalet, *« secrétaire-contrôleur »* la somme de 1093 livres, 3 sous et 8 deniers[6], de même qu'à trois autres de ses collègues.

Il nous semble intéressant, maintenant, de tenter de cerner les biens appartenant à Jean Antoine et la diversité des activités qu'il gère. La richesse des Beauvalet résulte à l'origine de l'exploitation intelligente de leurs biens, puis de leur habileté comme manieurs d'argent. Mais ils ont su aussi, tout en demeurant très attachés à la gestion de leur patrimoine, en plus et en complément, profiter d'opportunités économiques liées à la proximité de la mer, comme différents faits concordants le prouvent. Pour Jean Antoine, certaines affaires n'étaient sans doute que la reprise d'activités déjà exercées par son père et peut-être même par son grand-père.

Bien qu'homme de la terre, Jean Antoine ne pouvait se désintéresser du monde maritime.

Pour en savoir un peu plus sur les biens de Jean Antoine, nous disposons de plusieurs sources dont les registres paroissiaux de Rideauville. L'acte de baptême de Thérèse Marthe Auvray, fille de Firmin Auvray, fermier de *« Monsieur de Durécu Beauvallet »* figurant sur ces registres paroissiaux, le 10 janvier 1740, nous apprend que le propriétaire de la ferme d'Héroudeville est Jean Antoine. On se rappellera que cette terre d'Héroudeville avait été achetée par son père en 1696.

6. AD de la Moselle, série C 795, Bureau des finances, 1753-1768.

Outre des terres à Saint-Vaast et Rideauville, en plus de celles de Durécu à Gatteville, Jean Antoine possède d'autres biens sur la paroisse de Gatteville, qui constitueront plus tard une partie de la dot de sa fille Marie Charlotte, ainsi que des maisons à Saint-Vaast, l'une d'elles louée par exemple au receveur des traites, d'autres à des pêcheurs.

Comme nous l'avons évoqué, son oncle Nicolas avait acheté, en mars 1729, en son nom et en celui de ses neveux, 19 vergées de terre, héritages *« tous venus en franc domaine de la seigneurie de Gatteville »*, le tout pour 4000 livres.

Le siège de la seigneurie de Durécu, à Gatteville.

Puis, en septembre 1730, conjointement avec Marie Charlotte Le Conte, et pour 13 750 livres assorties d'une rente viagère, la belle propriété du Mesnage du Quesnay, située au hameau de Carnanville, avec de nombreuses pièces de terre, dont certaines relevant en franc domaine de la seigneurie de Durescu. On notera que les seuls biens sis à Gatteville, y compris l'ensemble constitué par la terre de Durécu, rapportent alors plus de 2300 livres de revenus par an à Jean Antoine.

Nous avons également déjà fait allusion à l'achat à Saint Vaast, en 1669, par le grand-père de Jean Antoine, Nicolas Beauvalet, de champs proches des salines avec obligation de réparer les digues. Cette proximité nous a fait nous interroger sur l'existence de salines dans le patrimoine foncier de Nicolas Beauvalet, sans avoir toutefois connaissance de document de son vivant pouvant le confirmer.

Nous allons, maintenant, prendre connaissance de plusieurs documents prouvant que Jean Antoine fieffe des salines lui appartenant ainsi qu'une pêcherie proche de l'île Tatihou, poursuit probablement le commerce de la soude à partir des varechs récoltés sur les îles Saint-Marcouf, activité déjà pratiquée par son père, Jean de Beauvalet, et participe à l'armement de bateaux pêcheurs à Saint Vaast et en tire donc des revenus.

Grâce à un inventaire après décès de Pierre Lenoir, saunier décédé en 1749, dans lequel il est fait référence à un bail en date du 29 novembre 1741, nous apprenons que : « *Jean Antoisne de Beauvalelet, escuier, sr de Durécu, a baillé une salline avec ses grèves et*

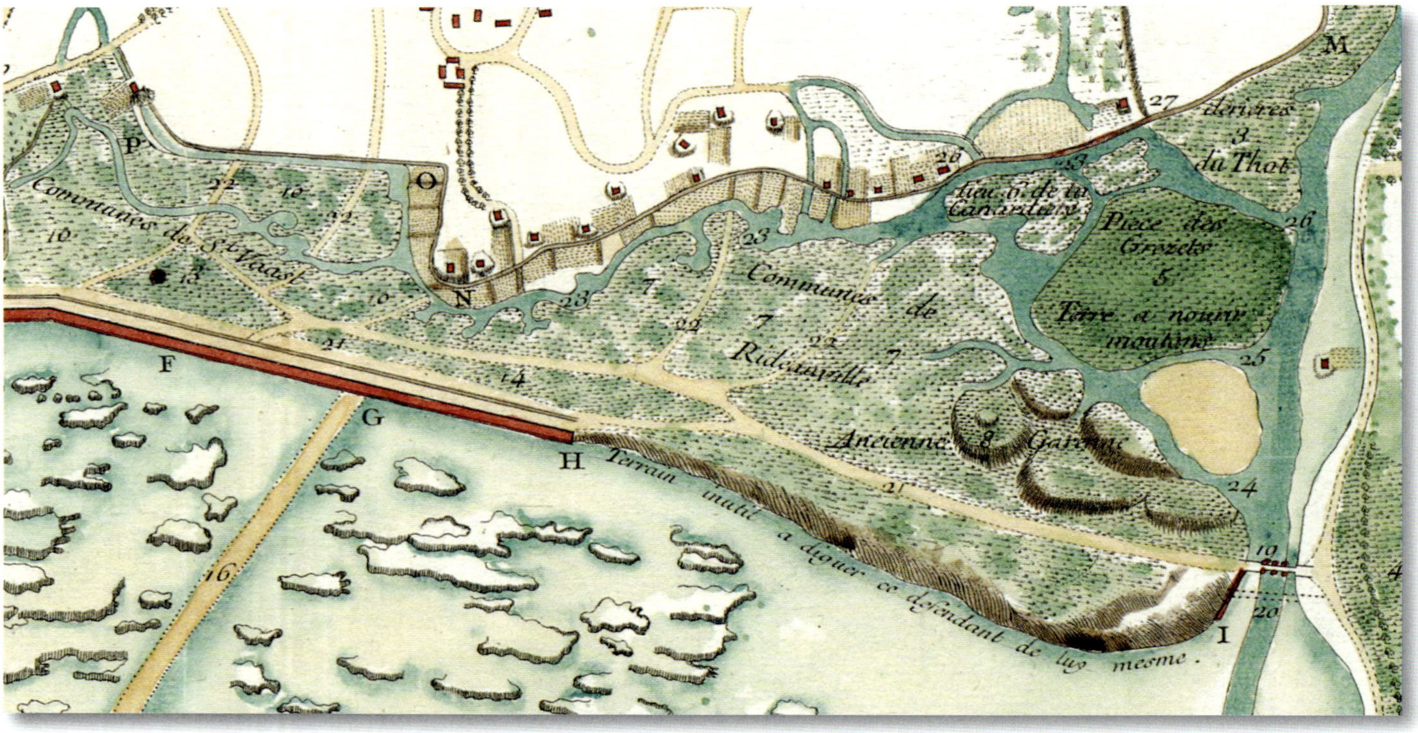

Situation des salines de Saint-Vaast et de Rideauville, d'après le plan de la côte de la Hougue, que le baron de Beauvais a fait lever en 1731 (collection du marquis de Paulmy). *(BNF.)*

lagniers telle que le tout se peut contenir, couverte de paille avec les plombs de pesanteur de quatre cent soixante et treize livres que le preneur rendra de la mesme pesanteur au dit bailleur en bonne état ainsy que la dite salline de couverture l'eau dehors pendant le present bail contre la somme de cent soixante livres par an[7]. »

Entre Saint-Vaast et le pont de Saire, il existait dix-huit salines. Quatre dépendaient de la paroisse de Saint-Vaast alors que les quatorze autres se trouvaient sur celle de Rideauville.

Jean Antoine de Beauvalet possède trois salines, deux sur la paroisse de Saint-Vaast et la troisième sur celle de Rideauville, comme nous le confirme la liste des propriétaires figurant sur la Déclaration portant règlement pour les salines en Basse-Normandie, du 27 décembre 1765, ainsi que le recensement de 1768, à l'occasion de l'arrêt pris,

7. Conseil départemental de la Manche, AD 50, 5 E 8374, document aimablement communiqué par Annick Perrot.

la même année, pour enrayer le faux saunage[8]. Son père Jean et son oncle Nicolas étaient déjà copropriétaires de salines en 1734. Nous avons déjà évoqué le bail de location par Jean-Antoine, le 17 août 1737, d'une maison à usage de saline, nommée *« la petite saline d'aval »*, où il y a *« trois plombs de pesanteur de quatre cent soixante treize livres... »*.

On notera enfin, en 1768, que sur ces dix-huit salines, cinq sont affermées par des seigneurs locaux propriétaires, le seigneur de Durécu pour trois d'entre-elles et le baron de Beauvais pour deux, les treize autres appartenant aux sauniers qui les exploitaient directement. En 1781, les seigneurs locaux déjà cités conservent encore la propriété des cinq salines.

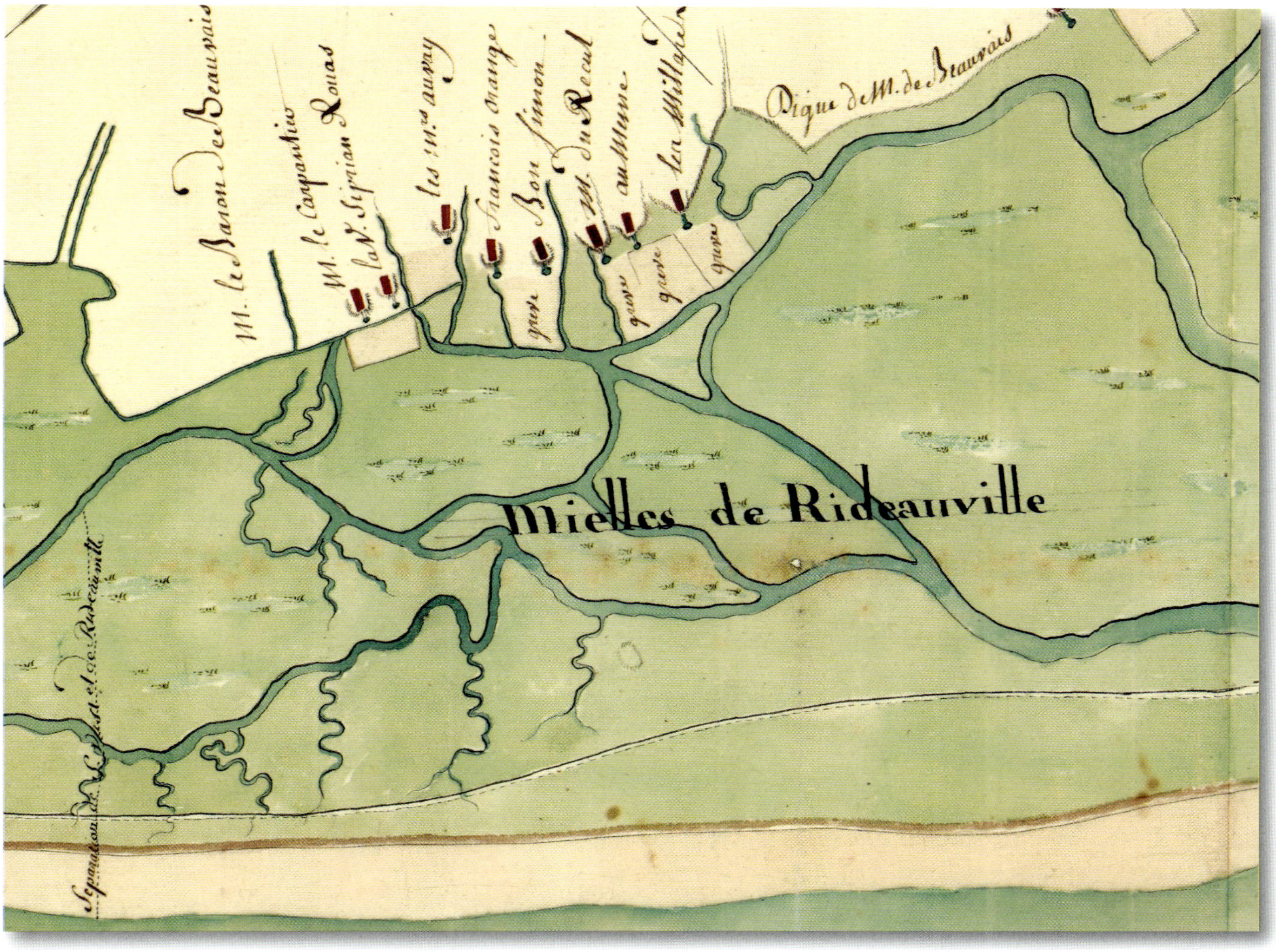

Sur cet extrait du Plan des mielles de St Vaast et Rideauville, on peut voir la position précise, en 1764, de l'une des trois salines de Jean Antoine de Beauvalet de Durécu, notée « M. duRécul ».*(BNF.)*

Le sel était soumis à l'impôt. La Normandie étant un pays de grande gabelle, le droit de quart-bouillon était en fait un privilège accordé en 1383 à une partie de la Basse- Normandie. Il entérinait un usage très ancien et consista d'abord au prélèvement du 1/5e du bouillon, le « quint ». Puis, ce fut le quart, d'où l'appellation de quart-bouillon. Le commerce du sel était strictement réglementé et la cession de sel entre usagers était formellement interdite.

8. AD 14, C. 3067, Etat des salines de Basse-Normandie en 1768.

La fabrication du sel

La technique d'obtention du sel par chauffage de la saumure, était utilisée sur nos côtes depuis les temps les plus anciens. Au début du printemps, chaque saunier préparait sa portion de grève en créant des sillons inondables par la mer. Aux beaux jours, le sable chargé de salin était raclé avec un haveau et entassé en gros tas appelés mondrains que l'on recouvrait de fagots pour empêcher la pluie d'y pénétrer.

A l'autonne, le sablon des mondrains était arrosé d'eau entrainant, grâce à des gouttières, les parties salées dans des cuves. Cette saumure versée dans des récipients rectangulaires appelés «plombs », du nom de la matière les composant, était chauffée jusqu'à évaporation, dans une petite cabane, par des fours en terre glaise alimentés par du bois. Depuis 1768, leur nombre est limité à deux par salines dans le havre de la la Hougue alors qu'il en est autorisé trois en Avranchin.

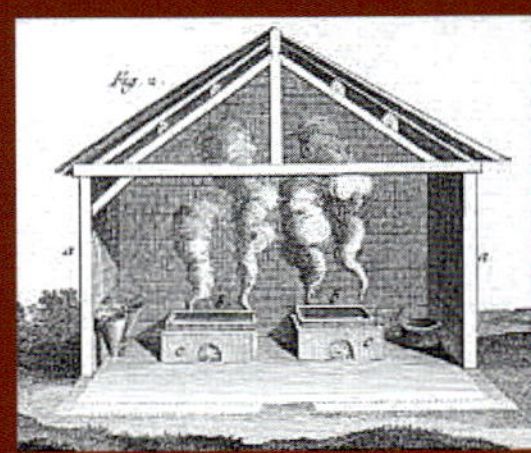

Le sel obtenu est très blanc, mais d'une qualité inférieure à celui des marais salants.

Le « trafic » de la soude, pratiqué à l'origine par Jean de Beauvalet, nous est connu grâce à un mémoire du subdélégué de l'intendant à Valognes adressé à l'intendant de la généralité de Caen. Le document bien que non daté semble, vu le contexte, avoir été rédigé en 1727[9]. Il y est rappelé que le varech nécessaire pour obtenir la cendre de soude nécessaire aux verreries doit être coupé pendant les mois de juin à aout, avant les coups de vent. Celui des côtes de la Hague, pourtant très abondant, est brisé par la violence de la mer et sèche difficilement à cause des pluies qui altèrent sa qualité.

Ces varechs *« ne valent rien à bruller pour faire de la soude, parce qu'ils n'ont plus assez de corps... Il en croist encore sur l'isle de St marcouf dépendant de l'amirauté de la hogue ou Saint Vast. Il a fournit les années dernières au feu sieur de Beauvalet cinq à six tonneaux de soude qu'il a annuellement envoyez à Rouen ; on ne sait si ses héritiers ou autres continueront ce commerce ».*

Jean Antoine a dû reprendre plus tard cette activité, puisqu'elle rapportait des revenus complémentaires et qu'il armait plusieurs bateaux. Enfin l'exploitation de la pêcherie La Tocquaise, qui était affermée, a été conservée par Jean Antoine. Le commissaire du roi, Daniel Chardon la décrit ainsi, en 1783 : *« A la Hougue, est une pêcherie à pierre brute nommée La Tocquaise, appartenant au Sr de Beauvalet, elle est située au S-W de l'isle Madame ou île Tatihou, sa forme est équere, l'angle se présentant à la mer, un des bras remontant vers la grève, il y a 2 grilles pour l'écoulement des eaux, l'une au milieu du bras le plus long, l'autre à l'angle. On y pêche toute espèce de poisson[10]. »* Elle restera la propriété des descendants des Beauvalet, jusqu'en 1854, comme nous l'évoquerons ultérieurement.

9. AD 14, C. 3068 soude et varech. Document aimablement communiqué par Annick Perrot. On rappellera que Jean de Beauvalet est décédé en 1726, ce qui explique l'allusion, dans le mémoire, à ses héritiers.
10. AN Marine, C^4 174, Rapport Chardon.

L'armement de plusieurs bateaux au cabotage, par Jean Antoine, nous est révélé par différents documents. Un exemple : A l'occasion du décès de Marguerite Thin, veuve de Pierre Vallette, pêcheur à Saint Vaast, les tuteurs de ses enfants mineurs demandent, le 6 mai 1765, à ce que le bateau *« La Marguerite »*, qui appartenait pour pour les deux tiers au seigneur de Durécu-Beauvalet, puisse reprendre la mer pour la nouvelle saison de pêche au maquereau[11]. Autre source : La consultation des rôles d'armement du quartier de la Hougue, pour l'année 1773, nous révèle que Jean Antoine armait outre *« La Marguerite »* de 28 tonneaux, avec un tirant d'eau de 5 pieds et 9 hommes d'équipage, *« La Marie- Charlotte »*, de 20 tonneaux, avec un tirant d'eau de 4 pieds et 7 hommes d'équipage, ces deux bâtiments, pontés et construits en 1752, étant alors armés principalement pour le cabotage vers Rouen[12].

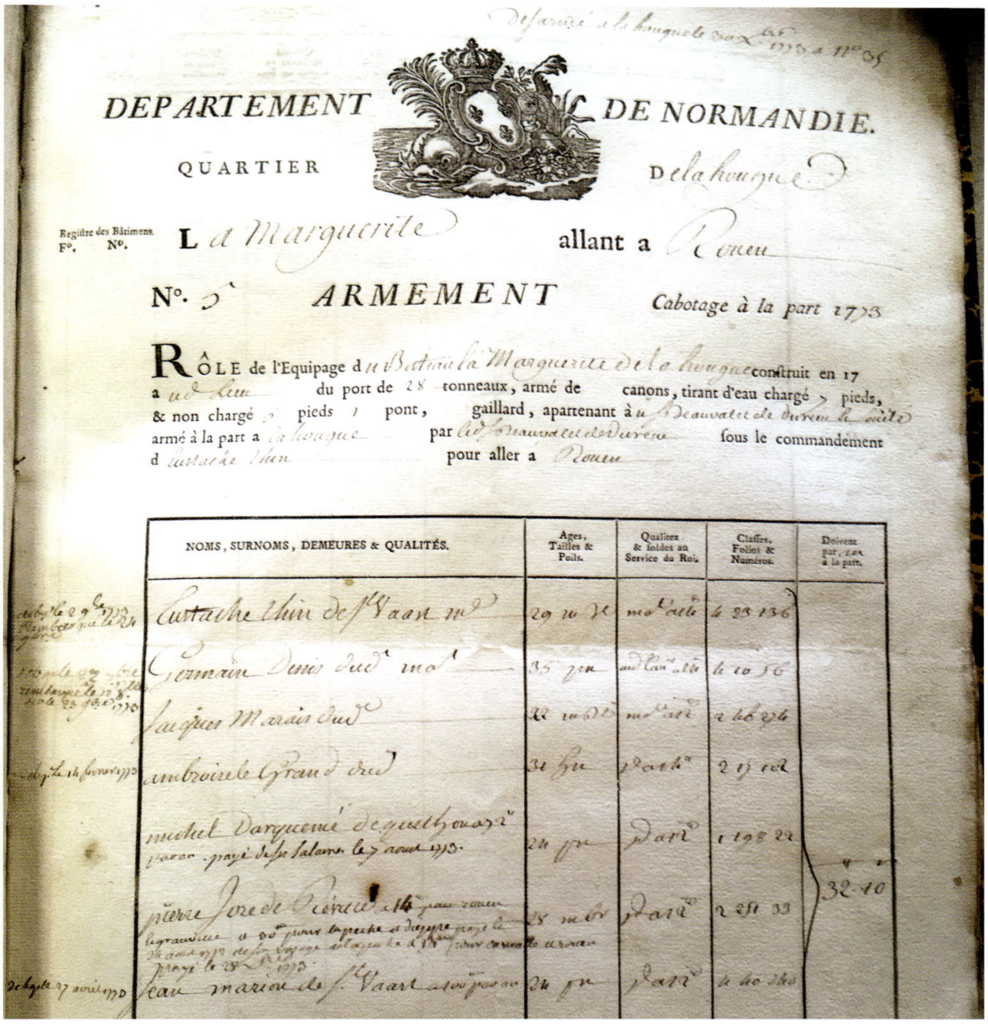

DEPARTEMENT DE NORMANDIE.

QUARTIER De la hougue

Regiſtre des Bâtimens F°. N°. L a Marguerite allant a Rouen

N°. 5 ARMEMENT Cabotage à la part 1773

RÔLE de l'Equipage d u Bateau la Marguerite de la hougue conſtruit en 17 a ... du port de 28 tonneaux, armé de canons, tirant d'eau chargé 5 pieds, & non chargé ... pieds 1 pont, gaillard, apartenant à ... armé à la part a la hougue par ... ſous le commandement d ... pour aller a Rouen

NOMS, SURNOMS, DEMEURES & QUALITÉS.	Ages, Tailles & Poils.	Qualitez & ſoldes au Service du Roi.	Claſſes, Folios & Numéros.	Doivent par ... à la part.

Rôle d'armement pour 1773 de « La Marguerite », dont M. de Durécu est armateur.
(SHD-Cherbourg.)

11. Conseil départemental de la Manche, arch. dép., 5 E 8390. Données aimablement communiquées par A. Perrot.
12. SHD-Cherbourg, 5 P^7 1, et 5P^9 1. N.B. L'armement au cabotage permettait, outre la pratique de la pêche, d'effectuer les transports des produits de la pêche pour leur vente, par exemple à Rouen.

L'équipage de *La Marguerite*, dont Jean Antoine est l'armateur, pratique en 1773 la pêche au maquereau et le dragage des huîtres jusqu'à Cancalle ou fait du cabotage avec pour destinations Dieppe ou Rouen. Il en est de même pour *La Marie Charlotte*. Les matelots embarqués sont contrôlés régulièrement par les commissaires ou commis de la Marine puisque, avec le système des Classes, les gens de mer doivent, une année sur quatre, abandonner leur activité civile pour servir sur les vaisseaux du roi.

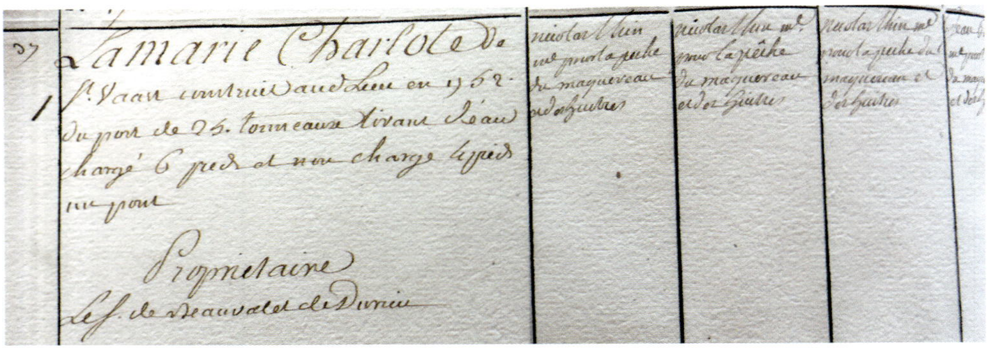
La marie Charlote de St Vaast construit audit lieu en 1752 du port de 25. tonneaux tirant d'eau chargé 6 pieds et non chargé 4 pieds

Propriétaire
Le s. de Beauvalet de Durecu

Registre des matricules des bateaux du quartier de la Hougue, portant indication chaque année du « maître de bateau », ici pour « La Marie Charlotte ». *(SHD-Cherbourg.)*

Nous pouvons également rappeler que, selon les travaux de l'historiene Annick Perrot, le père de Jean Antoine, Jean de Beauvalet, avait déjà une part d'armement dans un bateau pêcheur de Saint-Vaast, la *« Marie Françoise »*.

Désormais, comme nous avons pu le constater par la diversité de ses affaires, Jean Antoine de Beauvalet, conseiller secrétaire du roi, maison couronne de France, ne « manie plus l'argent », comme le faisaient ses ancêtres, mais s'occupe uniquement à gérer ses biens, investir de l'argent dans des activités locales et, surtout, à vivre noblement.

Ancienne auge de Durécu.

Monsieur de Durécu

Jean Antoine de Beauvallet, sieur de Durécu, écuyer, a été reçu conseiller secrétaire du roi, contrôleur en la chancellerie du parlement de Metz, le 9 mars 1743. Désormais ce titre honorifique figure sur tous les actes officiels concernant Jean Antoine.

C'est le cas, par exemple, sur un acte notarié de 1745, lorsque Jean Antoine de Beauvalet, fort pieux, constitue une rente hypothèque de pension annuelle de cent livres au profit de Guillaume Antoine Giffard, *« pour seconder ses pieux dessins et lui assurer les moyens de subsister honorablement et conformément aux saints Canons de l'Eglise dans les ordres sacrés*[1] *»*.

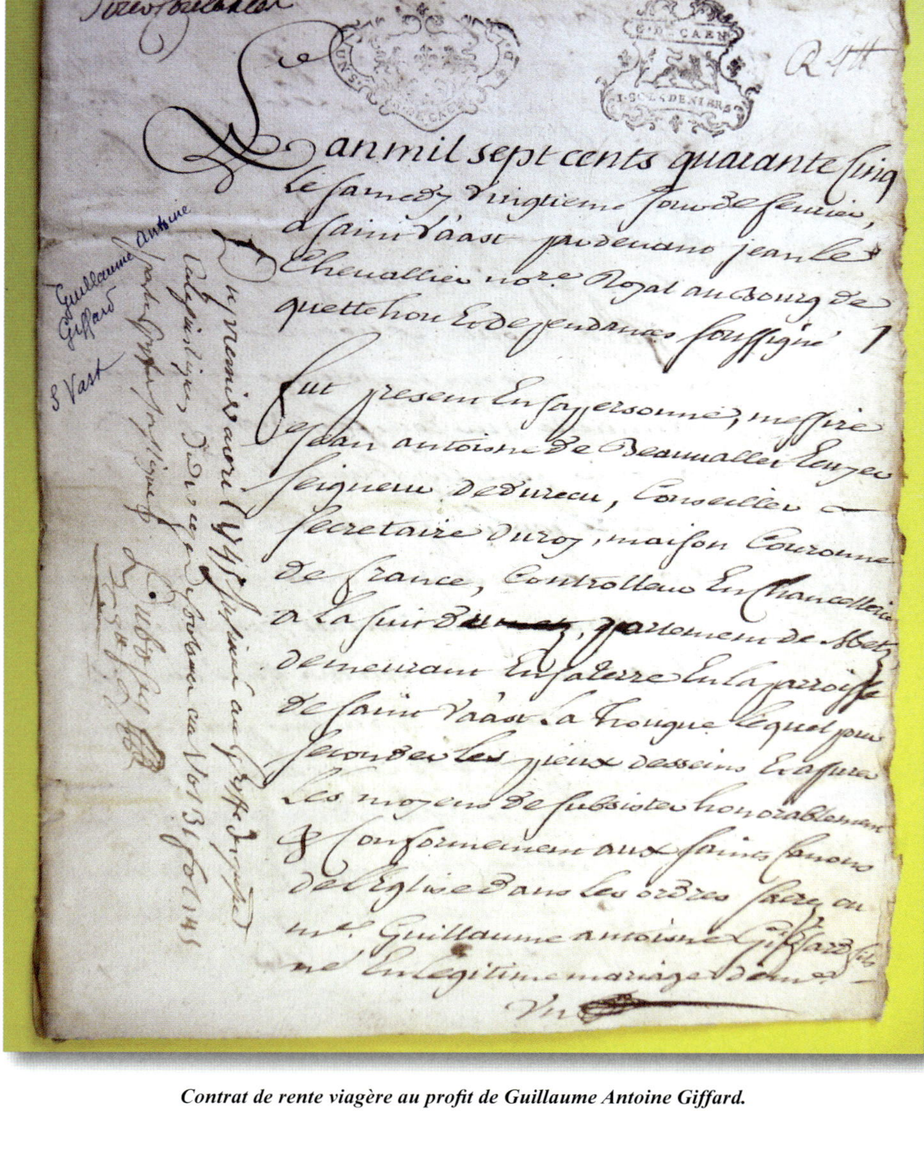

Contrat de rente viagère au profit de Guillaume Antoine Giffard.

1. Archives du diocèse de Coutances.

Pour ce faire, la rente viagère créée par le donateur était hypothéquée sur ses biens. Dans ce cas, sur une pièce de terre labourable, le clos Saillard, d'environ huit vergées, et une autre, en nature d'herbage, nommée le clos de Bas, de cinq vergées. Ces biens sont *« plus que suffisants »* pour assurer la rente, ce qui est confirmé par deux cautions solidaires dont l'une de Nicolas Legendre, prêtre et curé de la paroisse de Saint-Vaast. Ces rentes, établies au moment du sous-diaconat des futurs bénéficiaires, permettaient d'assurer la subsistance des différents « prêtres habitués » qui, résidant sur place, secondaient le curé responsable de la paroisse. Guillaume Antoine Giffard sera également aumônier de Tatihou. On notera qu'en 1731, selon le mémoire de l'inspecteur général des Pêches, de Sicard, l'aumônier de la chapelle de Tatihou recevait alors 300 livres par an, payées sur l'extraordinaire des guerres.

La chapelle de Tatihou, dont Guillaume Antoine Giffard a été aumonier, située au pied de la tour.

Cette même année 1745, les registres paroissiaux de Saint Vaast rapportent, pour le seul mois d'avril, deux événements concernant les Beauvallet. Le 14 avril c'est *« Noble Dame Marie Louise Charlotte de Fouace, dame de Durécu »* qui assiste comme marraine au baptême de Marie Pélagie Hubert, fille d'un journalier, sans doute familier du domaine des Beauvalet.

Puis deux jours plus tard survient, au logis des Beauvalet, le décès de Margueritte Bernard, *« fille de feu Michel, écuyer de la paroisse de Lieusaint et de Margueritte Jouan, depuis longtemps demeurant chez Mr de Durécu, décédée d'hier âgée de 35 ans environ »*. L'inhumation a lieu le 17 avril en présence de *« Mr de Durécu »*. Margueritte Bernard avait perdu son père neuf ans plus tôt, en 1736, ainsi que sa mère, en 1742. Ceci pourrait expliquer sa présence chez les Beauvalet d'autant plus que son père est peut-être l'un des fils de Vigor Bernard, ami des Beauvalet, ou Margueritte était-elle une jeune fille sans ressource, accueillie comme gouvernante de Charlotte de Beauvalet ?

Les relations sociales des Beauvalet ne cessent de se développer. Ainsi, le 13 juillet 1746, la *« dame Marie-Charlotte de Fouace, dame de Durécu »* est la marraine, sans doute proposée par le parrain, François André d'Ausain, sieur de Saint Chamant, capitaine des invalides à l'île Tatihou, de Charlotte Françoise Lebriseur, fille de l'un de ses soldats. Le 24 juillet, la dame de Durécu est à nouveau choisie comme marraine du petit-fils du sieur de Saint Chamant, Louis René Dagobert, issu du mariage de la fille du sieur de Saint Chamant et de Pierre Michel Dagobert, sieur de Groucy, lieutenant à Tatihou. Le parrain, que la dame de Durécu représente par procuration, n'est autre qu'Anténor Louis de Caligny, ingénieur en chef des forts du département de la Hougue, fils de Louis Roland Hue de Caligny qui, en tant que directeur des places de Normandie, avait conçu le nouveau port de commerce de Cherbourg avec bassin et écluse, hélas détruits par les Anglais en 1758.

La même année 1746, Gilles René Lefèvre des Londes, subdélégué de l'intendant, dans son recensement des fiefs de l'élection de Valognes, cite le fief de Durécu comme appartenant aux Beauvalet, alors qu'ils ne sont pas encore en possession des privilèges nobles de ce fief qui a *« domaines, cour, usage, rentes, gravage et autres droits seigneuriaux et extension à Barfleur, Valcanville, Ste Geneviève, Turthévillle, Morsalines, Coqueville, Fermanville »*. Le rachat des privilèges du fief n'est effectué qu'en 1753, ce qui permet alors à Jean Antoine de se faire appeler, sans qu'on puisse s'en étonner ou s'en offusquer, même s'il usait déjà de cette appellation, Monsieur de Durécu.

Pour ce faire, en septembre 1753, Jean Antoine de Beauvalet se retrouve, de même que 22 ans plus tôt son oncle Nicolas, chez les notaires de Rouen. Le 27 septembre, il loge rue Gautterie à l'hôtel de la place Royale, paroisse Saint-Laurent. Le lendemain, Jean-François de Guilly, Richard-Julien de Guilly et messire Alexandre-César de Guilly, frères et héritiers de leur père Jean-Baptiste, vendent le fief et seigneurie de Durécu, pour mille huit cent livres, à Jean-Antoine de Beauvalet, écuyer, conseiller secrétaire du roi, maison couronne de France, contrôleur en la chancellerie près le Parlement de Metz, habitant ordinairement en sa terre près Saint-Vaast-la-Hougue. Cette vente concerne un fief assis en la paroisse de Gatteville, d'un quart de haubert, relevant et mouvant de la seigneurie d'Ollonde en Canville, avec la glèbe du fief, contenant une vergée et demi de terre non close, ni fermée. Ce fief possède le *« droit de colombier, gravage, honneurs et prérogatives, rentes seigneuriales en argent ou deniers, grains, oiseaux, œufs, pains et poissons, droits honorifiques et autres droits... »*..

Le manoir du Thot.

Jean Antoine de Beauvalet jouit désormais totalement d'un fief noble, sis sur la paroisse de Gatteville et comprenant également un manoir.

Toutefois, restant très attaché à ses terres d'origine, Jean Antoine continue à habiter le logis et domaine familial de Saint-Vaast. Pourtant beaucoup d'autres nobles de souche ancienne avaient pris l'habitude d'habiter de préférence à Valognes ou ailleurs, confiant l'exploitation de leur domaine d'origine à des fermiers ou les vendant même, comme les voisins et amis des Beauvalet, les Mesnildot. En effet, Jean Antoine du Mesnildot, seigneur de Rideauville, le parrain de Jean Antoine de Beauvalet, avait vendu son manoir du Thot, le 10 février 1720, au baron de Beauvais, attaché à M. le duc de Berry.

Jean Antoine de Beauvalet étant, si l'on excepte les capitaines successifs de la garnison des invalides au fort de la Hougue, le seul noble local résidant à Saint Vaast, pourvu en plus d'un office de conseiller secrétaire du roi, ceci explique sans doute pourquoi le représentant du roi, en mission d'inspection des côtes en 1756, va séjourner chez M. de Durécu, qui lui offre l'hospitalité et les moyens pratiques pour mener sur place son inspection. Il s'agit vraisemblablement d'un ingénieur du roi puisque, dans ses comptes-rendus d'inspection, ce dernier précise, venir du château d'Isigny *« sur un cheval de louage »* et se déplacer avec *« mon sac de nuit et mes outils »* pour inspecter la côte avant, de se rendre à Quinéville.

Nous avons connaissance du compte-rendu complet de cette inspection qui fait à nouveau état des carences du système défensif des côtes de la Hougue. Mais on y trouve en plus, ce qui est très rare dans ce type de rapport, de pittoresques détails sur les conditions pratiques de son déroulement[2]. *« Je suis party, au jour d'huy jeudi 26 f. 1756, du château de Quinéville dans le carrosse à six chevaux de M. de Quinéville à dix heures du matin et suisvenu le long de l'estran... à un demi quart de lieue de La Hougue j'ay descendu du carrosse et suis monté sur mon cheval pour venir descendre dans la maison de M. de Durécu, Secrétaire du Roy, qui est size dans le hameau de Durécu. Sur les deux heures après midy, je suis monté dans la Chaise de M. de Durécu pour aller visiter le fort de la Hougue qui est avancé en mer. »*

Ces précisions nous permettent de comparer le train de vie de M. de Quinéville et de M. de Durécu. D'abord qui est ce M. de Quinéville? Georges Antoine Dancel, seigneur de Quinéville, d'Etienville et de Flottemanville est le fils de François Charles Dancel, seigneur de Quinéville, ancien page de la Grande écurie du roi ce qui était, en principe, réservé aux fils des familles de la noblesse militaire dont l'ancienneté remontait à au moins 1550. Il se trouve être encore, en 1730, mousquetaire noir (par référence à la robe du cheval), corps d'élite, encore plus recherché que celui des mousquetaires gris.

Son fils, Georges Antoine Dancel, qui deviendra par son mariage seigneur d'Etienville et de Flottemanville, après le décès de son beau-père, en 1770, se partage entre son château de Quinéville et son hôtel de Valognes. Il occupait d'ailleurs le premier banc à droite dans la grande nef de l'église Saint Malo[3].

Même si Jean Antoine de Beauvalet, seigneur de Durécu, a de très confortables revenus, son mode de vie reste beaucoup plus modeste que celui de M. de Quinéville. Il suffit de comparer habitat et moyen de transport : un modeste manoir et non pas un château imposant à Quinéville, doublé d'un hôtel à Valognes ; une simple chaise, à deux places, tirée sans doute par deux chevaux ou même un seul et non un carrosse avec un attelage de 6 chevaux !

Nous allons nous attarder un peu sur ce séjour de deux jours et trois nuits de l'ingénieur du roi chez M. de Durécu, car, outre les informations concernant la défense côtière, le nombre et les caractéristiques des bouches à feu des forts, il nous offre d'intéressants développements sur les paysages maritimes environnant la demeure de Jean Antoine, à commencer par la digue de protection contre la mer.

---

2. SHD-Vincennes, Service hist. de l'armée de Terre MR 1088, auteur anonyme.
3. Notice généalogique de Georges Antoine Dancel.

Le château de Georges Antoine Dancel, seigneur de Quinéville, d'Etienville et de Flottemanville et le manoir de Jean Antoine de Beauvalet, seigneur de Durécu.

La digue qui conduit au pont de Réville est longue de 760 toises, sa largeur étant d'environ 20 pieds. *« Ce qui reste à faire pour la prolonger au Sud est estimé à 250 toises, costé de l'église que la mer inondera un jour dans les grandes marées, ayant pris garde que la maison d'un matelot qui est placé au coin, il y est entré plus de huit tonnes d'eau, à ce même coin de digue. La force des eaux l'a dégradée, on a été obligé d'y apporter des terres pour boucher des trous que les eaux avoient fait, ce qui est journalier pour l'entretien; et du costé du Nord pour la prolonger d'environ de 280 toises ».*

La digue

Le premier tronçon de la digue, de 350 toises, avait été réalisé, suite à un appel d'offre établi par l'ingénieur Benjamin de Combes, en 1704. De violentes tempêtes, en novembre 1724, l'avaient fortement endommagé, inondant les salines et détruisant des maisons. La digue a été reconstruite à partir de 1726 puis en 1730-1731. Elle sera poursuivie en 1773 vers le pont de Saire, à nouveau endommagée puis rehaussée en 1778. Toutefois inachevée à la Révolution, elle ne sera terminée qu'en 1880[4].

Les deux profils de la digue qui conduit au pont de Saire.

Le *« département de la Hougue »* compte alors soixante-deux barques, dont huit de 30 à 70 tonneaux, les plus importantes ayant respectivement 50 et 70 tonneaux.

Le vendredi 27 février 1756, notre ingénieur note : *« Je suis sorty de la maison de M. de Durécu à 7 heures le matin pour embarquer à 9 heures dans un bateau de Pécheur pour visiter et sonder la grande et petite rade. »* Une fois en mer, il effectue, à demi-marée, de multiples sondages, notant la profondeur et la nature du fond, puis, gagnant la grande rade, il poursuit ses relevés, alors que la marée descend, notant en son milieu

4. Le profil des premiers tronçons de la digue, coté mer est conçu comme celui d'un quai de port, il est vertical, alors que celui des derniers tronçons présente un pan incliné. On s'interrogeait encore, au début du XVIIIe siècle, sur la réalisation d'un port de guerre à Saint-Vaast, ce qui justifie sans doute la verticalité, côté mer, de la première digue.

« 10 brasses d'eau presque basse mer », puis il met pied à terre pour inspecter le fort de l'île de Tatihou ainsi que le lazaret qui comprend trois cours avec dans la dernière, deux halles et dans les deux autres de petits logements.

Le fort de Tatihou et l'enceinte du lazaret.

Le lendemain matin, l'ingénieur se lève encore de bonne heure ! Jean Antoine met à nouveau sa chaise à la disposition de son hôte qui va prendre congé.

« Du hameau de Durécu à 8 heures du matin, en chaise, j'ai passé sur le Pont de Réville[5] *sur lequel je me suis arêté pour l'examiner. Il est très bien construit, beau le long, dans lequel il y a deux petites écluses pour fournir l'eau de la mer aux sallines qui sont au dessus, lesquels eaux de la mer vont preque au quart de lieu en haut dont on pourroit prendre à ce qui m'a été dis de l'eau de mer pour conduire à la hougue où il y en a fort peu de bonne. Cette rivière a une forte belle entrée du costé de la mer dans laquelle il y entre nombre de batteaux pêcheurs et même des barques d'environ trente tonneaux jusqu'au pont. »*

Le pont de Saire.

5. Il s'agit du pont en pierre construit en 1729 pour remplacer le premier pont de bois, à 12 arches, bâti en 1693 pour faciliter le passage des troupes vers les points du littoral pouvant être menacés par l'ennemi. Ce pont avait coûté d'après Mangon du Houguet *« près de 1800 livres »*, alors qu'il n'existait auparavant qu'un gué, seul passage pour traverser la Saire, en direction de Réville.

Puis, l'ingénieur poursuit sa route pour arriver à dix heures à Barfleur, *« chez M. le vicomte de St Eloi, beau-frère de M. de Durécu »* où il dine avant d'inspecter le port où il y a six navires dont un Anglois « pris dans la dernière guerre », puis le fort attenant à l'église. Ensuite, il note être *« monté en litière pour aller à Valognes avec M. de Rémond »*. Il va poursuivre son inspection le long des côtes, y compris celles de la Hague, occasion de séjourner début mars chez M. de Jobourg.

Deux ans plus tard, le 7 août 1758, les Anglais débarqueront à Urville et occuperont Cherbourg laissé sans défense, le temps de ruiner le port avec sa nouvelle écluse et les enceintes des forts, alors que le comte de Rémond, commandant de la place de Cherbourg et favori de la Pompadour, se réfugiera avec ses troupes, sans combattre, sur le mont Espinguet !

Le débarquement anglais à Urville, en 1758, d'après M. Deschamps géographe du roy à la Direction du Génie de Cherbourg lors de la dite descente.

Mais revenons en 1757, pour évoquer un différend familial puis surtout un évènement d'importance à Durécu, le mariage, le 15 février 1757, de Marie Charlotte de Beauvalet avec Gilles René Charles Avice, écuyer, seigneur de Sortosville et de Regnéville.

Le différend familial, acté le 15 janvier, prend la forme d'une clameur lignagère exercée à l'encontre de Jean Antoine de Beauvalet par Marguerite Duhamel, sœur de sa grand-mère maternelle, Jacqueline Ruel épouse de Nicolas de Beauvalet. Vu son grand âge, Marguerite Duhamel se fait représenter par le sieur de Coursière, son fils, afin de racheter pour 1500 livres un bien hérité par Jean Antoine de sa grand-mère Jacqueline Ruel. La somme de 1500 livres est présentée *« sur la table de notre étude, en espèces »*, comme le consigne le notaire de Quettehou qui ne peut régler l'affaire comme le souhaiterait sa cliente, faute de comparution du seigneur de Durécu !

En effet, Jean Antoine, outre sans doute son refus de satisfaire sa parente lointaine, est accaparé par la préparation d'un événement beaucoup plus important à ses yeux, le mariage de sa fille ! Nous ne savons s'il s'agit d'un mariage d'amour ou de convenance car le jeune prétendant Gilles de Sortosville, semble avoir toujours eu un train de vie dispendieux. Epouser une riche jeune fille, c'est aussi s'assurer une dot importante et donc espérer pouvoir continuer à dépenser sans compter !

L'alliance avec Gilles René Avice, ancre Marie-Charlotte de Beauvallet dans une famille dont la noblesse était affirmée depuis 1597. Maintenus, lors de la grande recherche de 1666 par l'intendant Chamillart, dans la catégorie des *« nobles anoblis avant le 1er janvier 1611 »*, les Avice, sans être de très *« ancienne race »*, sont bien implantés et propriétaires

Sceau de Gilles-François Avice de Gotot seigneur de Sortosville et bailli de Saint-Sauveur-le-Vicomte.
(AD 50.)

de fiefs. Ils sont également liés aux Mesnildot, par la grand-mère maternelle de Gilles-René. Pour les Beauvallet, l'ascension sociale semble être encore au rendez-vous.

Quelques jours avant le mariage, le vendredi après-midi 11 février 1757, une réunion de plus d'une vingtaine de personnes se tient à Saint-Vaast, sans doute à Durécu, où se retrouvent les familles et amis des futurs époux, en compagnie des notaires de Valognes, pour la signature du contrat de mariage.

Outre les futurs époux, les parents de Marie Charlotte et la mère de Gilles René, noble dame Jeanne Charlotte Thèrèse André de Landrurie, l'assemblée se compose, du côté de l'époux, de noble dame Adrienne Charlotte du Mesnildot, sa grand-mère, demoiselle Marie Madeleine Charlotte André, sa tante, demoiselle Charlotte Françoise Monique Avice de Sortosville, sa sœur, Charles Simon, écuyer, sieur de Touffreville, seigneur du Breuil, son cousin, noble dame Marguerite Gabrielle de Belleville, épouse du seigneur du Breuil. Du côté de l'épouse, sont présents Jacques Henry André, écuyer, sieur de Saint Eloy, son oncle maternel, noble dame Bonne Anne de Fouace, veuve du sieur de Saussaye Longueval, écuyer, sa grand-tante.

Après que le seigneur de Sortosville et la demoiselle de Durécu se sont donné *« la foi et promesse de mariage »*, le contrat stipule que, outre les droits qui se trouveront appartenir à la demoiselle dans les successions de ses père et mère et dans l'état qu'elles se trouveront à leurs décès, le seigneur de Durécu lui donne dès à présent une dot conséquente.

La dot de la demoiselle de Durécu

- **Un ténement de maisons et héritages situés sur la paroisse de Gatteville, acquis en 1730 de Marguerite Clerel de Montfarville, libéré des rentes mentionnées dans le contrat de vente qui seront payées par le seigneur de Durécu, dont celle de 250 livres et deux chapons, due à madame de Montfarville, religieuse à Coutances.**
- **1200 livres de baux de fermage qui seront fournis après la célébration du mariage.**
- **Le seigneur de Durécu promet en outre à la demoiselle *« cinq cent livres de rente raquitable* [qui peut être rachetée] *au denier 20, à commencer à courir à son profit seulement du jour qu'il aura disposé de son office de conseiller secrétaire du roy pareillement en attendant l'événement des successions des seigneur et dame, ses père et mère »*.**

  La dot comprend également :
- **douze robes, jupes, jupons et accompagnement de taffetas satin damas, ras de saint Maure et autres étoffes appolons, robe de chambre, corset, manchettes, coiffures et autre linge de prix, cent chemises.**
- **douze douzaine de serviettes avec les doubliers en oeuvre, deux douzaine de draps de lin, deux toiles de douze aulnes à la paire[6].**
- **montre d'or, boucle d'oreilles, bracelets, toilettes et autres ornements.**
- **six fauteuils de tapisserie à personnages, plusieurs autres meubles, habits, linges et hardes à usages de la dite demoiselle, le tout pour une valeur estimée à la somme de 4000 livres.**

La demoiselle en bénéficiera, prioritairement à toutes dettes ou créancier, en cas de prédécès de son futur époux. C'était sans doute là une précision d'importance à faire figurer dans le contrat, du fait du manque de swérieux, du moins dans la gestion de ses biens, de Gilles René Avice de Sortosville. Ce grave défaut le conduira, comme l'avenir le montrera, à se séparer de tous ses biens pour éteindre ses dettes.

6. En œuvre = d'usage courant.

Mais, pour le moment, l'heure est à la fête et le seigneur de Durécu va avoir le plaisir de marier sa fille unique dans sa propre chapelle ! Le 15 Février 1757, Marie Charlotte, âgée de 18 ans, épouse donc Gilles-René dans la chapelle familiale de Durécu.

C'est le curé de Saint-Vaast, Guy Lesage de la Frémonderie, après avoir obtenu la permission de monsieur de Bernières, grand vicaire de monseigneur l'évêque de Coutances et official de Valognes, qui a célébré, la veille, les fiançailles de Marie Charlotte et de Gilles René dans cette même chapelle domestique. Le 15, il reçoit le consentement des deux parties et leur donne la bénédiction nuptiale *« dans la chapelle de Mr de Durécu, sise dans notre paroisse »*, non sans avoir rappelé au préalable la publication d'un seul banc dans les deux paroisses de Saint Malo de Valognes et de Saint-Vaast, ayant obtenu dispense des deux autres, *« sans qu'il s'y soit trouvé aucun empêchement ni opposition »*.

Plus de vingt invités participent à cette cérémonie, dont certains proches déjà présents lors de la signature du contrat de mariage. Outre les familles et amis, plusieurs prêtres sont également témoins du mariage.

Il semble que les années passées depuis 1753, et celles qui suivent, soient des années particulièrement heureuses pour le seigneur de Durécu. L'année même du mariage de sa fille, le 1er novembre, Jean-Antoine a le bonheur d'être le parrain d'une petite Jeanne Charlotte Rose, la première de ses petits-enfants, dont la marraine est la mère de son gendre. Quatre autres petits-enfants verront le jour entre 1763 et 1776, mais, au total, sur les cinq, trois seulement survivront : outre Rose, dont nous venons d'évoquer la naissance, Charles Gilles Valentin, né le 8 août 1763 et la petite préférée du seigneur de Durécu, Caroline, Marie Monique, née le 12 octobre 1769, qui héritera de Durécu.

En 1760, on voit Jean Antoine de Beauvalet, sollicité pour être parrain, se déplacer à Carentan pour un baptême qui se déroule, le 7 février, au couvent des Filles de la congrégation de Notre-Dame.

Jean Antoine a été choisi comme parrain et son épouse comme marraine, par Alexandre Durand, sieur de la Borderie, officier commensal de la maison de la reine et résidant à Carentan, pour le baptême de son fils Jean Charles. La charge d'officier commensal, au service du roi ou de la reine, était exercée de trois à six mois par son titulaire qui regagnait son domaine le reste de l'année pour gérer ses biens personnels, remplacé à la cour par un confrère ayant également une charge similaire[7]. Sur le registre de baptême, il est précisé que cette charge est celle de cocher de la reine !

Le père du sieur de la Borderie était un marchand, greffier en chef de l'élection de Carentan. L'épouse d'Alexandre Durand de la Borderie, âgée de 22 ans et demi, lors de son mariage, est la fille d'un conseiller du roi en l'élection de Carentan. Alexandre s'était marié avec elle, à l'âge de 21 ans et demi, le 21 juillet 1751, à Sainteny.

Pour le baptême du petit Jean Charles, comme la marraine, Marie Louise Charlotte de Fouace, n'a pas fait le voyage avec le seigneur de Durécu, c'est la sœur aînée de l'épouse du sieur de la Borderie, Jeanne Bourdon de la Duranderie, de la paroisse de Sainteny, qui la représente.

Cette même année, à Saint-Vaast le 28 octobre, c'est Marie Louise Charlotte de Fouace, *« Dame de Durécu »*, qui est la marraine d'une petite Marie Michelle Jeanne Guilbert, assistée de Michel Le Prieur, sieur de Presmarest.

---

7. Laverny Sophie (de), *Les domestiques du roi de France au XVIIe siècle*, PU Paris-Sorbonne 2003.

En 1762, nouveau mariage dans la chapelle de Durécu ! Michel Blainvillain, prêtre et chapelain de monsieur de Durécu, avec l'accord du curé de la paroisse et en présence de son vicaire, reçoit, le lundi 15 février, le consentement de maître Martin Pontus, âgé de 58 ans, demeurant à Réville, et d'Anne Prunier, originaire de Sotteville, veuve de Guillaume François Verné, capitaine de paroisse de Saint-Vaast, responsable de la milice garde-côtes chargée du guet en mer. Michel Blainvillain leur donne ensuite la bénédiction nuptiale *« suivant la forme prescrite par notre mère la sainte Eglise »*.

La cérémonie se déroule en présence de messire Jean Antoine de Beauvalet, seigneur de Durécu, de Guillaume Verné, cousin de l'épouse, de Guillaume Antoine Giffard, prêtre de ce lieu et aumônier de Tatihou et d'autres parents. On se rappellera que Guillaume Giffard est l'un des prêtres qui avait reçu une rente du seigneur de Durécu, à l'occasion de son sous-diaconat.

Le 4 novembre 1763, Jean Antoine et son épouse honorent de leur présence le mariage, à Saint-Vaast, de leur cousin Bon Henri Folliot, âgé de 27 ans, avec Jacqueline Françoise Le Neveu de la paroisse de La Haye d'Ectot, située sur la côte ouest du Cotentin. Bon Henri Folliot est avocat au parlement de Paris et propriétaire d'une saline, il est le petit-fils de Guillemette de Beauvalet, sœur de Jean de Beauvalet et tante de Jean Antoine. Guillemette avait épousé Jacques Pouhier, laboureur, et était décédée en 1707, âgé d'à peine plus de 40 ans. On note également la présence à ce mariage du gendre de Jean Antoine, le sieur Avice de Sortosville.

Le 4 août 1764, les Beauvalet assistent à nouveau à un mariage, en l'église de Saint-Vaast, celui de Jean Louis Cresté et de Marie Anne Françoise Simon.

Si, pendant longtemps la demeure des Beauvalet a simplement porté le nom patronymique de ses propriétaires, cet usage se modifie peu à peu, pour suivre la nouvelle appellation adoptée par Jean de Beauvalet, qui se fait appeler Monsieur de Beauvalet de Durécu ou même, souvent et plus « simplement », Monsieur de Durécu. C'est ainsi qu'on retrouve sur un plan des salines locales, daté de 1764, pour la première fois, une *« chasse Durécul »* !

Nous avions évoqué le rachat, en 1753, des privilèges attachés au fief noble de Durécu. Depuis cette date, le seigneur de Durécu, Jean Antoine de Beauvalet, bénéficie de tous les droits et privilèges attachés à ce fief. En plus de la présence du fermier exploitant ses terres de Gatteville, Jean Antoine, a donc été amené à entretenir un garde gravager, reconnu par l'amirauté et chargé de veiller à l'application du droit seigneurial sur le varech ou les épaves, attaché aux fiefs de haubert riverains de la Manche.

Ce droit féodal de gravage procure des revenus, alors que la côte nord-est du Cotentin est exposée aux vents et bordée de récifs, tout ceci étant à l'origine de naufrages ou encore d'échouements. En 1765, le garde choisi par le seigneur de Durécu, est Armand de Launay.

C'est pourquoi le lieutenant général civil et criminel en l'amirauté de Barfleur, Jacques-Nicolas Le Mignot, officialise, comme il se doit, cette charge confiée à Launay, pour l'étendue du fief de Durécu, en même temps que celles des autres gardes gravagers des seigneuries voisines[8].

8. Darsel Joachim, L'Amirauté en Normandie : V. - Amirauté de Barfleur, Revue du département de la Manche, tome 10- 1968, fasc. 38.

Récifs le long des rivages des fiefs des seigneurs de Gateville et de Durécu.

Première mention, en 1764, sur un plan des mielles de Saint-Vaast du toponyme Durécu : «chasse du Recul ».

Ainsi, le 28 avril 1781, Gilles René Avice de Sortosville vend à Ambroise Gabriel Charles de La Houssaye d'Ourville un hôtel à Valognes, dont il viend d'hériter, qui bordait l'actuelle place du Calvaire[14]. L'hôtel se composait d'un corps de logis double en profondeur, édifié sur un rez-de-chaussée semi enterré. La façade principale présentait sept travées ordonnancées autour d'un étroit avant-corps central avec son fronton triangulaire, et un unique pavillon latéral en légère saillie.. On accédait à la demeure par un perron à deux volées doubles.

L'hôtel de Campgrain.

Cet hôtel, encore appelé de Campgrain, disparu depuis 1944, consistait en : *« Caves, cuisine, office, salle du commun, un premier étage composé d'antichambre, chambre à coucher, garde-robe et cabinet, salle à manger, salon de compagnie et autre cabinet, d'un second étage composé d'autant d'appartement que le premier, les greniers sous les combles dont portion en galetas, une cour d'entrée, une première basse-cour dans le bord de laquelle est un puits et dans icelle quatre remises, une salle, une écurie, une jardinerie et plusieurs autres chambres avec un lieu d'aisance, une autre cour à la suite dans laquelle un pressoir avec la chambre dessus et une pièce pour tuer la volaille, une autre petite cour pour tenir des canards dans laquelle est aussi une petite maison, plus un parterre derrière ledit hôtel en un petit boulingrin à gauche dans le jardin potager, une terrasse et promenoir, lesdites maisons couvertes d'ardoises et lesdits jardins fermés de murs. »*

Peu après le décès d'Hervé Fouquet, survenu le 25 novembre 1777, la propriété avait été occupée par sa veuve, Anne Pigache, qui y était servie par onze domestiques ! N'étant pas héritière de son époux, celle-ci avait dû quitter la propriété au profit de Gilles René Avice de Sortosville.

---

14. Conseil départemental de la Manche, arch. dép., 5 E 15435, f° 213.

Puis, par un acte passé devant les notaires de Paris, en date du 24 décembre 1785, le seigneur de Sortosville propose à ses créanciers de s'unir, afin de vendre ses biens. Maître Charles-Gilles Mariette, avocat en Parlement et receveur des domaines du Roi, nommé par l'ensemble des créanciers, suivant un contrat du 16 février 1786, est chargé de faire saisir la totalité de ses biens, à la réserve de ce qui comptait pour la légitime de sa sœur, du tiers coutumier de ses enfants et du remploi des biens dotaux aliénés à leur mère.

L'étang de Gattemare.

Dans les années 1782-1785, Jean Antoine de Beauvalet se trouve mêlé à un conflit existant entre son voisin du fief noble de Durécu, Jean-Baptiste Hook, écuyer, seigneur de Gatteville, et les paroissiens de Gatteville, Gouberville et Tocqueville, à propos de l'étang de Gattemare, propriété de la baronnie de Gatteville.

Ces habitants prétendent avoir des droits d'usage sur cet étang situé sur la paroisse de Gatteville et, partiellement, sur celle de Gouberville, en particulier la faculté d'y rouir leurs lins. Ces droits sont contestés par Jean Baptiste Hook qui diligente une procédure de justice contre eux. Le seigneur de Gatteville entraîne avec lui les seigneurs riverains ou voisins, André de Hennot d'Octeville, le comte de Beaumont, les seigneurs de Crosville et Durescu-Beauvalet.

Les paroissiens réagissent et, sous la houlette de Jean François Couturier, écuyer, seigneur de Saint-James, prieur commendataire et curé de Gatteville, déclarent dans une délibération du 17 août 1783 : *« lesquels considérant qu'un des motifs principaux de la conservation de leurs dits droits est la rouiture des lins, objet de si grande importance pour les habitants que le commerce du lin, tant en boule que fil, est l'unique du lieu et de la plus considérable importance pour tout le canton se trouveront aboli si la communauté devenait privée de rouir dans la dite marre, ce qui les mettrait dans l'impossibilité de payer leurs impôts »*. Ils mandatent enfin maître Nicolas Touzard pour les représenter et plaider[15].

Une réunion est prévue entre les seigneurs et les habitants pour délibérer et résoudre ainsi le différend. Jean Antoine s'associe à la demande d'André de Hennot de consigner la délibération sur deux colonnes en cas d'avis différents afin que seuls les propriétaires payant plus de dix livres de capitation ou dix livres de gros de taille puissent délibérer. Cette demande, après plusieurs échanges entre les deux parties, est acceptée le 1er mai 1785. Toutefois les paroissiens maintiennent leur appel uniquement contre le seigneur de Durécu ! L'affaire sera finalement réglée beaucoup plus tard, en 1842, au profit des héritiers des seigneurs.

Du 23 au 26 juin 1786, Louis XVI est à Cherbourg *« pour y voir les travaux immenses qui s'y font pour l'établissement d'un port royal ; il est party de cette ville très satisfait de son voyage, plusieurs circonstances ont fait remarquer le caractère de Bonté qui anime ce prince si digne d'estre chéri de son peuple »*. Cette relation, qui figure sur les registres paroissiaux de Rideauville, correspond bien au ressenti du peuple et ne laisse en rien préjuger des difficultés futures, car ce voyage en Normandie a été un triomphe pour le roi.

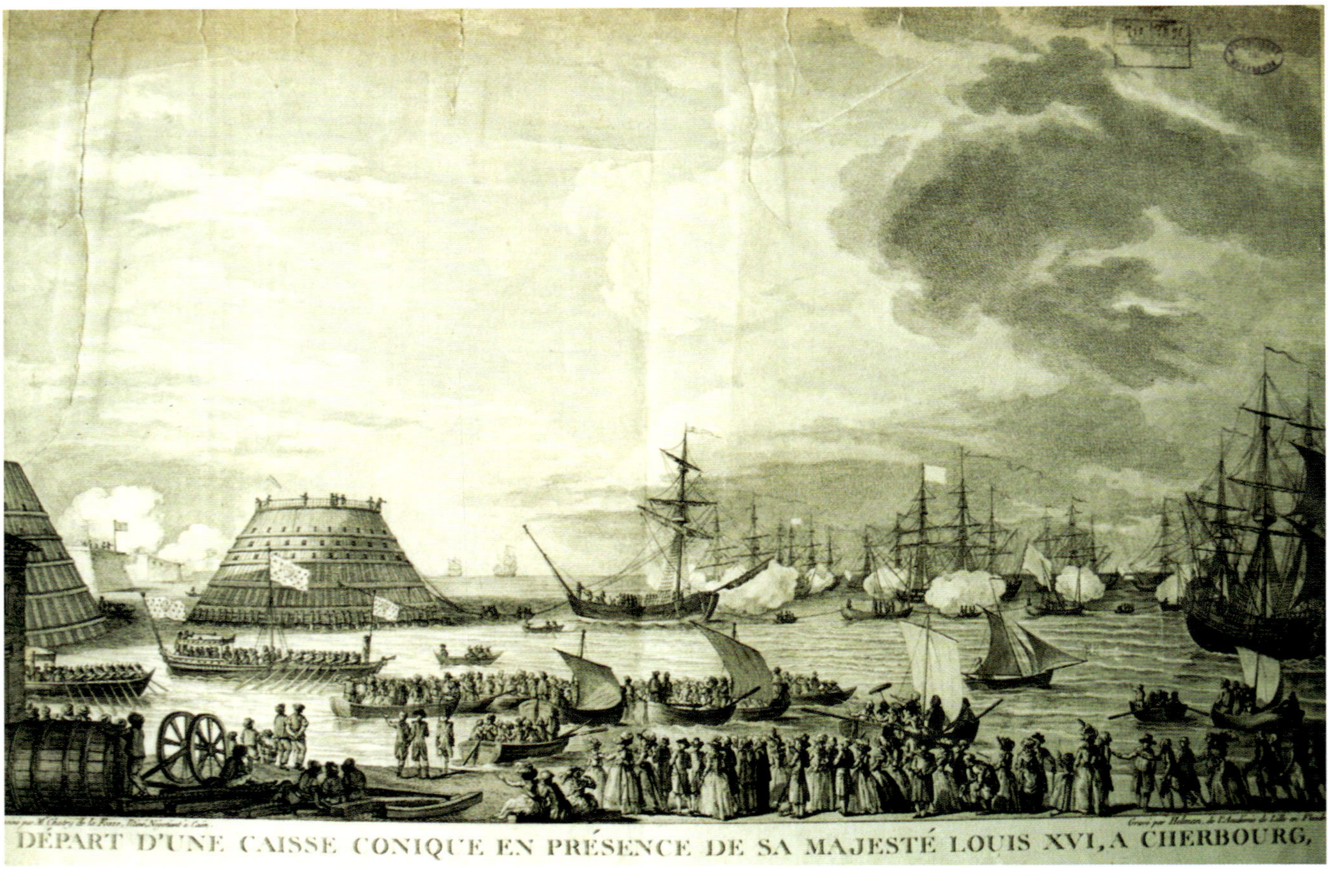

Louis XVI à Cherbourg.

15. Conseil départemental de la Manche, arch. dép., 5 E 8723, F°46, Notariat de Barfleur.

L'année 1786 est également celle de l'édification du clocher de la nouvelle église de Rideauville, complètement reconstruite entre 1730 et 1740. Le mardi 17 septembre, les cinq cloches destinées à cette paroisse sont fondues à Sottevast par les Dubost de Quibou puis *« voiturées »* le 20 par Sulpice Leblond, trésorier. Enfin, le 25 septembre, elles sont bénies par Jacques Gabriel Levavasseur, curé de Rideauville. Les cloches sont offertes par des familles nobles ainsi que par le sieur de la Chesnée, prêtre de La Pernelle, demeurant à Rideauville. La seconde cloche, nommée *Charlotte-Antoinette*, a pour parrain et donateur Mr. de Beauvalet, seigneur de Durécu.

Le clocher de la nouvelle église de Rideauville, édifié en 1786.

Désormais, Monsieur de Durécu, est âgé de soixante-dix ans. Veuf et ayant perdu également sa seule fille, il est en plus déçu par l'attitude de son gendre, follement dépensier, qui vient de se remarier à Paris, le 1er octobre 1785, avec Elisabeth Catherine de la Vergne de Tressan[16], âgée de quarante-neuf ans, riche veuve de Jean-Noël Duval de Raumont, contrôleur général des fermes. Monsieur de Durécu se retrouve bien seul pour affronter les années qui suivent et débouchent sur les turbulences de la Révolution.

16. Chatellux Henri-Paul-César, *Notes prises aux archives de l'état-civil de Paris*, éditeur J-B Dumoulin, Paris, 1875. Elisabeth est la fille de Louis-Élisabeth de la Vergne, comte de Tressan. Celui-ci, né le 4 novembre 1705 et compagnon du jeune Louis XV, est un militaire de carrière, physicien et écrivain français. Ami de Voltaire et de Buffon, il est élu à l'Académie des sciences en 1749 et à l'Académie française en 1780.

Le fort de la Hougue, dont les magasins vont être utilisés comme geôles par les Révolutionnaires.

Quatrième chapitre

Les turbulences de la Révolution

La cathédrale de Coutances où ont été réunis, le 16 mars 1789, les représentants des trois ordres du bailliage du Cotentin.

Les années difficiles de Monsieur de Durécu

Le 12 février 1789, le lieutenant général du bailliage de Coutances, M. Desmarets de Montchaton, reçoit du duc d'Harcourt, gouverneur de la province de Normandie, l'exemplaire des lettres du roi en date du 24 janvier 1789, portant convocation des Etats- Généraux, avec les instructions conjointes pour leur organisation. Pour trouver des remèdes à la crise financière et réformer le royaume, Louis XVI compte sur ces états généraux, assemblée extraordinaire réunissant à Versailles les trois ordres de la société, la noblesse, le clergé et le tiers-état.

Préalablement à leur tenue, des cahiers de doléances seront rédigés par chaque ordre. Pour le tiers-état, il est prévu trois niveaux de rédaction des cahiers, d'abord une rédaction par chaque paroisse, puis une synthèse au niveau des bailliages secondaires, tels que celui de Valognes, et enfin un cahier unique pour l'ensemble du bailliage à Coutances. Le clergé et la noblesse seront convoqués directement à Coutances, le 16 mars, pour rédiger les deux cahiers les concernant et retrouver les représentants du tiers-état.

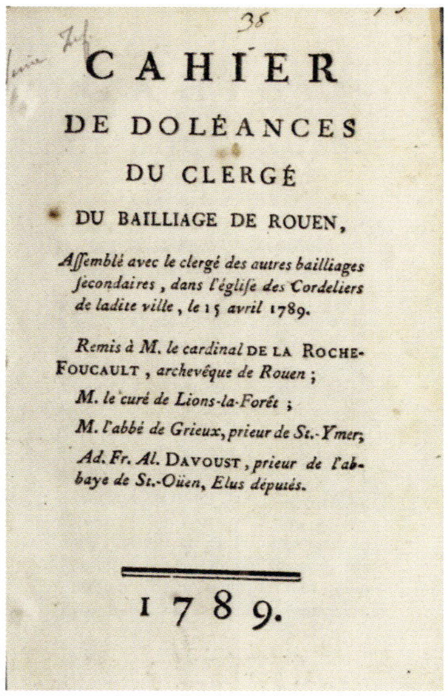

CAHIER
DE DOLÉANCES
DU CLERGÉ
DU BAILLIAGE DE ROUEN,

Assemblé avec le clergé des autres bailliages secondaires, dans l'église des Cordeliers de ladite ville, le 15 avril 1789.

Remis à M. le cardinal DE LA ROCHE-FOUCAULT, *archevêque de Rouen ;*
M. le curé de Lions-la-Forêt ;
M. l'abbé de Grieux, prieur de St.-Ymer ;
Ad. Fr. Al. DAVOUST, *prieur de l'abbaye de St.-Ouen, Elus députés.*

1789.

Cahier de doléances du clergé du bailliage de Rouen.

Ainsi, dans la première quinzaine de mars, chaque paroisse du Cotentin va rédiger son cahier de doléances puis élire des délégués. A Saint-Vaast, l'assemblée primaire se réunit le dimanche 8 mars sur convocation de l'abbé Quesnel, vicaire de la paroisse, mais ne compte que quinze participants, ce qui est peu pour une population d'environ 500 feux !

Le 16 mars 1789, l'assemblée des électeurs des trois ordres se tient dans la cathédrale de Coutances. Monsieur de Montitier, subdélégué d'Avranches, note dans un courrier à l'intendant de la généralité, l'affluence impressionnante dans la cathédrale : *« Elle était si nombreuse par la multiplicité des individus des deux premiers ordres, qu'à peine les députés du tiers ont pu être placés*[1]. » En effet, s'il est difficile de donner des chiffres précis, les présences, comme le souligne Emile Bridrey, variant au fil des 15 jours où siège l'assemblée, ce sont environ 1800 délégués qui sont présents lors des séances plénières dans la cathédrale, auxquels s'ajoutent les représentants de l'administration royale !

Les députés du clergé et de la noblesse ont le privilège d'avoir des chaises, tandis que le tiers-état ne dispose que de bancs en bois de chêne, solidement cloués et charpentés. Cet afflux de monde va poser également d'autres problèmes pratiques, à commencer par l'hébergement et entrainera une cherté croissante des vivres et du logement des députés, répartis dans la ville.

La cérémonie d'ouverture commence *« par un bruyant Veni creator que j'entendis si bien et un discours du président M. de Montchaton que personne n'entendit »*, précise encore le subdélégué d'Avranches.

1. Lettre de M. de Montitier à l'intendant de Caen, Bridrey Emile, *op.cit.*

C'est ensuite l'appel et la vérification des procurations, en commençant par les représentants du clergé, puis ceux de la noblesse et, pour terminer, ceux du tiers-état. Cette opération va s'avérer fort longue puisqu'elle se déroule du 16 mars au matin jusqu'au 19 mars compris !

L'appel de la noblesse

Cet appel est fait par ressorts de bailliages. Pour chaque juridiction on appelle d'abord les nobles possédant fiefs qui sont les seuls à avoir été convoqués personnellement et assignés à comparaître, selon les instructions royales, et déclarés absents s'ils ne se présentent personnellement ou par un tiers mandaté. Ensuite le procès-verbal mentionne les nobles non possédant fiefs, qui n'ont pas été convoqués individuellement, mais se sont présentés spontanément à l'assemblée.

Jean Antoine de Beauvalet, âgé de 73 ans, avait été convoqué comme noble possédant fief. Pour éviter de se déplacer, il avait donné procuration à son petit-fils, noble non possédant fief, Charles Gilles Valentin d'Avice, âgé de 26 ans, capitaine de dragons au régiment de Chartres. Il est probable que Jean Antoine a préféré être représenté par son petit- fils que par son gendre, Gilles René Avice de Sortosville, incapable de gérer ses affaires et grand dilapidateur de ses biens. Ce dernier est également présent à Coutances, comme noble possédant fief. Il s'agit du fief du Quesnay, en vente à la même époque avec l'ensemble de ses biens !

A Saint-Vaast, la rédaction des cahiers de doléances n'avait donné lieu qu'à des réunions regroupant une infime partie de la population. Mais, dans les années qui suivent, l'idéologie révolutionnaire se développe, débouchant même sur la création d'une *Société populaire* affiliée à celle de Valognes, elle-même en relation avec le club des Jacobins, créé à Versailles dès mai 1789 et qui tombe, pendant l'hiver 1792, aux mains des Montagnards et de Robespierre.

Les meneurs révolutionnaires, à Saint-Vaast, trouvent également un écho favorable auprès de nombreux soldats en garnison à la Hougue, ce que rappelle le *Livre paroissial*. Comme souvent dans les mouvements sociétaux, c'est une minorité agissante qui édicte ses règles et ce sont les plus extrémistes qui imposent leurs idées, faisant si besoin régner la terreur ou usant de brimades pour y parvenir, que ce soit dans les grandes villes comme dans les petites paroisses rurales.

Si le vote de la nationalisation des biens du clergé par l'assemblée constituante n'a provoqué que peu d'émoi, il n'en est pas de même, le 12 juillet 1790, lors de l'adoption de la *« Constitution civile du clergé »*. Ce décret heurte les consciences, notamment en raison de l'obligation faite aux ecclésiastiques de prêter serment de fidélité à la Constitution civile du clergé, alors que le pape, opposé à l'élection des curés et des évêques par les fidèles, condamne en bloc ces principes révolutionnaires. Dès lors le schisme est consommé et les passions religieuses vont s'ajouter aux passions politiques.

Localement, dans les treize paroisses constituant alors le tout nouveau canton de Quettehou, les prêtres jureurs sont le plus souvent mal acceptés par la population et ne représentent guère plus de 30% des ecclésiastiques. Pour l'ensemble du département de la Manche, le chiffre reste encore inférieur à 50%.[2] De très nombreux prêtres, y compris les prêtres habitués, comme Jean-Guillaume Maillard, chapelain du seigneur de Durécu, refusent de

2. Leterrier Joseph, *Saint-Vaast-la-Hougue*, p. 165 et suivantes, Editions Notre-Dame, Coutances, 1963.

prêter serment. Les réfractaires bénéficient de nombreuses complicités dans la population pour continuer à exercer clandestinement leur ministère, et monsieur de Durécu n'est pas le dernier à les recevoir !

Le 17 août 1792 est créé le tribunal révolutionnaire, appelé à l'origine *tribunal criminel du 17 août 1792*. La plantation des arbres de la Liberté se généralise cette même année. A Saint-Vaast, un arbre de la Liberté est planté place de la Peinterie, l'actuelle place de la République, qui devient le lieu des cérémonies civiques.

A partir du 26 août 1792, cacher un prêtre réfractaire devient un délit. En effet, un décret de l'assemblée législative bannit les réfractaires qui pourront choisir leur lieu d'exil. Tous les membres du clergé qui n'avaient pas été contraints de prêter le serment à la constitution civile peuvent désormais être arrêtés sur une simple dénonciation. Les prêtres réfractaires doivent *« sortir du royaume sous le délai de quinze jours »*. Le 27 août, les visites domiciliaires sont autorisées.

Fusilier (uniforme de 1791).

La chasse aux réfractaires commence, alors qu'ils exercent toujours secrètement leur ministère, avant de s'exiler le plus souvent en Angleterre ou à Jersey. C'est ce que fait le dernier chapelain de Durécu, l'abbé Jean Michel Maillard, contrairement à Michel Blainvillain, très âgé, qui avait lui aussi refusé le serment et qui fut le premier chapelain de Jean Antoine de Beauvalet et avait assisté à la bénédiction de la chapelle de Durécu, cinquante et une années plus tôt !

Aurait-il été vu rendre visite au seigneur de Durécu, cet automne 1792, ou ce dernier avait-il été dénoncé du fait des offices religieux de prêtres réfractaires qui se déroulaient secrètement dans sa demeure? Nous l'ignorons, par contre une visite domiciliaire a lieu à Durécu, peu après, et Jean Antoine est arrêté et transféré dans les geôles du fort de la Hougue. Quelques excités vont en profiter pour bûcher les armoiries des Beauvalet qui figuraient, à droite, sur leur belle porterie.

Dans cette tourmente, les actes de résistance sont d'autant plus remarquables que certains peuvent y perdre la vie comme cela arrive, à Saint-Vaast, à la pauvre Marie Lacoudraye qui, contrainte d'apostasier devant l'arbre de la Liberté, refuse. Du fait de sa résistance, elle est battue sauvagement par des soldats et elle en succombe le lendemain !

Pour d'autres récalcitrantes, on se contente de les humilier en les « touzant ». L'opération consiste à leur couper les cheveux puis à les hisser de force sur un âne, la tête tournée vers la queue, et à les promener ainsi dans les rues du village ou même, quelquefois, jusqu'à la Hougue ! C'est le cas pour un certain nombre, comme Bonne et Marie Houyvet, ou Marie Vallette[3], aïeule maternelle à la cinquième génération de Geneviève, l'épouse de l'auteur de ces lignes.

Beaucoup de Saint-vaastais n'hésitent pas à prendre des risques, comme le relate le Livre paroissial, telle Thérèse Pignot qui sauva l'abbé de la Roche. Elle *« était très forte, voulant le soustraire aux révolutionnaires qui le poursuivaient le mit dans un sac (ce prêtre était très petit) et le porta hors de Saint-Vaast »* ! Tradition orale ou enjolivée, il n'en reste pas moins vrai que ces faits furent nombreux. Une version plus vraisemblable de cette même affaire est relatée par Jules Leroux qui précise que Thérèse Pignot, craignant une perquisition, dissimula le prêtre dans un des paniers « à éclettes » servant à transporter, à dos de cheval, le poisson destiné au marché de Valognes. Elle le fit ainsi quitter furtivement Saint-Vaast.

3. Ces noms figurent dans le *Livre paroissial* et dans l'étude du chanoine Leterrier, *op.cit.*

DURECU, des BEAUVALET aux BOYER de CHOISY

Jean Antoine de Beauvalet
(11 juin 1716 - 21 décembre 1793)

x

Marie Louise Charlotte de Fouace
(6 août 1713 - 9 mars 1778)

|

Marie Charlotte de Beauvalet
(5 juillet 1739 - 22 février 1780)

x

Gilles René Alice de Sortosville
(26 avril 1736 - 6 décembre 1817)

|

Caroline Avice de Sortosville
(12 octobre 1769 - 3 février 1854)

Louis Joseph Honoré Boyer de Choisy

François Clément Boyer de Choisy
(4 février 1767 - 1er avril 1823)

x

Caroline Avice de Sortosville
(Veuve en 1823 et sans descendance, elle offre Durécu à son neveu Hyacinthe)

Honoré Boyer de Choisy
(8 octobre 1769 - 14 février 1838)

x

Adélaïde de Vauquelin
(1er octobre 1780 - 26 mars 1860)

|

Hyacinthe Boyer de Choisy
(3 juillet 1808 - 11 janvier 1880)

x

Marie Eugénie Lamache
(25 septembre 1816 - 26 mars 1885)

|

Louise de Boyer, épouse Vasseur
(6 août 1846 - 15 avril 1915)
(Héritière de Durécu, en 1885, par tirage au sort avec sa sœu

N.B. Les propriétaires successifs de Durécu apparaissent ici en rouge grenat.

François de Boyer de Choisy, officier de la République

François Clément de Boyer de Choisy, jeune officier en poste à la Hougue, est né à Antibes, le 4 février 1767. Sa famille, d'ancienne extraction, est parfaitement représentative de la noblesse d'épée traditionnelle. Le service des armes, auquel elle s'est constamment dévouée, l'a amenée successivement en Auvergne puis en Provence, au début du XVIIe siècle, et enfin en Normandie, dans les dernières années du XVIIIe siècle. Ses armoiries s'accompagnent de la devise : *Deo juvante, florebunt lilia*[1].

Le père de François Clément, Louis Joseph Honoré de Boyer de Choisy, écuyer, né en 1728, capitaine d'infanterie, chevalier de l'ordre royal et militaire de Saint-Louis en 1774, était en 1786, aide-major de place aux îles Sainte Marguerite en Provence. Il avait épousé, le 29 septembre 1766, Marie Cécile Serrat dont il eut trois fils : François Clément, Honoré Marie Bruno et Jacques Joseph Alexandre qui devinrent tous officiers et dont deux se fixèrent en Cotentin.

François Clément embrasse la carrière des armes très jeune puisque, juste âgé de 15 ans, il intègre le bataillon de la milice de Provence, comme cadet-gentilhomme, le 4 octobre 1782, pour y être formé sous-lieutenant de grenadier. Les grenadiers étaient, à l'origine, des troupes de choc, utilisées dans la guerre de siège pour exploiter les brèches dans les fortifications.

L'ordonnance du 25 mars 1776 avait créé l'emploi de cadet-gentilhomme dans chaque compagnie des régiments d'infanterie, de cavalerie et de dragons. Pour y accéder, il fallait avoir quinze ans révolus et, à la suite de l'ordonnance royale du 22 mai 1781, des preuves de noblesse certifiées par le sieur Chérin, généalogiste et historiographe des Ordres du Roi par brevet du 3 février 1772 puis anobli en 1774.

Nous n'avons pas trouvé mention de Boyer de Choisy dans le *Catalogue des certificats de noblesse délivrés par Chérin pour le service militaire, 1781-1789,* de MM Louis de la Roque et Edouard de Barthélemy, publié en 1864. Le principe de son intégration, comme cadet-gentilhomme dans la milice de Provence, dans laquelle son père était capitaine au second bataillon, a peut-être été accordé avant l'application stricte de la nouvelle ordonnance royale. Cette intégration aurait pu reposer sur la présentation d'un dossier rappelant le jugement du premier président au parlement de Provence, Cardin le Bret, qui avait maintenu dans la noblesse le grand-père de François Clément, Louis de Boyer, sieur de Choisy, le 25 juillet 1702[2].

Mais, plus simplement, le fait d'avoir un père officier supérieur ou capitaine titulaire de l'ordre royal et militaire de Saint-Louis, cas du père de François Clément, pouvait suffire pour obtenir une place de cadet.

---

1. Bachelin-Deflorenne Antoine, *Etat présent de la Noblesse française d'après les manuscrits de Ch. D'Hozier,* Paris, 1886. Armoiries des Boyer (branche d'Antibes) : D'azur, au chevron d'or, accompagné de trois lis de jardin tigés et feuilletés d'or et posés en pal, deux en chef et un en pointe. Transcription de la devise : Avec l'aide de Dieu, les lis fleuriront.
2. Chaix d'Est-Ange, *Dictionnaire des familles françaises anciennes ou notables* T.6, 1907.

Formation des cadets gentilshommes

Dans leurs compagnies respectives, les cadets font le service du soldat mais sont exempts de corvées. Avant d'être promus officiers, ils devaient passer successivement par tous les emplois de bas-officiers. Les cadets étaient reçus à la tête de leur compagnie, selon le règlement royal édicté le 20 avril 1776, avec cette formule : *« De par le roi, bas-officiers et soldats, vous reconnaitrez M. ..., en qualité de cadet-gentilhomme, et vous le respecterez comme s'il était votre officier ».*

A 21 ans, François Clément passe le concours de l'École royale du Génie de Mézières, où il entre comme sous-lieutenant, le 1er janvier 1789. Les études durent deux années et comportent des cours de mathématiques, de statique et d'hydraulique, des séances de dessin au lavis des trois systèmes de fortification de Vauban, des séances de dessin des ordres d'architecture, des cours de stéréotomie et de coupe des bois. A ces cours s'ajoutent de nombreux exercices pratiques : école de siège, exercices de levés à la toise et à la boussole de bâtiments de la ville et levé de plan détaillé d'une place forte.

Après ces deux années de service à l'école, François Clément reçoit le titre d'aspirant au corps royal du Génie, affecté à Toulon, le 6 septembre 1791, comme aspirant lieutenant en second d'infanterie.

Nous le retrouvons ensuite en Normandie, au fort de la Hougue, avec le grade de capitaine, le 8 novembre 1792. Mais, onze mois plus tard, le 19 octobre 1793, il est suspendu de ses fonctions.

La baie de la Hougue, protégée par son fort.

L'épuration dans l'armée, voulue par le Comité de Salut Public, avait commencé au début de l'été 1793 et même les officiers des armes techniques ont été victimes de la chasse aux nobles. Il faut attendre la chute de Robespierre, suivie par l'ascension de Carnot pour que le talent et la technicité soient à nouveau pris en compte.

Toutefois, la réintégration des officiers, destitués simplement parce qu'ils étaient nobles, ne se fait vraiment qu'après la réorganisation des états-majors en mai 1795. Ceci explique que le ci-devant noble Francois Clément Boyer n'ait été réintégré dans son poste, par arrêté du Comité de Salut Public, que le 20 septembre 1795, avec la charge de sous-directeur des fortifications, à la Hougue. Pendant ces années difficiles, le citoyen François Clément Boyer réside à Valognes et fait sa cour à Caroline Marie Monique Avice, petite fille du citoyen Jean Antoine Beauvalet-Durécu, décédé fin 1793.

L'incertitude de son avenir n'empêche pas François Clément d'épouser Caroline Avice le 4 septembre 1794. Les futurs se retrouvent à la *« maison commune »* de Valognes, *« ce dix huit fructidor 2° année de l'ère républicaine »* pour *« l'acte de mariage entre François Clément Boyer, capitaine au corps du Génie, âgé de vingt huit ans, natif de la commune d'Antibes... et Charlotte (sic) Marie Monique Avice native de Valognes, âgée de vingt cinq ans »*, en présence *« de Giles René Avice, père de la contractante, de Jean Chanteloup, de Laurin Loyer commandant du bataillon de la Charente inférieure, de Henri Nicolas Costel, adjoint aux adjudants généraux de l'armée des côtes de Cherbourg, et de Pierre Jacques Bouqu, quartier maître du Bataillon de la Charente inférieure tous témoins, parents et amis des conjoints »*.

On note avec étonnement, à la lecture de l'acte, la transformation du prénom de Caroline en Charlotte, de même que sa signature au bas de l'acte: *« Charlotte Avice »*, juste au-dessus de celle de son père et de sa sœur aînée Rose. Simple caprice ou hommage à son autre sœur, Charlotte Françoise Adrienne, décédée dix ans plutôt, à 17 ans, le 9 janvier 1784 ?

Après sa réintégration dans l'armée, François Clément va s'installer à proximité de son lieu d'affectation, le fort de la Hougue, dans la demeure de Durécu que son épouse a reçue en héritage de son grand-père. En effet, son frère Charles Gilles Valentin Avice a émigré et sa sœur Rose est religieuse, tandis que sa mère, Marie Charlotte de Beauvalet, est morte treize ans avant la triste fin du seigneur de Durécu. Ainsi, avec la disparition de Jean Antoine de Beauvalet, une nouvelle famille noble, les Boyer de Choisy, liée aux Beauvalet par les femmes, leur succède à Durécu.

Depuis la nouvelle déclaration de guerre de la France à la Grande-Bretagne, le 1er février 1793, les côtes de la Manche et la pointe du Cotentin, tout particulièrement, sont sous le feu des vaisseaux anglais, sans aucun abri sérieux pour la flotte de guerre française. La supériorité de la flotte britannique est telle que les Anglais décident même, le 16 messidor de l'an III (4 juillet 1795) de débarquer aux îles Saint-Marcouf, de les fortifier et d'y installer des garnisons sur chaque île, au total près de trois cents hommes ! La présence de quelques navires leur permet en outre d'être maîtres du bassin oriental de la Manche et de bloquer les communications entre Cherbourg et le Havre.

Les îles Saint-Marcouf, avant l'occupation anglaise.

Les fortifications anglaises réalisées sur les deux îles Saint-Marcouf.

Sapeur du Génie.

Les officiers en poste au fort de la Hougue se trouvent donc en première ligne et directement concernés par les mouvements des frégates anglaises, ceci ne les empêche pas de participer à la vie « mondaine » locale. C'est le cas du capitaine Antoine Galbois, ami de François Clément Boyer (les particules ne sont temporairement plus à la mode !) et pour lequel nous disposons de lettres autographes[3] adressées à l'un de ses frères à partir de 1796.

Antoine Galbois est né à Paimpont le 28 novembre 1771. Son père, qualifié de négociant, faisait le commerce des toiles que l'on fabriquait alors en Bretagne. Elève de l'école des Ponts et Chaussées de Bretagne en 1788, il entre ensuite à l'école nationale des Ponts et Chaussées. Il est nommé lieutenant provisoire du Génie, le 1er vendémiaire an II (19 octobre 1793) puis est admis dans l'arme du Génie comme capitaine, le 1er vendémiaire an III (22 septembre 1794). Envoyé à Cherbourg, il dirige les travaux de la batterie du Roule et des forts ou redoutes extérieurs protégeant la ville, puis est promu capitaine du Génie de 1ere classe. En 1796, Antoine Galbois est affecté, comme ingénieur en second, aux travaux d'aménagement des côtes, qui dépendent du fort de la Hougue.

Dans un premier temps, Galbois loge à Valognes. Vraisemblablement, comme l'avait fait avant lui François Clément Boyer, il loue une chambre *« chez le citoyen de Sortosville »*, adresse qu'il précise dans sa lettre du 4 nivose an V (24 décembre 1796), à l'un de ses frères en poste dans un ministère parisien, avec lequel il correspond régulièrement.

Cette précision nous apprend donc que Gilles René Avice devait louer des chambres aux officiers en poste dans la région et sans attaches locales, ce qui lui procurait un petit revenu supplémentaire mais bien insuffisant face à son mode de vie dispendieux !

3. Bibl. municipale Jacques Prévert, Cherbourg, MS cat 461 (B). Lettres autographes de Galbois.

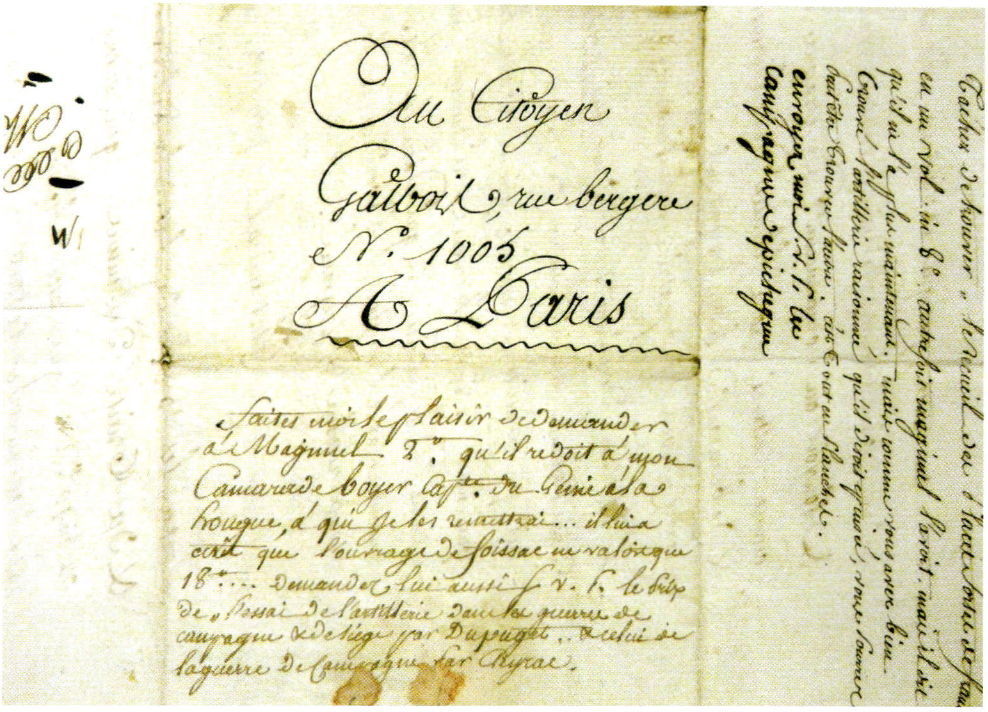

Au Citoyen
Galbois, rue bergere
N°. 1005
A Paris

Une des lettres d'Antoine Galbois à son frère, où il cite son camarade Boyer.

Antoine Galbois se lie d'amitié avec son « camarade » François Clément Boyer, *« marié à une riche femme noble de cet endroit »*, qui tient bonne maison à Port Vaast et l'y accueille volontiers. *« Je vis chez lui sans condition, les procédés lui deffendant des mesures différentes, de mon côté j'ai l'honnetteté la plus réciproque possible pour les personnes de la maison.»* Il se fait acheter régulièrement des livres à Paris, concernant surtout l'histoire et l'art militaire. Ces volumes arrivent souvent par la diligence. Parfois, Antoine profite du passage à Paris de son ami Boyer pour les lui rapporter, ou encore du beau-père de Francois Clément Boyer, le citoyen Avice, lorsque ce dernier se rend à Paris, à son domicile, au numéro quatre de la rue Beautreillis, située dans le quartier du Marais entre l'église Saint-Paul et la Bastille.

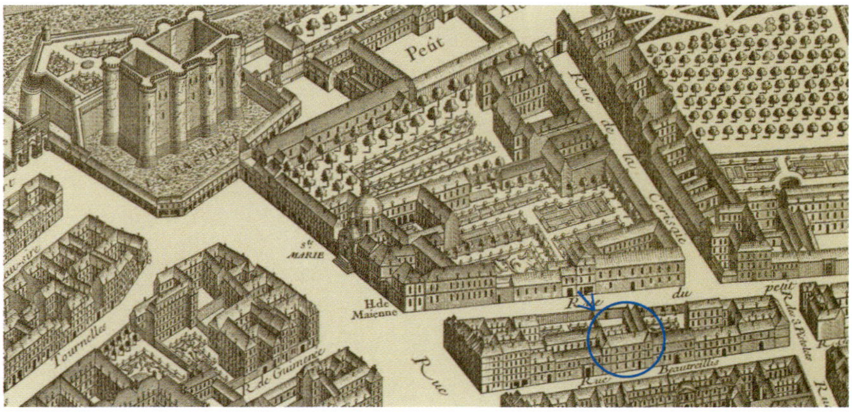

L'hôtel du citoyen Avice.
(Extrait du plan de Paris dessiné sous les ordres de Turgot, en 1734-1739.)

Antoine Galbois se trouve bien dans son poste, a de bonnes connaissances sur place et Durécu plait à cet officier mondain, d'autant plus qu'il y rencontre, au salon, les notables et les gros négociants de ce département, dont il qualifie l'assemblée électorale de *« modéranto-*

royaliste ». Homme ouvert, il n'hésite pas, en 1798, à faire prêter 20 000 francs, en garantissant le prêt sur ses biens, au fondateur de la filature de coton du Vast, dont les quatre actionnaires sont de riches Valognais parmi lesquels figure le citoyen Chanteloup, ami des Boyer et présent lors de leur mariage à Valognes.

Cependant, Antoine est également un bon observateur des réactions du peuple, soulignant l'influence prépondérante des prêtres réfractaires sur la population locale, ce qui lui avait fait noter dans un autre courrier à son frère, le 4 messidor an V (2 juin 1797) : *« le zèle le plus ardent pour la messe des prêtres réfractaires, c'est une fureur : quand un marchand expose des images au cimetière ou sur la place, les paysans disent : ah, ah ! J'savions ben que j'aurions revu not bon Dieu. Ils se font percer les oreilles pour mieux entendre les cloches et chaque parole d'un prêtre réfractaire est une indulgence plénière »*.

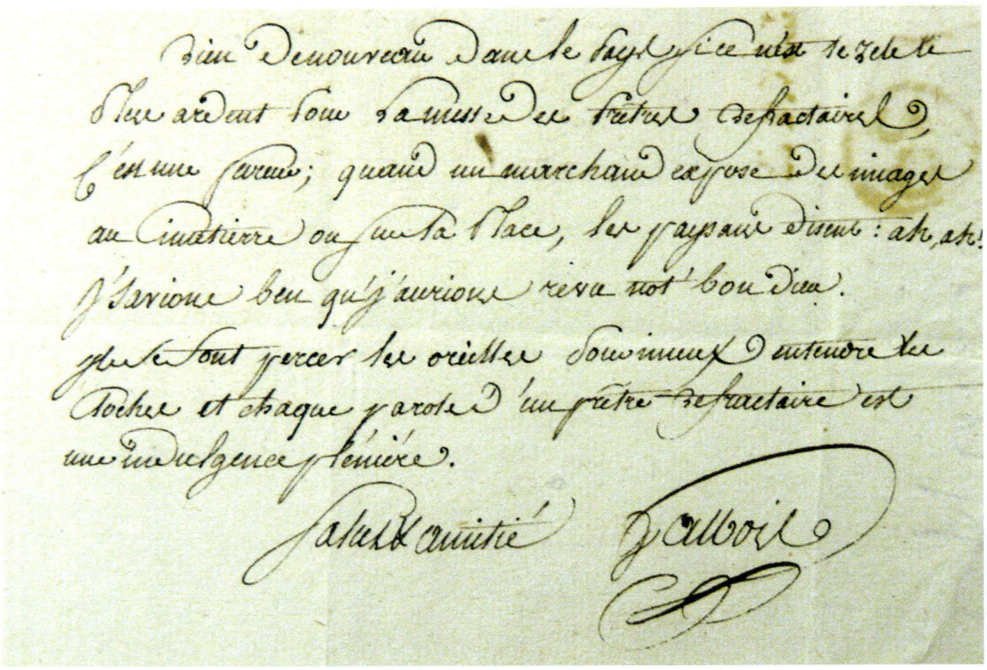
[illegible] Dieu de nouveau dans le sacrifice. C'est le zèle le
plus ardent pour la messe des prêtres refractaires
c'est une fureur; quand un marchand expose des images
au cimetière ou sur la place, les paysans disent : ah, ah !
j'savions ben qu'j'aurions revu not' bon dieu.
Ils se font percer les oreilles pour mieux entendre les
cloches et chaque parole d'un prêtre refractaire est
une indulgence plénière.
Salut et amitié
Galbois

Courrier d'Antoine Galbois à son frère, en date du 4 messidor an V.

Toutefois, Antoine, sans s'abandonner au plaisir des relations mondaines ou de l'observation du monde paysan, ne perd pas de vue sa mission première, protéger la côte et donc déloger les Anglais des îles Saint-Marcouf. Cet objectif s'avère d'autant plus urgent que les Anglais, note-t-il dans un courrier à son frère le 14 pluviose an VI (2 février 1798), ne tolèrent plus la navigation des bateaux de pêcheurs dans la rade. Ils ont pris *« 10 d'entre- eux, dont 8 ont été brulés, un coulé et l'autre réservé pour les besoins de la pêche en faveur des habitants des îles Marcouf »*.

Chaloupe canonnière.

Cette situation l'amène à proposer un projet d'expédition pour reprendre les îles. Après bien des hésitations, l'opération à laquelle Galbois participe, a bien lieu le 18 floréal an VI (7 mai 1798), sous le commandement du capitaine de vaisseau Muskeyn, mais se solde par un échec cuisant. La flottille française, composée de chaloupes canonnières et de bateaux plats armés de canons ainsi que de deux bombardes et deux avisos, se replie presque sans avoir combattu, par suite d'une mésentente entre ses officiers et se réfugie sous la Hougue.

Aussi, quelques jours plus tard, une escadre anglaise, forte d'un vaisseau de 74, de cinq frégates, d'une corvette, de deux bombardes et de deux brigs, s'embosse dans la rade et canonne, le 30 floréal an VI (19 mai 1798), cinq heures durant, la Hougue et Tatihou.

Les Anglais espèrent porter des coups sérieux à la flottille, avant sa dispersion, mais la défense vigoureuse du fort de la Hougue, où se trouve François Clément Boyer, provoquant quelques avaries aux mâtures britanniques, oblige les Anglais à se retirer sans avoir causé de réels dégâts.

Le dossier militaire de François Clément comporte la mention de cet épisode, dans la rubrique *« Campagnes, actions, Blessures »*. Cependant, son ami, Antoine, très ambitieux, attend avec impatience une promotion au grade de chef de bataillon, alors que son séjour en Cotentin lui apparaît désormais un peu trop calme, d'autant plus que Bonaparte abandonne, momentanément, son projet de descente en Angleterre. Affecté à l'armée du Rhin, Antoine obtient enfin le grade de chef de bataillon le 21 floréal an VIII (11 mai 1800). Un peu plus tard, il s'embarque avec l'armée du général Leclerc pour Saint Domingue, afin de réduire la révolte du général noir Toussaint Louverture et il y meurt, sans doute de la fièvre jaune, le 2 thermidor an X (21 juillet 1802)[4].

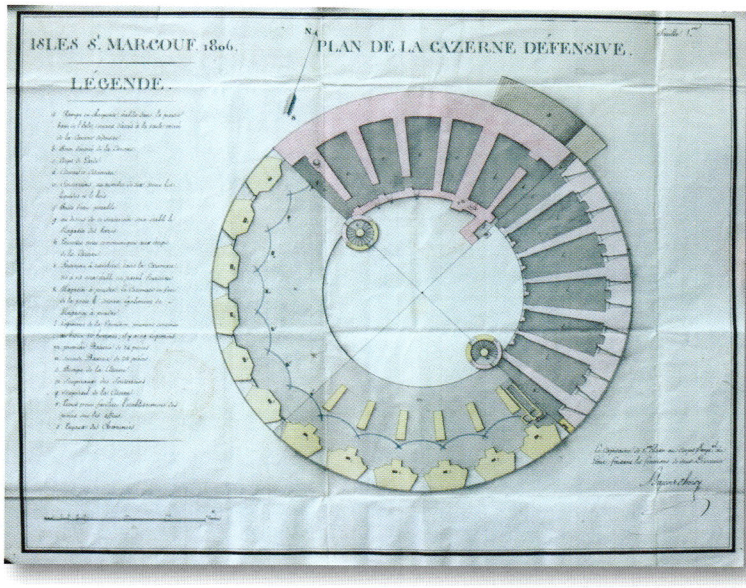

Plans signés par François Clément Boyer de Choisy, en 1806 et 1807.

Francois Clément, moins aventureux que son ami, reste en poste à la Hougue où, faisant fonction de sous-directeur des fortifications, il s'occupe des plans successifs proposés pour la fortification des îles Saint-Marcouf. Il doit faire face, les 24 juin et 27 septembre 1806, à des attaques anglaises sur l'île Tatihou, attaques mentionnées au titre de ses campagnes. Le 30 novembre 1807, François Clément est appelé dans l'armée d'Espagne où il sert jusqu'au 1er mai 1809[5]. Toutefois, il ne fait pas la campagne de 1809, il reste à Bayonne jusqu'à la notification de sa démission de l'armée.

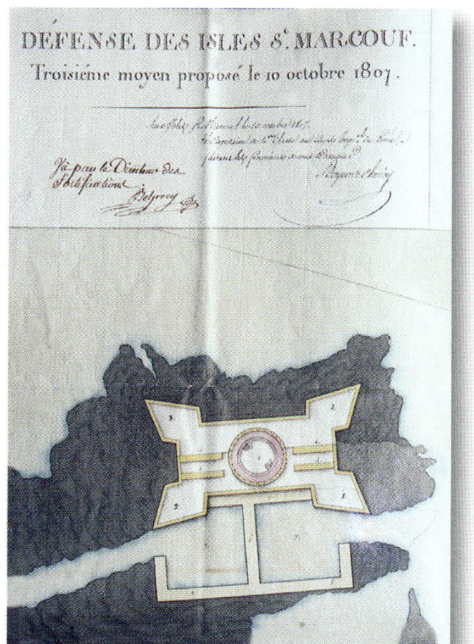

Honoré Marie Bruno, chevalier Boyer de Choisy, frère de François Clément, nommé capitaine dans le corps du Génie en 1794, a une carrière militaire plus mouvementée et un peu plus longue que celle de son frère aîné. Très jeune officier, il fait la première campagne d'Italie, menée par le général Bonaparte en 1794, année où son frère est momentanément suspendu de ses fonctions. Puis, de 1799 à 1803, Honoré participe aux campagnes de l'armée républicaine en Corse. Les Anglais, chassés de Toulon ont, en effet, pris pied en Corse, à l'appel de Pascal Paoli et de furieux combats se déroulent alors sur l'île entre les républicains et les royalistes soutenus par des troupes anglaises. Les Britanniques prennent même Bastia, à l'issue d'un siège.

4. SHD-Vincennes, Etat des services d'Antoine Marie Honoré Galbois, dossier 91/47.
5. AN, « Leonore », dossier LH/348/29. Dossier pour la Légion d'honneur de M. Boyer de Choisy.

Promenades sud de Durécu, rénovées par J.-P. Husson.

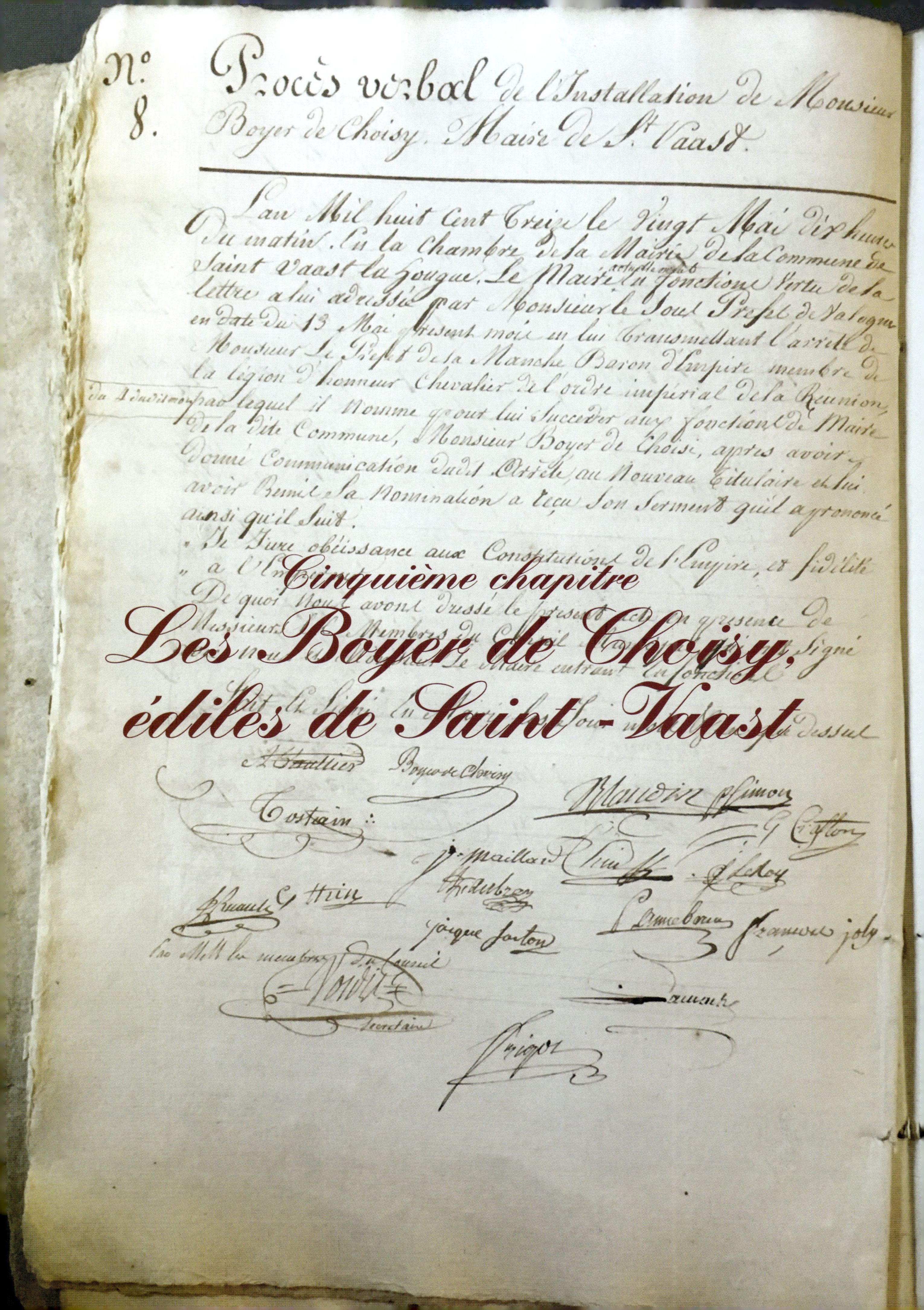
N° 8. Procès verbal de l'Installation de Monsieur Boyer de Choisy, Maire de St Vaast.

L'an Mil huit cent Treize le vingt Mai dix heures du matin. En la chambre de la Mairie de la Commune de Saint Vaast la Hougue. Le Maire actuellement en fonctions vertu de la lettre a lui adressée par Monsieur le Sous Préfet de Valognes en date du 13 Mai présent mois en lui transmettant l'arrêté de Monsieur le Préfet de la Manche Baron d'Empire membre de la légion d'honneur Chevalier de l'ordre impérial de la Réunion, du 1 dudit mois par lequel il nomme pour lui succéder aux fonctions de Maire de la dite Commune, Monsieur Boyer de Choisi, après avoir donné communication dudit arrêté au nouveau titulaire et lui avoir remis sa nomination a reçu son serment qu'il a prononcé ainsi qu'il suit.

« Je jure obéissance aux Constitutions de l'Empire, et fidélité

Cinquième chapitre

Les Boyer de Choisy, édiles de Saint-Vaast

La tourelle de Durécu et l'âne Sidoux.

François Clément de Boyer, maire sous l'Empire et la Restauration

De retour en Normandie et à la vie civile, après ses campagnes d'Espagne, le frère d'Honoré Marie Bruno de Boyer de Choisy, Francois Clément, peut se consacrer pleinement à l'embellissement de son domaine de Durécu, sur la commune de Saint-Vaast.

Différents travaux sont réalisés à son initiative, à Durécu. On lui doit un magnifique plan aquarellé de la demeure et de ses communs, sans doute effectué par un de ses dessinateurs militaires, et intitulé : *Maison de campagne à St. Vaast de Mr. et Mme. de Boyer de Choisy*, datant vraisemblablement du début de l'Empire.

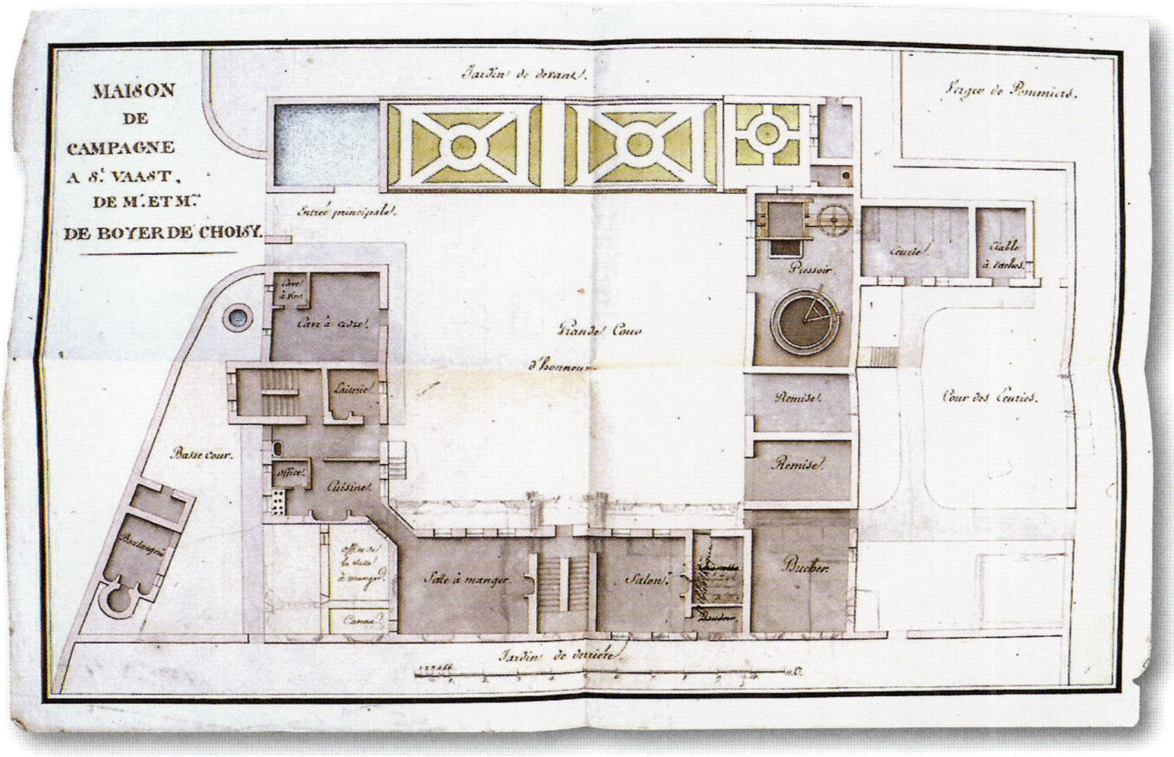

Sur ce plan, on constate la disparition de la chapelle intérieure, transformée en bibliothèque au rez-de-chaussée, tandis qu'une chambre est reconstituée à l'étage. Parallèlement, un oratoire avec campanile, minuscule petite chapelle, est édifié à l'extrémité et dans le prolongement des communs sud (édifice rectangulaire jouxtant les pareterres à la française), car, comme on le verra, les Boyer restent très attachés à la religion.

D'importants travaux sont également effectués dans le parc et dans les champs qui l'entourent, en direction de la mer. François Clément fait construire une petite tourelle d'agrément, d'où l'on voit, du premier étage, toute la baie de Saint-Vaast. Sans pouvoir la dater avec précision, nous savons qu'elle est antérieure à 1829, puisqu'elle figure sur le cadastre napoléonien achevé cette même année.

Pour relier la tourelle à la demeure, François Clément crée de belles « promenades[1] » qui, partant du parc, alors entouré de murs, cheminent entre les champs pour atteindre la tourelle. Enfin, modifiant l'environnement devant sa demeure, il plante dans le parc des pins Laricio. Ces pins, à la longévité exceptionnelle (jusqu'à 500 ans) et pouvant atteindre cinquante mètres de haut, sont une espèce endémique de Corse et se trouvaient donc à l'origine uniquement dans les forêts des montagnes de cette île. François Clément devait connaitre cette espèce depuis son enfance provençale.

Quelques uns des superbes pins laricio.

1. Les promenades sont constituées par un talus bordé de deux haies qui séparent un passage pour les piétons.

Contrairement à son frère François, Honoré Marie Bruno, affecté en Normandie comme sous-directeur de l'arrondissement de La Hougue, a encore à son actif deux autres campagnes, l'une en Hollande et l'autre, de cinq mois à partir de décembre 1813, pour mettre en état de défense la place du Quesnoy, assiégée durant quatre mois.

Honoré a d'abord établi un contrat de mariage, le 30 décembre 1803, avec Adélaïde de Vauquelin en présence, outre les familles des futurs époux, d'une cinquantaine de personnes représentant la noblesse du nord Cotentin : les Gigault de Bellefonds, Sortosville, Gouberville, Feuardent, Folliot, le Tort d'Anneville, Caligny, Octeville de Blangy, Sivard de Beaulieu... et Dancel, vicaire général de Coutances, tous témoins et signataires du contrat. Le 11 janvier 1804, dernière année du Consulat se terminant par le sacre de l'Empereur, Honoré a épousé à Valognes Adélaïde Françoise Marie Blanche de Vauquelin d'Artilly, originaire de Branville, en présence notamment de son frère François Clément, âgé de 37 ans, et de sa belle-sœur Caroline. Trois enfants, tous nés à Saint-Vaast, en 1805, 1806 et 1808, sont issus de cette union dont Hyacinthe Léopold Bruno futur propriétaire de Durécu. Le père d'Adélaïde, Jacques Léonor de Vauquelin d'Artilly, était mort en émigration, au cours de l'année 1794, des suites des blessures nombreuses reçues alors qu'il servait dans l'armée des princes.

Le 13 novembre 1810, deux frégates françaises, *l'Amazone* et *l'Elisa*, provenant du Havre et pourchassées par des bâtiments anglais, réussissent à mouiller à proximité de la Hougue, mais l'Elisa, alors que le vent fraîchit, chasse sur son ancre et s'échoue.

Les Anglais entendent bien profiter de la situation. Après une vive canonnade échangée entre adversaires et quelques tirs des batteries des forts de Tatihou et de la Hougue, seule *l'Amazone* peut regagner le Havre dans la nuit. Le sous-directeur des fortifications en poste à la Hougue, Honoré de Boyer, recoit l'ordre des autorités militaires venues sur place, parmi lesquelles figure l'officier d'ordonnance de l'Empereur, de réaliser des épaulements pour permettre d'utiliser la batterie de l'Islet ainsi que d'augmenter le nombre des canons et mortiers de l'île de Tatihou et de l'Islet, enfin de réarmer la batterie

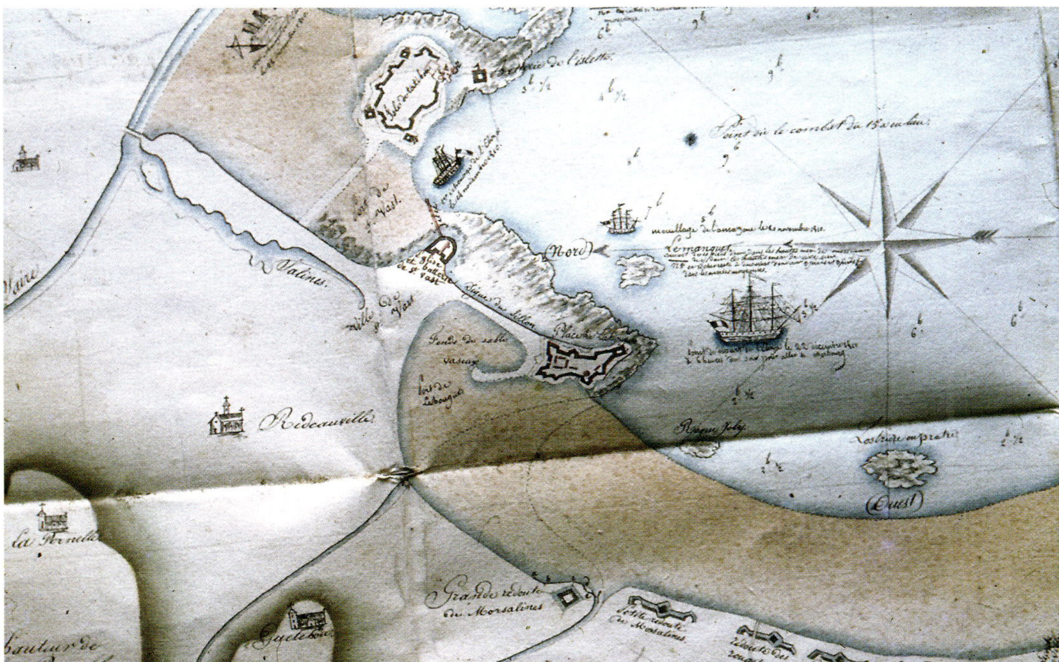

Positions successives de l'Amazone et de l'Elisa en baie de la Hougue.

du cimetière de Saint-Vaast, qui entoure l'église. Ces dispositions, mises en œuvre rapidement, limitent les tentatives de bombardement des Anglais.

Le 22 décembre, l'*Elisa*, enfin regréée et renflouée, par un temps pluvieux et fort sombre qui la dissimule aux yeux de l'ennemi, peut faire voile mais, après avoir évité le récif de la pointe de la Dent, la frégate touche un haut-fond entre l'île Tatihou et la pointe de Réville, et rapidement sa cale et ses soutes sont inondées. Malgré la surveillance de canonnières, les Anglais incendient la frégate la nuit suivante.

Ce tragique événement ne fait que conforter Honoré de Boyer dans son opinion, partagée également par son frère François Clément, sur la nécessité de faire de la rade de la Hougue l'auxiliaire de la rade de Cherbourg. Il propose pour cela d'y créer deux forts en mer, sur les rochers de la Dent et du Manquet[2].

La batterie avant son réarmement.

Le 1er juillet 1814, Honoré est l'un des cinq députés d'Antibes qui sont présentés à Louis XVIII. A l'issue de sa carrière militaire, en octobre 1816, Honoré Marie Bruno de Boyer, chevalier de la Légion d'honneur et de l'ordre royal de Saint Louis, totalise 23 ans et 3 mois de services effectifs.

A la même époque, son frère, François Clément, ne se contente pas de gérer ses biens et d'embellir sa propriété de Durécu, il s'intéresse également à la vie publique locale. Il est nommé maire par décret préfectoral du 20 mai 1813.

Rapidement, alors qu'il est convaincu de la supériorité de la rade de la Hougue sur celle de Cherbourg, François Clément fort de ses fonctions de maire, relance le débat en adressant au roi un mémoire sur les avantages du site de la Hougue, du point de vue de sa défense, en effectuant une analyse comparative des coûts des travaux. Cette initiative lui vaut les foudres du baron Cachin, inspecteur général des Ponts et Chaussées et directeur des travaux maritimes de Cherbourg : *« M. Boyer de Choisy, jadis capitaine du Génie, aujourd'huy maire de St-Vaast-la-Hougue, a cru devoir profiter des premiers moments de la restauration pour mettre sous les yeux du Roy un mémoire qui a pour objet de remettre en question une afaire solennellement jugée depuis plus de trente ans »*[3]. Pour Cachin, le port proposé par M. Boyer de Choisy doit être rangé *« au nombre des projets chimériques »* et il réfute l'argument avancé par celui-ci d'un moindre coût d'aménagement d'un établissement à la Hougue par rapport au coût de l'achèvement des travaux du port de Cherbourg.

Pourtant, en 1816, le rapport statistique annuel du quartier de la Hougue souligne à nouveau qu'il faudrait peu de frais pour créer un port à Saint-Vaast, capable de *« recevoir de grands bâtiments, au moyen d'une jetée... le commerce et même l'état retireraient de grands avantages de cet établissement, surtout en temps de guerre*[4]*»*.

---

2. Les rochers de la Dent et du Manquet, bien connus des professionnels de la mer et des plaisanciers sont signalés, de nos jours, par des bouées.
3. SHD-Cherbourg, série K, direction des travaux hydrauliques Mémoire du baron Cachin du 18 octobre 1814.
4. SHD-Cherbourg, 4 P5/3.

Administrateur éclairé, pendant les dix années où il exerce les fonctions de maire, François Clément de Boyer se préoccupe, comme nous venons de l'évoquer, des grandes questions liées à la défense et au développement maritime de Saint-Vaast sans oublier les problèmes de santé publique et l'urbanisme. Alors que la peste frappe plusieurs contrées d'Europe, le maire de Saint-Vaast, président de la commission de santé, demande au gouvernement, le 1er juillet 1816, de rétablir le lazaret de l'île Tatihou. A son initiative, une mairie, la première de la commune, est construite en 1818, l'église (actuelle chapelle des Marins) est l'objet de divers travaux de réfection, les rues sont pavées, d'autres sont ouvertes.

La première mairie de Saint-Vaast.

En 1817, François Clément qui jouit d'une belle fortune, vient en aide à son beau-père, Gilles René Avice. Ce dernier lui vend, le 7 avril, le seul bien qui lui reste, l'hôtel de Sortosville à Valognes. Cet hôtel comprend la demeure, la cour et le jardin, la porterie sur la rue qui est louée, le bâtiment en fond de cour, également loué, ainsi qu'une chambre et *« la cuisine de la servante »* qu'occupe actuellement le sieur de Sortosville et dont il se réserve l'usufruit.

Entrée de l'hôtel de Sortosville.

Depuis plusieurs années, François Clément se bat également pour obternir une aide financière de l'Etat en vue de créer, à Saint-Vaast, un port qui passe, en premier lieu, par l'édification d'une jetée. Dans sa séance du 4 mai 1817, le conseil municipal sollicite à nouveau un concours financier pour la création du port, après avoir évoqué la construction *« d'une maison commune, si urgemment nécessaire dans une ville qui réunit 3200 individus agglomérés et de laquelle dépendent trois places fortes pour l'Etat Civil et le logement des troupes qui s'y rendent »*. Les séances du conseil municipal se tiennent alors dans une chambre d'une maison occupée par plusieurs ménages ! Si la mairie est effectivement édifiée sous le mandat de François Clément, il n'en est pas de même pour la jetée dont le financement, en dépit ses démarches répétées, n'est obtenu qu'en 1826.

Par ailleurs, le maire de Saint-Vaast ne renie pas ses convictions de noble. Son attitude le montre bien, à la suite de l'assassinat, à Paris, dans la nuit du 13 février 1820 par Louvel, ouvrier bonapartiste, du duc de Berry, neveu du roi Louis XVIII et successeur potentiel sur le trône de France. Cet assassinat est perçu, par une large opinion, comme un régicide. Le deuil prend une dimension internationale et les obsèques sont célébrées en la basilique de Saint-Denis.

L'assassinat du duc de Berry.

Pour sa part, François Clément, chevalier de l'ordre royal et militaire de Saint Louis depuis 1819, fait voter à l'unanimité par son conseil municipal, réuni le 10 juillet 1920, une contribution de 200 francs pour l'édification projetée par la ville de Paris, d'un monument en mémoire de *« Son Altesse Royale, Monseigneur le duc de Berry*[5] *».*

L'action menée par François Clément Boyer de Choisy pour le développement et la modernisation de Saint-Vaast est vite reconnue. Sa notoriété est accompagnée de marques honorifiques. Après sa distinction dans l'ordre royal de Saint-Louis, il est fait chevalier de la Légion d'honneur en 1822. Il décède, hélas, l'année suivante, le 1er avril 1823, à Durécu à l'âge de 57 ans. Dans sa séance du 5 juin 1823, le conseil municipal, pour lui rendre hommage, vote l'achat d'une concession, au cimetière communal, afin de lui ériger un magnifique tombeau qui, malheureusement, a été détruit au XXe siècle.

Armoiries sur le tombeau des Boyer.

François-Clément laisse ainsi son épouse Caroline, petite fille de Jean-Antoine de Beauvalet, veuve et riche, possédant de nombreuses rentes et propriétés. Pour les seuls biens fonciers, Caroline est propriétaire non seulement de l'hôtel familial de Sortosville à Valognes et du manoir et domaine de Durécu à Saint-Vaast, de sept hectares, mais aussi des terres et de la ferme de Durécu à Gatteville, de vingt hectares, ou encore des terres et de la ferme des Biards, sur la commune de Saint-Côme-du-Mont, d'une contenance de trente-deux hectares. Elle conserve aussi la pêcherie de la Tocquaise. En 1826, Caroline, héritière de son frère Charles d'Avice jadis émigré, dispose de l'indemnité accordée cette même année, aux anciens propriétaires de biens confisqués[6]. Son train de vie est très confortable. Pour son service, elle emploie une femme de chambre, deux domestiques, un cocher ainsi qu'un jardinier[7].

Entretenant d'excellentes relations avec ses beaux-frères, officiers comme son mari, elle les reçoit à Durécu. C'est lors d'un séjour au domaine que le plus jeune, Jacques Joseph Alexandre, né le 12 mars 1773, chef de bataillon en retraite demeurant à Grenoble et marié avec Marie Adélaïde Sirié, fille d'un négociant de Grenoble, décède le 15 septembre 1828, âgé de 55 ans.

Caroline s'implique fortement dans la vie religieuse de Saint-Vaast. Dès 1829, elle se trouve être la marraine et sans doute la donatrice principale d'une cloche pour l'ancienne (et alors seule) église. Cette cloche porte l'inscription suivante : *« L'an 1829, j'ai été nommée Gabrielle Caroline par Mr Guillaume Charles Gabriel Lamache, maire de St- Vaast et Madame Caroline Avice de Sortosville, Veuve de Mr Clément Boyer de Choisy. »*

A l'occasion du futur mariage de son neveu, Hyacinte Léopold de Boyer, en 1838, Caroline, qui n'a pas eu d'enfant, lui offre de nombreux biens, à commencer par le domaine de Durécu, dont elle garde cependant l'usufruit, mais elle lui donne, en pleine propriété, la terre et ferme des Biards, sise sur la commune de Saint-Côme-du-Mont.

5. Conseil départemental de la Manche, arch. dép., 84 ED 1/D/4, Registre du Conseil municipal de Saint-Vaast.
6. *Etats détaillés des liquidations faites par la commission d'indemnité*, Paris, Imprimerie royale, 1826.
7.. Conseil départemental de la Manche, arch. dép., 3Q 8312, Registre des mutations par décès.

Le nouveau phare de Gatteville, achevé en 1835, proche des terres gattevillaises des Boyer.

Plus tard, ses libéralités vont se manifester en faveur de la construction de la nouvelle église, entreprise à la suite de la création, le 11 avril 1850, d'une association locale destinée à collecter des fonds en complément de ceux votés par la commune, la fabrique et le gouvernement. Caroline ne verra pas l'inauguration de ce nouvel édifice, achevé seulement en 1861, puisqu'elle décède le 3 février 1854, à l'âge de 85 ans. Toutefois, Caroline n'a pas oublié la nouvelle église dans son testament, comme nous allons le voir.

Le premier testament de Caroline, daté du 20 octobre 1831, est assez émouvant. Caroline commence par exprimer sa dernière volonté. *« Je veux que lorsque je serai morte on me laisse vingt quatre heures dans mon lit sans me toucher, n'importe de quelle maladie je mourrai, je veux être enterrée près de M. de Boyer dans la même enceinte, si je ne mourrais pas à Saint Vaast, je veux y être rapportée. »*

Puis, dans un second testament, du 8 juillet 1851, Caroline désigne comme exécuteur testamentaire Gabriel Lamache, beau-père de son neveu Hyacinte et maire de Saint-Vaast[8].

Elle détaille ensuite les différentes donations qui concernent à la fois ses domestiques et sa famille. A sa femme de chambre, Rosalie Boulard, elle donne toute sa garde-robe, y compris fichus et bonnets, l'ensemble estimé à 185 francs et 50 centimes, ainsi qu'une année entière de gages à raison de 120 francs et une rente viagère de 300 francs au capital de 3000 francs[9].

Chacun de ses domestiques reçoit l'année entière de gages plus une année de gratification. Bon Besnard, jardinier, exerçant maintenant sa profession chez Hyacinthe de Boyer, reçoit 250 francs pour son année de gratification mais également une rente viagère de 300 francs au capital de 3000 francs. Son fils, Louis Besnard, ancien cocher, reçoit 250 francs, soit une année de gages.

Les deux domestiques, Elise Surdive et Michel Bénèvent reçoivent respectivement une année de gages, soit 120 et 150 francs. De même, Caroline avait également prévu, pour son ancienne femme de chambre, Marie Martin, une rente viagère de 300 francs, mais celle-ci, sans douté décédée, ne figure pas sur le registre des absences et successions du bureau de Saint-Vaast[10].

A son neveu, Adolphe de Boyer, frère aîné de Hyacinte, reviennent ses maisons de Valognes, rue Siquet, avec le mobilier, et cent mille francs sur son indemnité, déduction faite du coupon de treize cent dix-sept francs qu'elle lui avait déjà donné, par devant notaire, le 23 août 1848.

Son mobilier de Durécu, estimé à 2352 francs, échoit à Hyacinthe ainsi que sa terre de Gatteville, à charge pour ce dernier de payer une rente perpétuelle de quatre-vingt francs aux pauvres de Saint-Vaast et une rente perpétuelle de quarante francs à la fabrique de Saint-Vaast.

8. Archives du diocèse, Coutances.

9. Nous avons noté, pour une meilleure compréhension de la valeur de ces donations, leurs estimations qui ne figurent pas sur le testament mais sur les pièces établies par l'administration pour les déclarations des mutations par décès, le 29 juillet 1854. (cf. référence figurant sur la note 7).

10. Conseil départemental de la Manche, arch. dép., 3 Q 8034.

Cette dernière donation donne lieu à un échange épistolaire entre le sous-préfet et l'évêque de Coutances pour s'assurer de sa légalité. L'administration épiscopale ne voit rien d'anormal dans cette donation puisqu'elle ne lèse nullement les héritiers, alors que la fabrique a de gros besoins pour poursuivre l'édification de la nouvelle église, et précise en plus que Caroline *« jouissait de la plus belle fortune de Saint-Vaast »*. De plus, ce legs n'est pas remis en question par les autres héritiers concernés. Cette rente s'ajoute à l'argent que lui doit la famille Rouxel, dont la fabrique de Saint-Vaast est également destinataire.

Parmi les autres héritiers de Caroline figure Marie, la fille mineure de Hyacinthe de Boyer, pour deux parties de rentes représentant un capital de 4100 francs. Ses autres neveux de Grenoble, Adolphe et Nestor de Boyer, se partagent avec ses neveux Adolphe (demeurant à Gouberville) et Hyacinthe, l'argent qui restera (soit près de 4000 francs pour chacun) et l'argenterie. Enfin Caroline donne à Gabriel Lamache sa pêcherie connue sous le nom de la Tocquaise, *« comme souvenir d'amitié »*.

Pourtant, comme 130 ans plus tôt, la destruction de cette pêcherie est à nouveau réclamée par l'Etat ! L'administration des Domaines estime que la pêcherie de la Tocquaise fait partie du domaine public maritime et que sa démolition doit être faite aux frais de ses détenteurs. Gabriel Lamache, en sa qualité de légataire, demande, dès le 23 mai 1854, au Tribunal de Valognes de reprendre l'instance interrompue par le décès de Caroline Boyer de Choisy. Celle-ci, le 25 juillet 1853, avait en effet assigné le préfet de la Manche à comparaître devant le tribunal afin de faire prévaloir son titre de propriété. Le tribunal reconnait Gabriel Lamache comme propriétaire à titre incommutable et condamne le préfet aux dépens.

Par un arrêt en date du 18 juin 1859, la cour impériale de Caen confirme ce jugement[11]. Elle considère que, parmi les divers actes produits certains prouvent que la pêcherie existait bien avant 1544 et que le sieur Lamache représente bien les anciens propriétaires par suite de transmission régulière.

La tourelle de Durécu.

11. AD 14, 2 U 387.

Hyacinthe Boyer de Choisy, maire sous le Second Empire

Troisième enfant d'Honoré Marie Bruno Boyer de Choisy, Hyacinthe Léopold Boyer de Choisy est né à Saint-Vaast le 3 juillet 1808. Comme ses frères, il abandonne la tradition familiale de faire carrière dans les armes. Il est vrai que l'époque se prête moins aux carrières souvent fulgurantes que connurent les générations précédentes. Désormais la noblesse terrienne sert sans ambition, ni espoir d'avancement rapide. Pourtant, à partir de 1830, la conquête de l'Algérie permet, pour un temps, des actions d'éclat et des carrières plus brillantes. Ce sont surtout les jeunes gentilshommes campagnards au patrimoine fortement écorné, qui restent attirés par l'armée le plus souvent par nécessité, ce qui n'est pas le cas des Boyer de Choisy.

Le port de la Hougue, en 1839 .
(Journal de l'arrondissement de Valognes)

Dans son acte de mariage, en 1838, il est précisé que Hyacinthe, vivant de ses revenus, est domicilié à Valognes chez sa mère. Son frère, Adolphe Hyacinthe Clément de Boyer, qui assiste au mariage comme témoin, réside également en Normandie étant lui-même percepteur des Contributions directes à Gouberville.

Hyacinthe épouse donc, le 24 septembre 1838, la demoiselle Marie Eugénie Lamache, née à Saint-Vaast le 25 septembre 1816, fille de Guillaume Charles Gabriel Lamache, négociant, membre du conseil général de la Manche, maire de Saint-Vaast depuis 1823 et ami de sa tante Caroline. Nous avons vu combien le futur époux était le neveu préféré de Caroline, par les dons importants effectués par sa tante, la très riche petite-fille de Jean Antoine de Beauvalet, à l'occasion de son mariage. C'est encore le cas lorsqu'elle rédige son testament, même si Caroline n'oublie pas ses autres neveux encore vivants, Jules Charles François, né en 1806, étant décédé prématurément en 1824, à l'âge de 18 ans.

Cette même année 1838, Hyacinthe hérite de son grand père maternel, Léonor de Vauquelin d'Artilly, le château de Verneusses. Ce bien important, situé dans l'Eure comprend, outre le château, deux fermes dites de Verneusses et de Bordeaux, un parc, des jardins, cours, prés, herbages, terres en culture, bruyères et bois, le tout d'un seul tenant et s'étendant sur 145 hectares.

Dès 1851, si l'on en croit Jules Leroux, Hyacinthe entreprend des travaux de restauration à Durécu, ce qui laisse supposer un accord de sa tante Caroline, usufruitière du domaine. C'est sans doute lui qui modifie les communs sud en les surélevant, ce qui permet de créer des greniers à foin beaucoup plus importants et ouvre un passage direct entre la cour d'honneur et la cour des écuries, en perçant une ouverture dans le fond d'une des remises.

La modification des communs.

Pour le manoir, il fait réaliser une belle corniche en pierre de Valognes qui orne la façade et ferme le fronton du pavillon central. Une modification de la pente de la toiture, mais sans augmenter sa hauteur, permet de rehausser très légèrement la façade, côté cour d'honneur. Cette modification est d'ailleurs bien visible de l'intérieur, dans les greniers, où l'on voit les arbalétiers d'origine (côté façade est) qui, à mi-hauteur, supportent de petites traverses de 0,40m de long, sur lesquelles sont fixées les nouvelles poutres recevant les pannes de la toiture. Cette modification entraine la disparition, sur la toiture, du petit chien-assis qui remplacait le campanile, placé sur le nouvel oratoire, sans doute créé par son oncle François Clément, après la suppression de la chapelle domestique.

Arbalétier d'origine.

Bel escalier droit en pierre, comme celui qui existait à Durécu.

A l'intérieur, l'escalier droit, en pierre, fait place à un élégant escalier en bois avec une belle rampe. Enfin les cheminées en pierre sont remplacées par des cheminées en marbre, de style Directoire.

Si nous ne disposons pas de documents précisant les dates exactes de ces modifications, nous avons par contre la chance d'avoir un assez beau dessin réalisé par Hyacinthe de Boyer, en 1835, lors d'un séjour chez sa tante. Ce dessin nous permet donc de voir quel était l'aspect de la propriété à cette date. On remarque l'importance des communs qui se trouvaient alors de part et d'autre de la demeure des propriétaires. Le bâtiment de droite est le seul à avoir un étage, abritant au rez-de chaussée, la cuisine, l'office, un escalier pour accéder à l'étage, une laiterie et des caves, comme cela a été détaillé dans la présentation de l'inventaire après décès de Jean de Beauvalet et comme on le voit sur le plan page 135.

Durécu en 1835, dessin avec l'ajout du nom de son auteur, H. de Boyer de Choisy.

Après son installation à Durécu, sans doute vers 1855, puisque sa tante lors de sa donation de 1838 s'était gardé l'usufruit de ce domaine, Hyacinthe continue à se consacrer à la gestion de ses biens et à ses loisirs, en particulier le dessin et la peinture, mais il ne tarde pas, lui aussi, sous la pression de son beau-père, Gabriel Lamache, à s'intéresser à la vie municipale.

Le nouvel escalier de Durécu, avec sa rampe Directoire.

Gabriel Lamache, jeune homme entreprenant et courageux, avait rejoint son régiment, en 1812, devançant l'appel. Simple hussard faisant fonction de maréchal des logis, il avait été blessé en 1819, lors d'un combat en Espagne et avait perdu deux doigts, mais avait continué son service avec ardeur jusqu'à la paix, ce qui lui valut bien plus tard la légion d'honneur pourtant promise juste après la bataille.

Négociant très actif et riche, il figure en 1836, parmi les électeurs les plus imposés du canton, en compagnie de Jules Polydor Lemarois, membre du conseil général, et d'Auguste du Mesnildot, tous les trois se situant entre 2100 et 2500 francs d'imposition[1]. Conseiller municipal, il est nommé maire après le décès de Francois Clément Boyer de Choisy puis conseiller départemental en 1826.

Gabriel Lamache est un édile remarquable, totalisant vingt années d'exercice de la fonction de maire, bien que suspendu en 1830 à la suite de l'abdication de Charles X, puis quelques mois en 1848. Lors du renouvellement de 1860, alors qu'il est âgé de 75 ans et 7 mois, il se voit empêché de poursuivre son mandat pour des raisons de santé. C'est pourquoi il encourage, sans doute, son gendre à lui succèder. Hyacinthe de Boyer de Choisy est nommé maire par décret impérial, le 14 juillet 1860.

1. Liste des impôts des électeurs de la Manche publiée dans L'Annuaire de la Manche en 1837.

Belle table de jardin en granit, datant des aménagements extérieurs des Boyer de Choisy, placée à l'origine sous une tonnelle, dans le jardin derrière le logis.

Jules Leroux, qui l'a bien connu, en dresse un portrait flatteur : *« un administrateur éclairé, un père pour la commune, un savant, un patriote portant à Saint-Vaast un rare intérêt »*. Toutefois, en son for intérieur, Hyacinthe est plus intéressé par les arts et l'histoire que par la politique. Le nouveau maire de Saint-Vaast se trouve à la tête d'une commune qui a connu un fort développement économique et démographique - la population dépasse les 4 200 habitants - à la suite des mandats de François Clément de Boyer et de Gabriel Lamache.

Pourtant la fin l'âge d'or du port est proche, même si on y enregistre encore un trafic intense et que l'on compte jusqu'à 19 constructeurs ayant tous plusieurs navires en chantier. En 1860, c'est un trois-mâts de 342 tonneaux, la *« Reine des Anges »*, qui est en construction, en 1863, c'est un autre trois-mâts de 225 tonneaux, l'*« Amiral de Mackau[2] »*. En 1864, les bâtiments attachés au port de Saint-Vaast sont au nombre de 150, non compris les nombreuses barques ou chaloupes jaugeant moins de 3 tonneaux.

Enfin Saint-Vaast a toujours la responsabilité de l'état-civil, comme l'avait déjà souligné en 1817, François Clément de Boyer[3], de trois places fortes : La Hougue, Tatihou et les Iles Saint-Marcouf. Ainsi, par exemple, le 9 avril 1863, à onze heures du matin, comparaissent devant Hyacinthe Boyer de Choisy, maire et officier de l'état civil de cette commune, le sieur Gaspard Mercadier en compagnie de sa future épouse, pour leur mariage. Sur le registre communal, il est bien précisé que Mercadier est *« portier-consigne, domicilié aux îles Saint-Marcouf en cette commune »*. Les naissances et décès dans l'une de ces places doivent être enregistrés sur les registres de la commune de Saint-Vaast dont elles dépendent.

En 1865, Hyacinthe de Boyer réunit le conseil municipal en compagnie des Saint-Vaastais les plus imposés, parmi lesquels figure le négociant armateur Augustin Vallette. Cette consultation, conformément à la loi du 18 juillet 1837, a pour objet de décider d'une imposition extraordinaire de 1866 à 1877, pour rembourser M. Toussaint Levèque, lui-même conseiller municipal, qui se propose d'avancer à la commune sa part fixée à 8 333 francs pour la construction d'une cale de radoub si nécessaire *« qui permettrait aux navires de tous les tonnages de s'y faire réparer et occuperait ainsi la classe ouvrière[4] »*.

Sur un plan plus personnel, Hyacinthe, propriétaire et maire, était intervenu, le 7 novembre 1861, auprès de l'administration de l'Enregistrement, non pas en ces qualités mais comme mari et administrateur des biens d'Eugénie Lamache son épouse. Celle-ci était héritière pour moitié des biens de son père Gabriel Lamache, décédé le 11 août de cette même année, et donc de la fameuse pêcherie de La Tocquaise, objet d'un contentieux avec l'administration des Domaines. Gabriel Lamache ayant obtenu gain de cause, rien ne s'opposait désormais au paiement des droits de mutation par décès sur le dit legs dont le revenu brut annuel a été estimé par les comparants à 1500 francs, ce qui a donné lieu au versement des droits d'enregistrement de 2700 francs[5].

Après avoir administré la ville de Saint-Vaast pendant six ans, Hyacinthe préfère vaquer à ses occupations, dont la peinture, et poursuivre sa vie sur son domaine, où il décède à l'âge de 71 ans, le 11 janvier 1880, y laissant une veuve et leur fille cadette âgée de 34 ans.

2. SHD-Cherbourg, 5 P7/199.
3. Voir séance du conseil municipal du 4 mai 1817, déjà évoquée.
N.B. Les Boyer se faisaient appeler le plus souvent Boyer de Choisy ou, surtout Hyacinthe, simplement : de Boyer. Nous nous sommes efforcé de respecter les différentes appellations qui figurent sur les divers documents consultés. De même, sur certains actes notariés, le prénom de Hyacinthe est ortographié Hyacinte. Nous avons conservé, sauf dans le sommaire, l'orthographe la plus courante.
4. Registre des délibérations du conseil municipal de Saint-Vaast.
5. Conseil départemental de la Manche, arch. dép., 3 Q 8319.

La cale de radoub et la petite jetée, réalisées entre 1865 et 1869. *(photo Léon Leroy)*

La fille aînée de Hyacinthe, Marie Caroline Adélaïde s'était mariée, le 8 février 1870, à son cousin Casimir Aimable Poret-Lacouture, propriétaire vivant de ses revenus. Le 26 décembre 1881, sa fille cadette, Louise Elisabeth Gabrielle, se marie tardivement avec Alexis Jean Baptiste Vasseur, capitaine d'habillement au dixième régiment de chasseurs à cheval.

Alexis Vasseur est né le 15 juillet 1834, de parents agriculteurs, à Aire (Pas de Calais). Il s'élève peu à peu au cours de sa carrière militaire qu'il commence le 20 février 1855 comme simple cuirassier. Brigadier en octobre de la même année. Il devient maréchal des logis en 1858, adjudant puis sous-lieutenant en 1869, il participe à la guerre contre l'Allemagne, du 21 juillet 1870 à la fin octobre. En captivité, du 29 octobre jusqu'au 10 avril 1871, il est ensuite affecté à l'armée de Versailles, du 26 avril 1871 jusqu'au 7 juin 1871. Lieutenant en octobre 1893, il est promu capitaine d'habillement, au 10e régiment de chasseurs à cheval, le 16 avril 1898.

En garnison à Vendôme (Loir et Cher), il est fait chevalier de la légion d'honneur par décret du 18 janvier 1881 et se marie ensuite, à l'âge de 47 ans à Saint-Vaast, le 26 décembre de la même année, avec Louise de Boyer, âgée de 35 ans, propriétaire vivant de ses revenus, demeurant à Saint-Vaast, à Durécu, chez sa mère.

Le contrat de mariage, en date du 24 décembre 1881, précise que les futurs mariés retiennent le régime de la communauté réduite aux acquets. La différence des apports des futurs époux est considérable.

Le futur apporte *« ses linges, hardes et vêtements, ses armes et argent comptant »*, le tout pour une valeur de 5000 francs ; la future, non seulement une somme équivalente constituée par *« un trousseau composé de linges, hardes et vêtements à son usage personnel, divers meubles, objets et mobiliers, bijoux, dentelles et argenterie »* mais, en plus, la moitié indivise de la terre et ferme de Durécu à Gatteville, l'autre moitié revenant à sa sœur. Cette propriété comprend maison d'habitation, bâtiments d'exploitation, cours, jardins, terres de labour, herbages et prairies. Le tout d'environ 20 hectares est estimé à 86 000 francs ce qui correspond donc à 43 000 francs pour la future mariée. S'y ajoutent les produits du fermage annuel de 3 800 francs soit 1900 francs pour Louise. Sa mère avait renoncé, par donation à ses filles, le 17 juin 1880, à l'usufruit de la moitié de ce bien, ainsi qu' autres biens dépendant de la succession de son mari.

Les époux, après leur mariage, rejoignent Vendôme, où Louise donne le jour à Henri Léopold Alexis, le 24 mars 1883. En 1885, alors qu'Alexis est maintenant en retraite, Louise perd sa mère, Eugénie Lamache, veuve de Hyacinthe de Boyer.

A l'occasion du partage de la succession, les deux sœurs, Adélaïde et Louise, s'entendent pour mettre fin à leur indivision concernant la terre et ferme de Durécu à Gatteville. Elles constituent deux lots, l'un formé par la totalité des 20 hectares de Gatteville, avec ses terres, maison et bâtiments divers et l'autre formé par le domaine de Durécu à Saint-Vaast, comprenant *« château avec parc et dépendances, pièces de terre en labour, herbages et prairies »*, le tout d'une surface de 7 hectares et 80 ares[6].

L'attribution des lots se fait par tirage au sort, le domaine de Durécu à Saint-Vaast revenant à Louise Vasseur. Les deux sœurs conviennent enfin de laisser dans l'indivision la propriété de Verneusses, qui dépend de la succession de M. de Boyer, estimée à 200 000 francs, *« leur intention formelle étant de la vendre dans les plus brefs délais possibles, pour le prix en être partagé par moitié »*[7].

Les Vasseur viennent alors habiter à Durécu, mais n'y restent que quelques années, sans que nous puissions expliquer la raison qui les pousse à vendre ce beau domaine, alors qu'ils sont âgés respectivement de 52 ans pour Louise et de 61 ans pour Alexis.

Le 14 octobre 1898, la propriété de Durécu est vendue pour 37 000 francs. Elle comprend : *« maison de maître, bâtiments d'habitations et d'exploitation, cour devant avec parterre, jardin anglais derrière, grand jardin légumier entouré de murs de trois côtés et cinq pièces en herbe, promenades autour des dites pièces avec un petit pavillon à l'entrée et un vide bouteille*[8] *au centre, le tout d'un seul tenant, contenant environ 4 hectares 67 ares »* et ayant pour abornement, sur l'arrière, la ligne de chemin de fer[9], ainsi que diverses pièces de terre en herbe provenant de la succession de Gabriel Lamache.

Né à Poitiers le 4 février 1858, Guillaume Lucien Onésime Hatin avait dirigé une exploitation agricole à Rauville-la-Place, dans le département de la Manche. Souhaitant, vers la quarantaine, se lancer dans la vie politique, il acquiert la belle demeure des Vasseur pour pouvoir se situer parmi les notables de Saint-Vaast dont il devient maire, en mars 1908. Puis il tente, mais sans succès, de se faire élire conseiller général en 1913.

---

6 et 7. Cons. dép. de la Manche, arch. dép., 5 E 26407, Partage entre M. et Mme Poret-Lacouture et M. et Mme Vasseur.
8. Vide bouteille : Petite maison de plaisance ou abri de jardin où l'on peut se reposer ou se désaltérer.
9. La réalisation de la ligne Saint-Vaast-Barfleur avait nécessité des expropriations de terrains pour son emprise, dont l'extrême arrière du bosquet de Durécu. Le piquetage de l'emprise a été réalisé à partir du 1er septembre 1883.

Chef d'escadron, commandant au service de fabrication de l'aviation à Lyon, pendant la Grande Guerre, il est peu après atteint gravement par la maladie. Il décède à Durécu, le 14 septembre 1915, à l'âge de 57 ans, alors qu'il venait d'être fait chevalier de la légion d'honneur par arrêté ministériel du 31 juillet 1915.

En conclusion, nous constatons qu'une longue ère, celle de ces nobles gentilshommes campagnards, se termine avec les Boyer. François Clément puis Hyacinte, comme leurs prédécesseurs les Beauvalet, ont vécu sur leur domaine de Durécu, l'ont aimé, aménagé et embelli au fil des ans, tout en s'investissant dans la vie publique. Ils constituent ainsi une chaîne de six générations, depuis 1686, année où Nicolas de Beauvalet édifie sa demeure, jusqu'en 1885, année où Durécu échoit à Louise de Boyer, l'une des filles de Hyacinthe représentant la septième génération et l'ultime propriétaire noble de Durécu.

Héritière de Durécu et ayant pourtant une descendance, Louise ne garde en effet la propriété que treize ans avant de la vendre en 1898. Son nouvel acquéreur, Guillaume Hatin, y décède 17 ans plus tard. Augustin Vallette achète à sa veuve le domaine, en 1918, et depuis un siècle, ses descendants, les familles Husson et Thin, conservent et entretiennent, cette attachante propriété. Ainsi va le temps...

Cadran solaire de Durécu, à l'origine sans doute scellé sur la façade sud des communs nord donnant sur la cour d'honneur.

Pin laricio, Durécu.

Cinquième chapitre

Les Vallette, de la mer à la terre

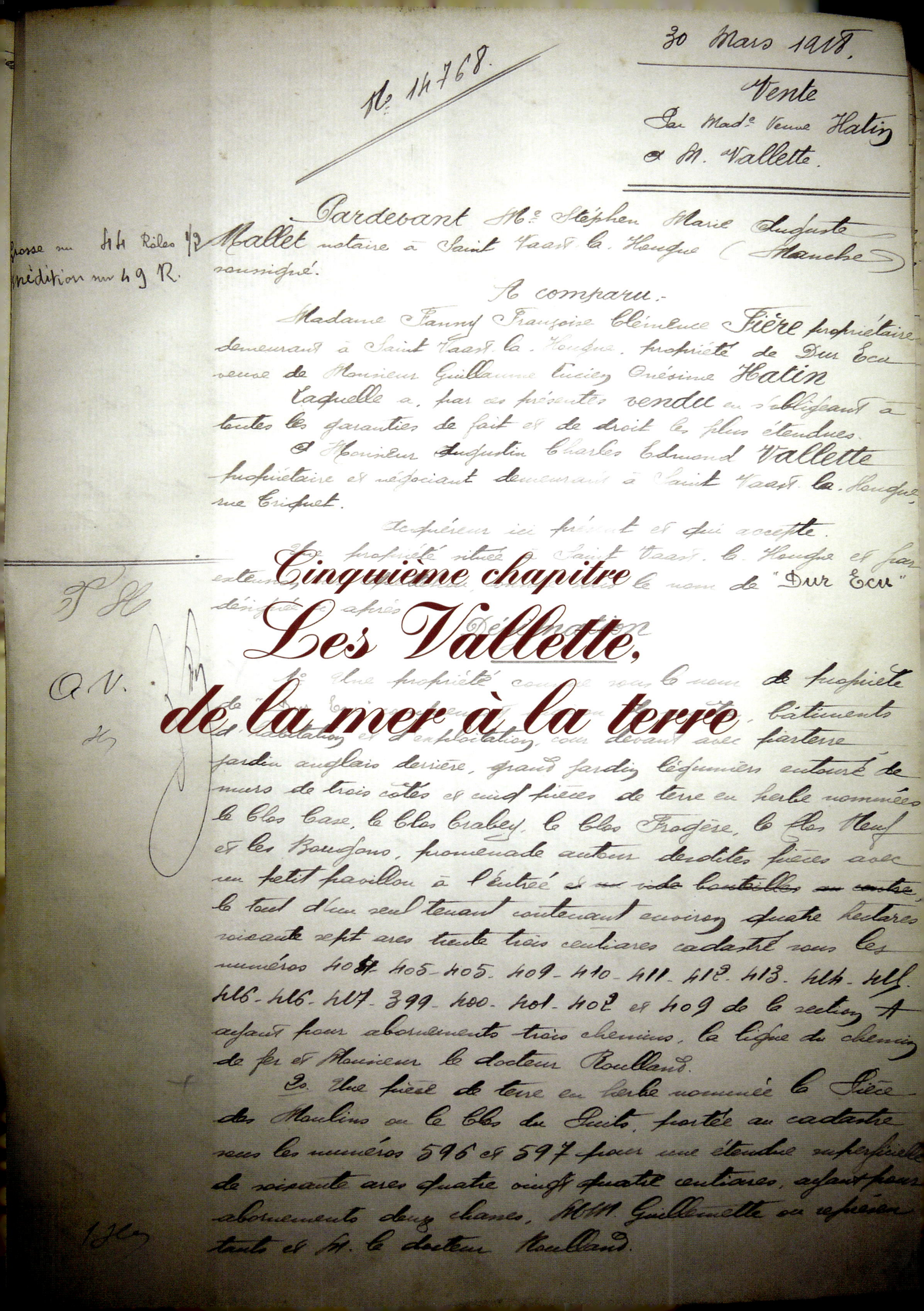
30 Mars 1918.

N° 14768.

Vente
par Mad^e Veuve Hatin
à M. Vallette.

Grosse sur 44 Rôles 1/2
Expédition sur 49 R.

Pardevant Me Stéphen Marie Auguste Mallet notaire à Saint Vaast la Hougue (Manche) soussigné.

A comparu.

Madame Fanny Françoise Clémence Fière propriétaire demeurant à Saint Vaast la Hougue, propriété de Dur Ecu veuve de Monsieur Guillaume Lucien Onésime Hatin

Laquelle a, par ces présentes vendu en s'obligeant à toutes les garanties de fait et de droit les plus étendues.

A Monsieur Augustin Charles Edmond Vallette propriétaire et négociant demeurant à Saint Vaast la Hougue rue Triquet.

Acquéreur ici présent et qui accepte.

Une propriété située à Saint Vaast la Hougue et par extension [illegible] connue sous le nom de "Dur Ecu" désignée ci après

Désignation

1° Une propriété connue sous le nom de propriété de Dur Ecu [illegible] bâtiments d'habitation et d'exploitation, cour devant avec parterre jardin anglais derrière, grand jardin légumiers entouré de murs de trois côtés et cinq pièces de terre en herbe nommées le Clos Case, le Clos Crabey, le Clos Fragère, le Clos Neuf et les Bourgons, promenade autour desdites pièces avec un petit pavillon à l'entrée [illegible], le tout d'un seul tenant contenant environ quatre hectares soixante sept ares trente trois centiares cadastré sous les numéros 404-405-405-409-410-411-412-413-414-415-416-416-417-399-400-401-402 et 409 de la section A ayant pour aboutements trois chemins, la ligne du chemin de fer et Monsieur le docteur Roulland.

2° Une pièce de terre en herbe nommée la Pièce des Moulins ou le Clos du Puits, portée au cadastre sous les numéros 596 et 597 pour une étendue superficielle de soixante ares quatre vingt quatre centiares, ayant pour aboutements deux chemins, MM. Guillemette ou représentants et M. le docteur Roulland.

LES VALLETTE

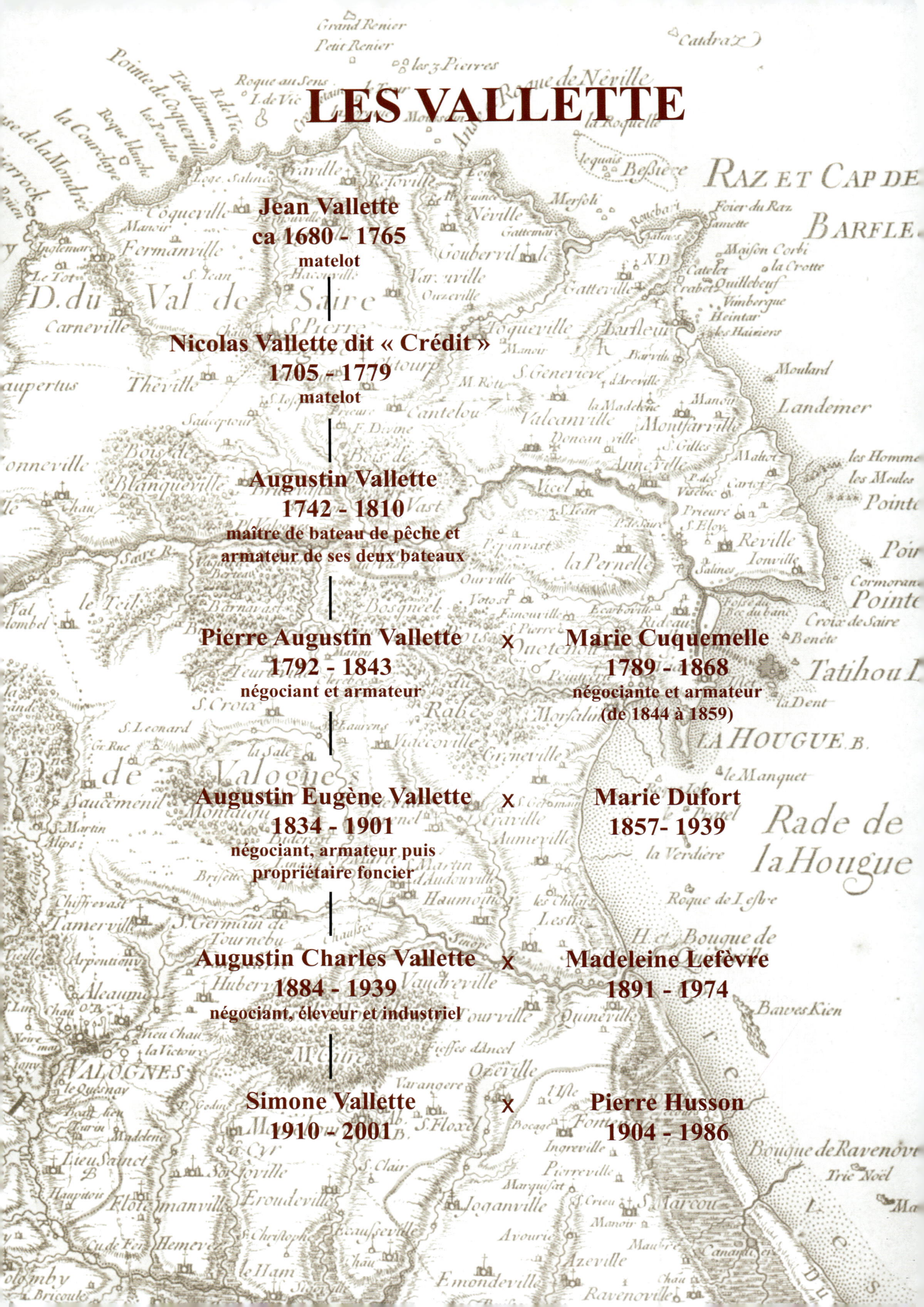

Jean Vallette
ca 1680 - 1765
matelot

|

Nicolas Vallette dit « Crédit »
1705 - 1779
matelot

|

Augustin Vallette
1742 - 1810
maître de bateau de pêche et armateur de ses deux bateaux

|

Pierre Augustin Vallette x **Marie Cuquemelle**
1792 - 1843 / **1789 - 1868**
négociant et armateur / **négociante et armateur (de 1844 à 1859)**

|

Augustin Eugène Vallette x **Marie Dufort**
1834 - 1901 / **1857- 1939**
négociant, armateur puis propriétaire foncier

|

Augustin Charles Vallette x **Madeleine Lefèvre**
1884 - 1939 / **1891 - 1974**
négociant, éleveur et industriel

|

Simone Vallette x **Pierre Husson**
1910 - 2001 / **1904 - 1986**

Des matelots, négociants, armateurs puis propriétaires fonciers

En 1918, une nouvelle époque s'ouvre donc pour Durécu qui devient la propriété des Vallette . Ils prennent la suite des Boyer et des Beauvalet, après un court intermède de vingt années pendant lesquelles le domaine avait appartenu à Guillaume Hatin.

Nous avons noté à plusieurs reprises, au cours des siècles précédents, l'existence de ces Vallette, marins ou négociants armateurs vivant à Saint-Vaast. Nous allons maintenant évoquer leur histoire, leur réussite ayant facilité l'achat ultérieur de cette belle propriété.

Le premier aïeul connu, Jean Vallette, exerçe le métier de matelot. Il est né vers 1680 et meurt en 1765. Les générations qui suivent, représentées par Nicolas Vallette puis par Augustin Vallette, né en 1742, se tournent toujours vers la mer. Augustin après avoir commandé la *Thérèze* , bateau de pêche de 12 tonneaux, embarquant six hommes et pratiquant la *« dreige »* aux huîtres, avant de les transporter à Rouen, en devient l'armateur, comme en témoigne le rôle d'armement de son bateau pour l'année 1731[1].

En 1775, Augustin arme un second bateau, le *Bazile*. Comme tous les gens de mer, son activité est régulièrement interrompue pour servir sur les vaisseaux du roi. Son jeune frère, Jean-Baptiste, né en 1760, également marin, meurt à 21 ans, au service du roi, pendant la guerre d'Amérique, le 22 avril 1781.

La génération suivante, avec Pierre Auguste Vallette, né le 7 mai 1792, est celle qui quitte la mer. D'abord marin lors de son mariage avec Louise Cuquemelle[2] le 20 octobre 1814, Pierre Auguste crée un commerce de fournitures maritimes et spiritueux qu'il développe avec succès. Alors que la Restauration marque la renaissance du commerce maritime, il arme une quinzaine de navires pour le cabotage, principalement entre 1830 et 1864, dont il gère les intérêts des sociétaires porteurs de parts[3].

Dans un document intitulé : *Noms des navires dont Mr Vallette est armateur*, figurent, pour la période 1830-1853, une liste de 15 bâtiments, de 54 tonneaux à 113 tonneaux, avec leur date de lancement, les noms des sociétaires dont l'armateur, et plus tard sa veuve, régissent les intérêts, ainsi que les dates de vente (3 navires) ou de naufrage (5 navires).

Voyons maintenant ces navires , en les classant par ordre chronologique de construction ou d'achat. Presque tous sont des bisquines produites localement par les nombreux chantiers saint-vaastais de construction et encore très en vogue, même sous le Second Empire, du fait de leur polyvalence, tant pour la pêche que pour le cabotage, de leur robustesse et de leur rapidité.

La première unité de l'armement Vallette est le *Saint Joseph*, petite bisquine de 29 tonneaux, premier voyage en 1830, perdue en mer en 1850. C'est la seule unité armée chaque année pour le cabotage mais aussi pour la pêche au maquereau.

1. SHD - Cherbourg, 5 P7/32
2. Née le 17 octobre 1789, Marie Louise Gabrielle Cuquemelle fait de son second prénom, Louise, son prénom usuel, comme le précisait également sa petite fille, Marie Vallette (1879-1971) bien connue de l'auteur, épouse d'Edmond Hamel et sœur aînée d'Augustin Vallette (1884-1939), qui acquiert Durécu en 1918.
3. Archives familiales d'Edmond Thin, *Noms des navires dont Mr Vallette est armateur, Marché* [de construction] *pour le navire le Point du Jour et Livre pour le Point du jour pour les Armateurs*, complétées par divers autres documents et par les Archives du SHD-Cherbourg, 5P 9-9, 5P 9-10 et 5P 9- 11.

La seconde, la *Clémence*, est une bisquine de 60 tonneaux, construite en 1835 et vendue après 1844. En 1839, l'armement s'étoffe avec le lancement de 3 nouveaux bâtiments : le *Jeune Alphonse*, bisquine de 79 tonneaux lancée en août, l'*Aurore*, bisquine de 73 tonneaux, mise à l'eau le 8 août et perdue sur les bancs de la Weser, à l'entrée du port de Brême (Allemagne), le 25 juin 1851, et la *Marie*, bisquine de 55 tonneaux, lancée le 4 septembre.

Puis, en 1841, la *Normandie*, bisquine de 78 tonneaux, lancée le 9 janvier et vendue le 18 janvier 1855, et le *Point du Jour*, bisquine de 79 tonneaux lancée le 23 février et ayant fait naufrage en 1858.

En 1842, à nouveau deux unités, l'*Aimable Elisa*, bisquine de 57 tonneaux achetée le 31 janvier. Elle avait été construite en 1836 et se perdra, corps et biens, sur le banc de Blackwater, sur la côte de Wexford (Irlande), le 8 avril 1858. L'*Héléna*, bisquine de 57 tonneaux construite en 1838, est achetée le 6 septembre 1842, suite à la faillite de son précédent armateur. En 1843, c'est l'*Albert*, *courrier de la Manche*, de 112 tonneaux, qui est lancé le 29 juin.

Bisquine (dessin de G.T.).

Cette même année 1843, Pierre Auguste Vallette décède le 11 décembre, conduisant son épouse à devenir, à son tour non seulement commerçante mais armateur !

A l'époque de la Monarchie de Juillet, où les femmes restent soumises, le plus souvent, à la gent masculine, Louise Cuquemelle a les qualités nécessaires pour assurer cette responsabilité, alors que son seul fils, Augustin Eugène, est encore enfant[4].

L'année suivante, c'est donc la veuve Vallette, Louise Cuquemelle, qui gère désormais l'armement Vallette et fait lancer la bisquine le *Phénicien*, de 73 tonneaux, le 15 août 1844, puis la bisquine l'*Adélaïde*, le 19 septembre 1846. L'armement est augmenté, un peu plus tard, de la goélette l'*Union*, de 97 tonneaux, lancée le 8 août 1850, de la goélette *Phénicienne*, de 109 tonneaux, lancée en 1853 et perdue le 29 août 1868, en mer Baltique à Hasle, île de Bornholm (Danemark) puis de l'*Adèle* et de la *Florine*. Louise Cuquemelle acquiert également des parts de navires dont elle ne gère pas l'armement. C'est le cas, en 1852, pour la goélette *Aimée-Victoire*, de 143 tonneaux, qui est gérée par le constructeur Guillaume Thin et a coûté 41 900 francs.

Marie Vallette (1829-1847)

4. Des 8 enfants de Louise Cuquemelle, seuls survivront Rosalie, Augustin (dont le fils portera le même prénom) et Adélaïde, religieuse, une de ses autres filles, Marie, étant décédée à 18 ans, en 1847 et ses autres enfants étant décédés très jeunes.

Pour en savoir un peu plus sur les conditions d'exercice du métier d'armateur et du cabotage, nous disposons de plusieurs documents concernant la bisquine le *Point du Jour*, à commencer par le *Livre pour le Point du Jour*, destiné aux armateurs.

Cette élégante unité de 79 tonneaux, armée par Augustin Vallette, a été construite par le chantier de Guillaume Thin constructeur avec son frère Pierre Thin, charpentier. Elle est lancée le 23 février 1841. Elle mesure 19,35 m de long pour une largeur de 5,72 m et une hauteur de 2,74 m. Ses armateurs sont Amédée Le Barbenchon, de Réville, pour 2/8, Launey, le capitaine du *Point du Jour*, pour 1/8, Adolphe Chislard, voilier à Saint-Vaast, pour 1/8, d'Apremond, receveur de l'enregistrement, qui a cédé son huitième à Gustave Tournaille, Auzon, maître de faïence au Havre pour 1/8, le capitaine Nicolas Jean, à Saint-Vaast, pour 1/8, et enfin Augustin Vallette, armateur, pour 1/8.

Des liens de solidarité forts se développaient alors entre armateur, capitaine et même constructeur, le capitaine détenant souvent lui-même des parts du navire qu'il commandait. Par ailleurs le commerce maritime, du fait des divers risques encourus, conduisait l'armateur indépendant à fractionner entre plusieurs sociétaires le coût total de l'armement, ce qui aboutissait à une sorte de copropriété des navires qui le garantissait tant de l'aléa commercial que du risque de la mer, deux écueils majeurs, dans cette activité.

Le premier document à établir pour le navire le *Point du Jour*, est le marché de construction entre les armateurs et le constructeur de la coque. Il s'agit d'un document, détaillant sur huit grandes pages toutes les caractéristiques techniques de la construction, les bois à utiliser et les dimensions des différentes pièces, y compris celles des planches de pont et du roof avec habitacle, ou encore l'obligation de ne faire aucun calfatage ni grattage par temps de pluie, ni le dimanche. En préalable on y trouve les noms des associés et de l'armateur.

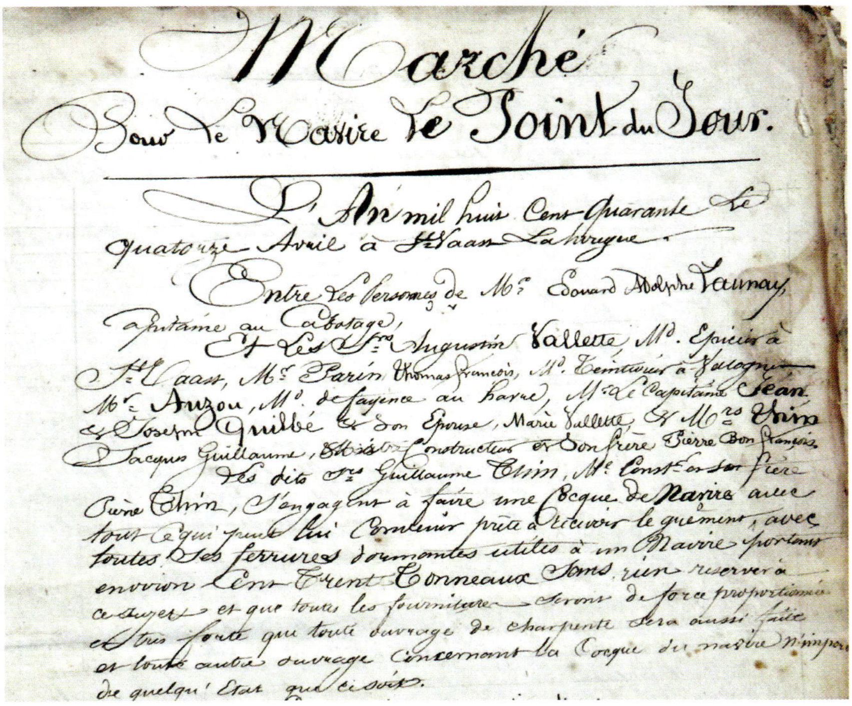
Marché
Pour le Navire le Point du Jour.

L'An mil huit Cent Quarante le quatorze Avril à St Vaast Lahougue.
Entre les Personnes de Mr Edouard Adolphe Launay, Capitaine au Cabotage,
Et les Srs Augustin Vallette, Md Epicier à St Vaast, Mr Parin Thomas François, Md Teinturier à Valognes, Mr Auzon, Md de fayence au havre, Mr le Capitaine Jean & Joseph Guilbé & son Epouse, Marie Vallette, & Mrs Thin Jacques Guillaume, [illegible] Constructeur et son frère Pierre Bon françois
les dits Srs Guillaume Thin, Md Constr et son frère Pierre Thin, s'engagent à faire une Coque de Navire avec tout ce qui peut lui convenir prêt à recevoir le greement, avec toutes les ferrures d'ornements utiles à un Navire portant environ Cent Trente Tonneaux sans rien reserver à ce sujet et que toutes les fournitures seront de force proportionnée et très forte que tout ouvrage de charpente sera aussi faite et toute autre ouvrage concernant la Coque du navire [illegible] de quelqu'état que ce soit.

Contrat précisant les obligations du constructeur vis-à- vis de l'armateur.

Le contrat se termine par les conditions de réglement du navire au constructeur, le nom de l'armateur et du capitaine, leurs obligations respectives et les relations entre sociétaires. Tous les comptes doivent figurer sur deux livres, l'un pour l'équipage, où le capitaine a l'obligation, à tous les voyages, de rendre compte des frais de voyage à l'armateur, qui a charge de les présenter aux associés et de tenir le livre des armateurs où figureront les comptes des fournisseurs.

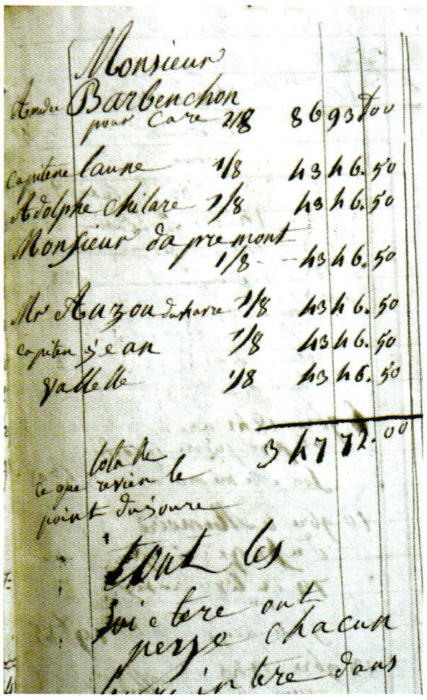
Monsieur
Amédée Barbenchon pour Care 2/8 8693.00
Capitaine Laune 1/8 4346.50
Adolphe Chilare 1/8 4346.50
Monsieur 1/8 4346.50
Mr Auzou du Havre 1/8 4346.50
capitaine Jean 1/8 4346.50
Vallette 1/8 4346.50
total 34772.00

Répartition du financement.

Pour tenir tous ces comptes, l'armateur, « *le dit Vallette* », aura dix francs sur tous les voyages, qui seront mis en dépenses avec les fournitures du voyage. « *Toutes les fournitures d'équipage pour les Vivres, Pains, odevie, tout ce qu'il tient, le capitaine ne sera nullement libre d'en prendre ailleurs que chez lui, toujours en bonnes marchandises et au cours, comme les fournitures du navire, brai, goudron, clous, pointes et tout ce qu'il tient, que sans ces conditions, ce dit marché n'aurait pas eu lieu* ».

Le livre de compte de cette bisquine, ouvert en 1840 et s'arrêtant en 1851, à double entrée, l'une pour les armateurs et l'autre pour l'équipage, nous permet de savoir que le commencement du gréement s'est effectué à partir du 11 mai 1840 et que la construction et le gréement du *Point du Jour*, avec sa voilure, ont coûté 34 772 francs.

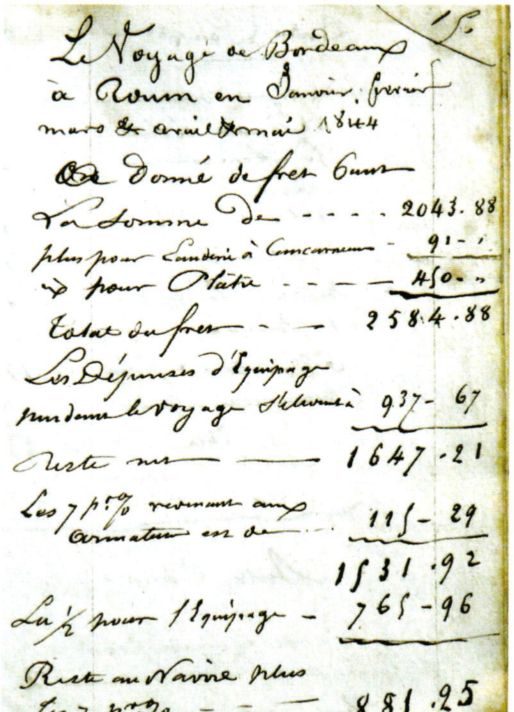
Le Voyage de Bordeaux
à Rouen en Janvier, février
mars et avril et mai 1844
la somme de - - - . 2043.88
plus pour ... à Concarneau - 91.-
pour ... - - - 450.-
total du fret - - 2584.88
Les Déjeunés d'Équipage
pendant le voyage ... 937-67
Reste net — 1647-21
Les 7 p% revenant aux armateurs ... 115-29
1531.92
La ½ pour l'Équipage - 765-96
Reste au Navire plus les 7 p% - - 881.25

Compte-rendu du voyage de Bordeaux à Rouen, de janvier à mai 1844.

On relève, dans le détail de cette somme, la coque du navire, payée 18 176 francs au constructeur, la mâture, achetée au Havre pour 1085 francs, les voiles pour 3753,10 francs chez l'un des sept voiliers de Saint- Vaast, Adolphe Chislard, la grande ancre de 413 kg, achetée 330,40 francs... sans compter la multitude de litres et bouteilles de cidre, achetés 50 centimes, aux diverses étapes du montage du gréement, au nombre de 16 litres et 23 bouteilles ! La consommation d'eau de vie, du moins celle payée par l'armateur, se limite à deux litres et une bouteille. Les associés apportent donc chacun 4346 francs et Amédée Le Barbenchon 8693 francs, puisqu'il s'est engagé pour le quart du coût total du navire (soit 2/8).

La bénédiction de la bisquine est l'occasion d'une fête pour laquelle le pain bénit a coûté 4,80 francs et le kilo de dragées 2,40 francs. Elle est suivie d'un repas réunissant l'armateur et ses associés, mais également les constructeurs et tous les artisans intervenus pour le gréement ou la finition du navire : voilier, cordier, poulieur, forgeron, serrurier, peintre. Ce repas est arrosé de 81 litres de cidre !

Le *Point du Jour* part de Saint-Vaast, pour sa première sortie, le 13 mars 1841 *« avec Baut temps »*, effectuant du cabotage qui le conduira, au fil des voyages, à Bordeaux, Rouen, Dunkerque, Anvers, Londres ou Sunderland, dans le nord-est de l'Angleterre.

Après dix ans de voyages continus, le *Point du Jour* doit subir d'importants travaux de réfection, cette fois au chantier de Constant Lesveque, avec l'intervention de tous les corps de métiers liés à la construction. La facture des réparations, datée du 4 septembre 1851, s'élève à 10 537 francs qui sont à la charge des associés. Le livre pour les armateurs s'arrête à cette date. Toutefois nous savons, grâce aux archives de la Marine, que cette belle bisquine connaît, à son tour, une fin tragique en mer Baltique, faisant naufrage le 15 août 1858, à deux heures et demie du matin, à la pointe de Kagen, à l'entrée du détroit de Cattegat, bras de mer séparant le Danemark de la Suède.

Revenons maintenant au dernier enfant de Pierre Auguste Vallette, Augustin Eugène[5], né le 9 septembre 1834 et donc trop jeune, à la mort de son père, pour assurer sa succession à la tête de l'armement et du négoce. Comme il a été précédé par sept autres enfants, dont quatre décédés très jeunes. Augustin Eugène, n'ayant plus que trois sœurs, est donc tout désigné pour reprendre à sa majorité le commerce familial, fondé dès 1810, comme le rappelle le papier à lettre qu'il utilise au début du XXe siècle[6].

Après le décès de son père, le 11 décembre 1843, l'estimation des biens familiaux, lors de l'inventaire du 17 avril 1844, s'était montée à 22 784 francs dont 1104 francs en meubles et vêtements, 4883 francs en marchandises et 9400 francs en parts d'armement, réparties sur dix bâtiments, auxquels s'ajoutaient des créances commerciales pour 7400 francs et quatre maisons à Saint-Vaast[7].

Dès le 11 septembre 1850, le jeune Augustin Eugène, âgé de 16 ans révolus, est émancipé, ainsi que sa sœur Rosalie, âgée de 19 ans, à la demande de leur mère. Louise Cuquemelle les juge tous deux *« capables de gérer leur personne et leurs biens »*. Augustin s'initie alors à la gestion des affaires familiales, conduites par sa mère, de concert avec son futur beau-frère Romain Le Roy, alors âgé de 30 ans.

Au cours de l'année 1856, Augustin Eugène, âgé de 21 ans, se rend en Angleterre. Ces quelques mois passés outre Manche faciliteront la progression de l'entreprise familiale, la politique du Second Empire, préconisant un rapprochement avec l'Angleterre, bientôt accompagné de la pratique du libre-échange entre les deux pays. Le Traité de commerce Cobden-Chevalier, négocié à partir de 1859, permet de réduire considérablement les taxes douanières et tout particulièrement celles sur les vins et spiritueux. Sa mise en œuvre va provoquer un réel essor des exportations françaises vers l'Angleterre.

5. Auguste Eugène pour l'état-civil.

6. Ce qui laisse supposer que son père, Pierre Auguste, bien que se déclarant encore marin en 1814, avait déjà débuté son négoce. Il avait été émancipé à 16 ans, le 26 novembre 1810, quelques mois après le décès de son père.

7. Archives familiales de J-P Husson, *Inventaire des Meubles, Effets Mobiliers et Immobiliers* du 17 avril 1844. De même, les pages qui suivent reposent sur divers relevés et actes notariés conservés dans ces mêmes archives ou dans celles citées dans la note précédente numérotée 3.

(P. É.)

POLICE GÉNÉRALE.

Passe-Port à l'Etranger, valable pour un an.

DÉPARTEMENT de la Manche

Registre 4
N° 13

SIGNALEMENT

Age de 21 ans
taille d'un mètre 72 centimètres
cheveux Blonds
front haut
sourcils Blonds
yeux Bleus
nez moyen
bouche moyenne
barbe naissante
menton rond
visage ovale
teint Brun

SIGNES PARTICULIERS :

Signature du Porteur.
AVallette

EMPIRE FRANÇAIS.

Passe-port à l'Etranger,
valable pour un an.

AU NOM DE L'EMPEREUR,

Nous Préfet du Département de la Manche Commandeur de l'ordre Impérial de la Légion d'honneur requérons les Autorités civiles et militaires de l'Empire Français, et prions les Autorités civiles et militaires des États amis ou alliés de la France, de laisser passer librement le Sieur Vallette Auguste Eugène
natif d
demeurant à Saint Vaast la Hougue
allant à Londres (Angleterre)
et de lui donner aide et protection en cas de besoin.

Le présent Passe-port est valable pendant un an pour sortir de France.

Fait à Saint Lo, le 16 Février 1856.

Le Préfet,

Pour le Préfet :
Le Conseiller de Préfecture Sec^re général,

Le Secrétaire général.

MANCHE PRÉFET

Prix du Passe-port DIX FRANCS.

Passeport d'Auguste Eugène Vallette établi le 16 février 1856.

La correspondance de Louise, pendant le séjour de son fils en Angleterre révèle son amour maternel et aussi sa foi profonde : *« Je prie bien le bon dieu pour qu'il t'accorde les lumières que tu as besoin dans cette terre d'exil ; tu ne nous parles jamais comme tu fais le dimanche. Mon cher Vallette je crois que tu n'oublies pas les devoirs religieux, pense toujours au bon sentiment de ton père pour ne pas t'écarter du tout de tant de bons exemples que tu as toujours eu sous les yeux »*. Dans une autre lettre, elle écrit : *« Si je pouvais voler comme une oie, comment je te visiterais ! »*

Le 24 avril 1859, Louise Cuquemelle, âgée de 70 ans, décide de vendre à ses enfants Augustin et Rosalie (épouse de Romain Le Roy depuis le 24 mai 1852) une grande partie de ses parts d'armement, soit celles de neuf navires qui représentent, à elles seules, 14 100 francs, à comparer aux 9400 francs qu'elle détenait, en parts d'armement en 1844. Sa volonté de diversifier ses armements apparaît bien, reposant sans doute également sur l'usure ou la disparition de certains bâtiments, après plus de vingt années de navigation intensive.

En effet, on ne trouve, dans l'acte de vente, que quatre bâtiments figurant sur le registre initial de l'armement Vallette, le plus ancien étant la *Normandie*, navigant depuis 1841, puis l'*Union*, la *Florine* et l'*Adèle*, tous lancés entre 1850 et 1854, de même que la goêlette *Aimée Victoire*, dont Louise Cuquemelle avait acheté 2/64ème à l'occcasion de son lancement en 1852.

Louise Cuquemelle cède aussi ses 18/219èmes parts, d'une valeur de 5000 francs, du brick Louis XIV, construit par le chantier de Guillaume Thin en 1858. Ce brick détient, avec 292 tonneaux, le record du tonnage des navires construits à Saint-Vaast, à cette époque. Enfin, l'acte de vente révèle que l'*Auguste*, dont elle était propriétaire pour 1200 francs, soit le 1/16ème, est attaché au port de Bordeaux.

Principaux types de navires à voile de l'armement Vallette :

Bisquine.

Goélette.

Le 10 août, Louise Cuquemelle effectue une donation-partage à ses trois enfants. Augustin reçoit sa maison d'habitation, dont elle conserve l'usufruit, *« le magasin de fer »* contenant les fournitures maritimes (fer, chaînes, ancres, clous de fer, brai, goudron, coltar...), le magasin des liquides et toutes les marchandises. Ses sœurs, Adélaïde et Rosalie, se partagent les autres maisons et biens inclus dans la donation-partage.

Puis, le premier septembre 1859, Louise Cuquemelle, désireuse de cesser toute activité, réunit son fils et son gendre qui ont fait fortement progresser ses affaires commerciales après la mort de son mari, pour les féliciter de leur collaboration. Elle leur demande de procéder à la liquidation de son commerce, en recouvrant au préalable toutes les créances qui lui sont dues. Ils recevront chacun une somme de 10 000 francs *« pour rémunération de leurs travaux et de leurs soins dans sa maison »*, de 1831 à 1859. Ceci les amène à créer une société en nom collectif, dont la durée est fixée à 10 ans, pour l'achat et la vente de marchandises de toutes espèces et le commerce maritime.

L'armement Vallette se poursuit encore pendant les années qui suivent. Le 24 janvier 1864, Augustin règle les frais de succession de l'un des capitaines de l'armement Vallette, Nicolas Jean, maître au cabotage, au profit de sa veuve et de son fils. Ce capitaine, ami de la famille, avait été son subrogé tuteur à la suite du décès de son père.

On trouve enfin mention, au 1er janvier 1864, sur les registres conservés au Service historique de la Défense-Cherbourg, de deux bâtiments de l'armement Vallette. Il s'agit de la bisquine *Adélaïde*, de 78 tonneaux, toujours vaillante depuis son lancement en 1846 et dont la Veuve Vallette, alors âgée de 75 ans, est désormais propriétaire pour les 3/4. L'autre unité est un steamer, le *Roitelet*, sloop de 32 tonneaux, construit en 1854 et appartenant à la Veuve Vallette et à son gendre Romain Le Roy.

A Saint-Vaast, en 1864, les bâtiments les plus nombreux sont ceux jaugeant de 50 à 99 tonneaux. Ils représentent 40% des 150 bâtiments de plus de 3 tonneaux. Parmi eux, dix- sept ont plus de 200 tonneaux, tous des bricks, dont le *Louis XIV* ou des trois-mâts.

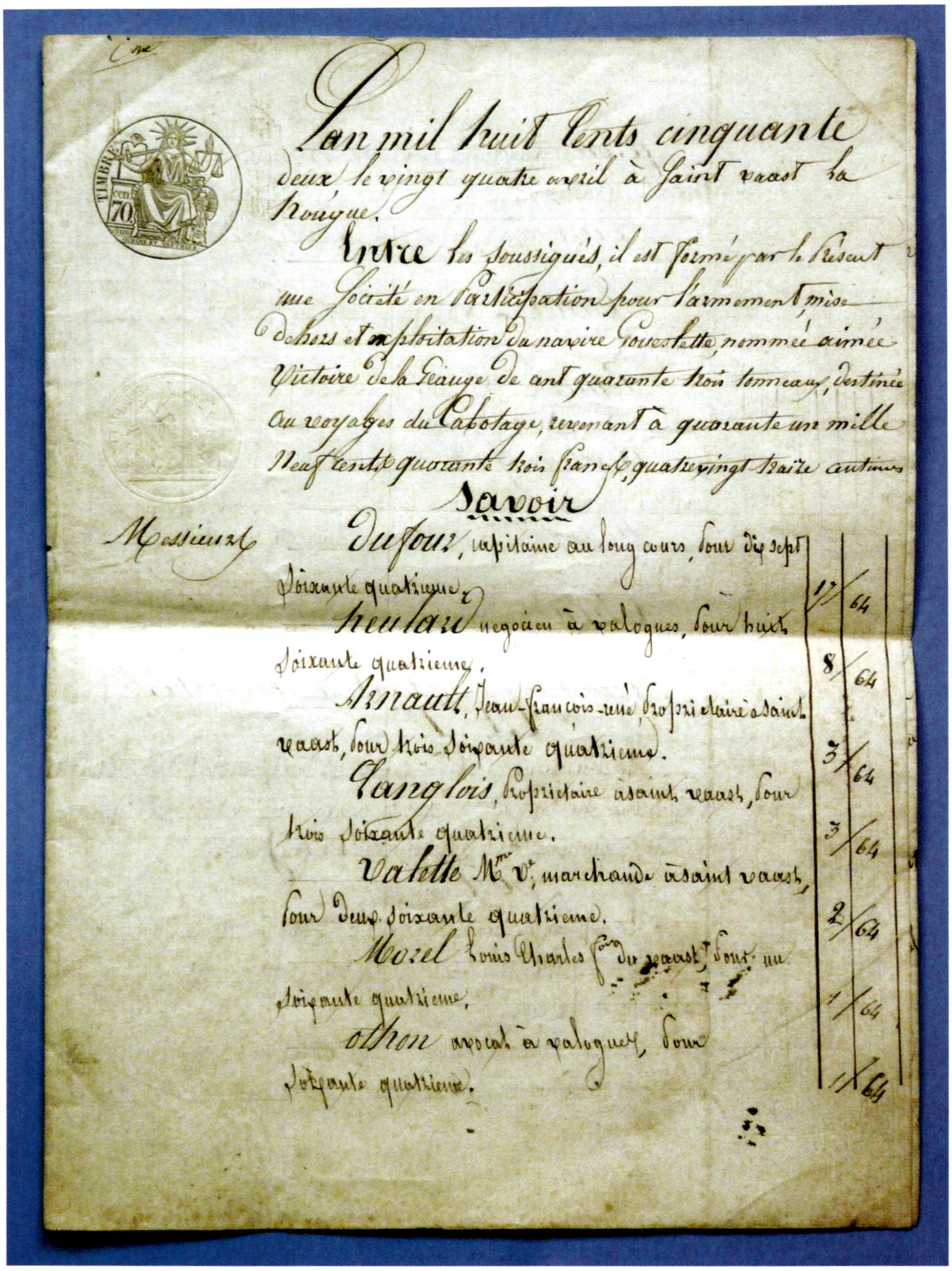

L'an mil huit cents cinquante deux le vingt quatre avril à Saint Vaast la Hougue.

Entre les soussignés, il est formé par le présent une Société en participation pour l'armement, mise dehors et exploitation du navire goëlette nommée Aimée Victoire de la jauge de cent quarante trois tonneaux, destinée au voyages du cabotage, revenant à quarante un mille neuf cents quarante trois francs quatre vingt treize centimes

Savoir

Messieurs Dufour, capitaine au long cours, pour dix sept soixante quatrième — 17/64

Heulard négociant à Valognes, pour huit soixante quatrième — 8/64

Arnault Jean-François-René propriétaire à Saint Vaast, pour trois soixante quatrième — 3/64

Langlois, propriétaire à Saint Vaast, pour trois soixante quatrième — 3/64

Vallette Mme Ve, marchande à Saint Vaast, pour deux soixante quatrième — 2/64

Morel Louis Charles [illegible] du Vaast, pour un soixante quatrième — 1/64

Othon avocat à Valognes, pour soixante quatrième — 1/64

Contrat de création d'une société en participation pour l'armement de la goélette Aimée-Victoire.

Une des toiles de la voûte de l'église de Montfarville.

En 1865, à 31 ans, Augustin Vallette, négociant entrepositaire, figure sur la liste des 21 familles les plus imposées de la commune et, à ce titre, participe aux délibérations présidées par Hyacinte de Boyer, maire, concernant le vote d'un emprunt extraordinaire, lors de la séance du conseil municipal du 26 avril 1865, pour financer la construction de la cale de radoub. L'année suivante, il est membre du conseil municipal. Quelques années après, étant relation avec Guillaume Fouace, Augustin est l'un de ses modèles lorsque le peintre révillais réalise ses toiles pour la voûte de l'église de Montfarville.

La décennie 1880-1890 voit la fin du cabotage saint-vaastais si florissant, pour plusieurs raisons dont l'arrivée du chemin de fer. Ce déclin assez rapide conduit Augustin Eugène Vallette à abandonner peu à peu son activité d'armateur, tout en conservant son négoce très prospère. Exemple, il revend le 15 juin 1888 à Alfred Levêque, courtier maritime, ses parts dans le steamer *Roitelet* pour 5000 francs. En 1891, il ne reste plus qu'une trentaine de bâtiments de plus de 3 tonneaux dans le port de Saint-Vaast et, en 1900, Augustin ne possède plus qu'une seule part d'armement d'une valeur de 2800 francs, soit 1/64e du vapeur *Cambronne*, attaché au port du Havre.

Alors qu'il n'avait commencé à acheter que quelques rares clos, et seulemement depuis 1870-1872, Augustin multiplie, dès 1877, les acquisitions de biens fonciers, à commencer par la ferme du Vieux Moulin de Réville, d'une dizaine d'hectares, vendue 30 300 francs.

Promenade familiale à la ferme du Vieux Moulin.

Augustin Eugène Vallette.

La ferme d'Héroudeville, achetée en 1890.

Augustin Eugène à 34 ans.

Marie Caroline Dufort à l'âge de 21 ans.

C'est ainsi qu'entre 1877 et 1901, il achète des terres pour plus de 154 000 francs, comme en témoignent au moins 25 actes notariés d'achat de biens fonciers, durant ces vingt-quatre années ! Augustin devient ainsi propriétaire de nombreuses terres à Saint-Vaast, dont le Clos Vallette, de 1 ha, au Triage du Loup pendu et surtout celles du Pierrepont (22 ha) et d'Héroudeville (cette dernière achetée 25 000 franc), jadis terres des Beauvalet, mais également à Réville (6 clos, plus la ferme et les terres du Vieux Moulin) et, à Urville (canton de Montebourg), la ferme et les terres de Durdot, de 8,84 ha[8].

Augustin s'est marié tardivement en 1878, à 44 ans, apportant en mariage, outre ses vêtements, meubles et linges, son commerce d'épicerie, ses créances commerciales et autres, les parts qu'il possède dans divers navires, le tout estimé cent mille francs, à comparer aux modestes 5000 francs apportés, trois ans plus tard, par Alexis Vasseur, lorsqu'il épouse, à 47 ans, Marie Boyer de Choisy! La future épouse d'Augustin, Marie Caroline Lucile Dufort, mineure de vingt ans et orpheline, a reçu 3000 francs comme valeur de trousseau de la part de sa grand-mère. De ce mariage naissent quatre enfants, trois filles, Marie, Berthe, Gabrielle et un fils, Augustin Charles Edmond, né le 26 mars 1884. Augustin Eugène décède, dix-sept ans plus tard, d'un d'un cancer de l'estomac, le 28 novembre 1901.

Comme pour la génération précédente, c'est à Augustin Charles Edmond, son seul fils, qu'échoit, quelques années plus tard, la responsabilité du commerce familial, dont l'approvisionnement (farine, café, liqueurs, huile, savon, suif, bougies ...) se faisait encore par mer, en 1888, à partir du Havre, sans doute sur le vapeur *Cambronne*[9].

Le loup pendu, dessin de Geneviève Husson, 1976.

8. Archives familiales de J.-P. Husson, IAD d'Augustin Eugène Vallette, 11-28 Déc. 1901.
9. Archives familiales d'Edmond Thin, Registre de H. Leroy pour 1886-1888.

Augustin Vallette, concepteur du Durécu contemporain

Numéro du Certificat (1) : 301.

Le Préfet du département d. la Manche

Vu le décret du 10 mars 1899 portant règlement relatif à la circulation des automobiles, et spécialement son article 11 ;

Vu l'avis favorable du service des Mines ;

Délivre à M. (2) Vallette Augustin

né à (3) St Vaast-la-Hougue (Manche), le 26 mars 1884

domicilié à (4) St Vaast la Hougue

un certificat de capacité pour la conduite d.s (5)

Voitures à pétrole

fonctionnant dans les conditions prescrites par le décret susvisé.

Saint-Lô, le 29 9bre 1906.

Le Préfet,

pour le Préfet,

Le Secrétaire Général, délégué,

Augustin Charles Edmond Vallette avait fait ses études chez les Pères à l'abbaye de Montebourg. Sa santé, vite délicate, est la cause en 1904, de son exemption de service militaire pour *« bronchite spécifique »*, c'est à dire une bronchite tuberculeuse. Toutefois, homme moderne et entreprenant, passionné par l'automobile, il passe, dès l'âge de 22 ans, en 1906, son *« certificat de capacité pour la conduite des voitures à pétrole »*. De son mariage, le 7 février 1910, avec Madeleine Marie Adrienne Lefèvre, née à Saint-Vaast le 18 novembre 1891, sont issus deux enfants, Simone, née à Saint-Vaast le 3 décembre 1910, et André, né dix ans plus tard, le 15 février 1920 à Arcachon.

Madeleine Vallette et sa fille Simone.

Augustin Vallette

Augustin Vallette pendant la guerre de 1914-1918.

En décembre 1914, Augustin est, comme beaucoup d'autres, rappelé puis incorporé dans les services auxiliaires, au 10e Escadron du Train des Equipages, à Fougères, en tant que conducteur. Le 30 octobre 1917, il est réformé du fait d'un état général déficient[1].

Le 30 mars 1918, Augustin Vallette achète la propriété de Durécu à madame Fany Fière, veuve Hatin et rentière. Il est alors âgé de 34 ans et exerce la profession de négociant en gros. Cette propriété est acquise pour la somme de 80 000 francs[2], avec cinq pièces de terre en herbe d'une surface de 4 ha et 67 ares, le tout d'un seul tenant et de nombreux herbages aux alentours : dix pièces de terre en herbage et, au Triage du loup pendu, trois pièces de terre

1. Conseil départemental de la Manche, arch. dép., Registre des matricules, Cherbourg cote 1R1 1872-1938.
2. Conseil départemental de la Manche, arch. dép., 5 E 30943, notariat de Saint-Vaast.

en labour. Cet achat donne lieu à un premier règlement de 30 000 francs, le 24 juin 1918, le solde, soit 50 000 francs, devant être réglé dans un délai de cinq ans, délai courant jusqu'au 24 juin 1923. Sur cette somme seront perçus des intérêts au taux de 4,5 % par an, payables chaque année par l'acheteur à la signature de l'acte de vente. Augustin ne peut cependant jouir de la maison de maître que le 15 avril 1918, tandis qu'il reloge madame veuve Hatin à Saint-Vaast, rue Triquet dans une maison lui appartenant, qu'il lui loue par bail d'un montant annuel de 600 francs, prenant effet au 14 avril 1918. Cette maison comprend garage avec grenier dessus le cellier, jardin avec cage à poules, pompe et véranda, cuisine, salle à manger, salon et quatre chambres à coucher.

Léon Quilbé à Durécu. On distingue l'arrière du bâtiment de l'office et du caveau créés par les Boyer.

Augustin doit également supporter jusqu'à leur complète extinction, le 29 septembre, les baux et locations faites par madame Hatin aux époux Léon Quilbé, cultivateurs habitant dans les communs de Durécu, moyennant un fermage annuel de 2850 francs.

Pendant l'année qui suit, Augustin vit à Durécu avec sa famille, utilisant temporairement pour cuisine, l'actuelle bibliothèque-bureau à côté du salon, déjà aménagée à cet usage de cuisine par les Hatin, avant de pouvoir entreprendre les aménagements qu'il a projetés[3].

Sa fille, Simone, a pour compagne de jeux Alice, la petite fille des Quilbé. Les jeunes enfants jouent avec plaisir dans le parc, mais la petite Alice confie à son amie Simone, qui le rapportera bien plus tard à son gendre, auteur de ces lignes, les craintes et légendes qui sont encore colportées par les habitants du hameau de Saint-Vaast. Il ne faut surtout pas sortir de la propriété le soir et franchir le portail. En effet, la nuit, des bêtes cornues, venant de Réville et passant par les salines, hantent la campagne et on les entend bien. Ce ne sont pas des vaches, mais des bêtes ensorcelées...

Le pavillon en cours de contruction.

Après le départ des Quilbé, Augustin Vallette entreprend d'importants travaux de rénovation de Durécu. Les communs nord sont abattus dès 1920, agrandissant ainsi la cour d'honneur et dégageant la demeure tout en permettant d'y adjoindre un pavillon avec sa balustrade à l'italienne abritant une vaste cuisine. Le parquet de la salle est remplacé, également en 1920 par un carrelage ; seuls l'entrée et le salon conservent leurs parquets. Un chauffage central est installé dans toute la demeure.

3. Un bac d'évier de cuisine avec entourage en carreaux de faïence subsistait encore dans cette pièce, en 1981. Elle a servi de chambre à Marie-Louise Lerévérend et son mari, pour partie gardienne à l'époque de Madeleine Vallette, puis de cuisine à M. et Me Sallé, gardiens de la propriété, avant que ne soit rénovée la maison après la donation partage de 1981, pour redonner à cette pièce attenante au salon, sa vocation de bibiothèque-bureau, comme à l'époque des Boyer de Choisy.

Faïence au dessus de l'évier déjà démonté.

Dans la cour d'honneur, le mur de la façade arrière des communs est conservé sur une hauteur de 1,20 mètre et transformé en jardinières. Tous les murs extérieurs, clôtures, doubles haies et cours sont remis en état de 1920 à 1922. Derrière la maison, dans le bosquet, le pigeonnier en bois, qui se situe au-dessus d'une petite tourelle en maçonnerie de pierres, est restauré dès 1919.

Le parc vu du Crabey avant son reboisement par A. Vallette.

De nombreuses plantations sont réalisées, dont de petits bosquets et une collection d'environ 50 conifères qui s'ajoutent aux magnifiques pins laricio. Du fait de l'humidité du terrain, des drainages sont créés ainsi qu'un abreuvoir très profond dans le clos Crabey. Les cours et chemins reçoivent un empierrement important, tout ceci contribuant à assainir parfaitement la propriété, qui prend ainsi son nouvel aspect. Enfin, un tennis est créé, à côté de l'abreuvoir, maintenant appelé *« la mare »*, qui se trouve face aux communs sud.

Augustin entreprend de faire valoir son domaine en y pratiquant l'élevage de bovins et chevaux. Pour ce faire, il achète quatre nouveaux clos, deux en 1919 et deux en 1921 afin de disposer d'une surface agricole totale de 15 ha 60 ares. Il est aidé par deux commis, Eloi et Eugène Lenormand, surnommés *« les barons »* qui, comme cela était encore fréquent dans les fermes, couchent la nuit dans l'écurie des chevaux, située dans les communs sud. Trois petits bâtiments sont construits, face aux communs dans la cour des écuries, le premier, en 1921, pour abriter le moteur destiné à fournir de l'électricité pour la maison[4]. Les deux autres sont construits en 1925 ; ils abritent, le premier, un pressoir moderne et le second, un poulailler. Enfin le bâtiment même des communs est à nouveau agrandi[5].

4. L'éclairage électrique domestique était alors inexistant dans les campagnes puisqu'aux lendemains de la Première Guerre mondiale, à peine 20% des communes françaises étaient raccordées au réseau électrique, principalement les communes urbaines. A Valognes, qui était pourtant raccordée, l'électricité ne fut installée dans l'hôtel de la Haulle, par la famille Viel, que vers 1934.
5. Voir la description précise de ces modifications dans la notice 5 des annexes.

Bouteille d'eau gazeuse distribuée par A. Vallette

Augustin, avant même la finalisation de son achat de Durécu et le début de son activité d'éleveur, avait créé, le 22 mars 1918, une société en nom collectif avec son cousin, Eugène Bidault, lui-même commerçant à Caen, ayant pour objet *« le commerce des vins, spiritueux et épicerie en gros, la fabrication des eaux gazeuses et la vente de la bière »*. Cette société est prévue pour une durée de dix ans, avec la faculté pour Augustin de se retirer au bout de cinq ans et pour Eugène, qui a, dès la création de la société, la responsabilité de sa gestion et de son administration, la possibilité de reprendre le commerce à son compte[6].

Augustin constitue également avec son beau-frère, Lucien Dard, ingénieur des Arts et Métiers, une autre société en nom collectif, Vallette & Cie, en vue d'acheter aux Hamel, son autre beau frère, et sa sœur Marie, le 22 janvier 1919, la maison Hamel et Lemaître pour 450 000 francs[7]. Les Hamel en étaient les seuls propriétaires depuis le 7 septembre 1918, date de la dissolution de la société qui les liait à Auguste Lemaître, négociant. Cette entreprise importe des bois du Nord et dispose d'une usine et d'une scierie à Saint-Vaast, elle vend également des matériaux de construction et des engrais. Pour la gérer, les nouveaux propriétaires créent, le 31 janvier 1921, les Etablissements Vallette et Dard, société anonyme au capital de 1 700 000 francs.

L'usine Vallette et Dard et son stand à la foire de Paris, en 1923.

6 et 7. Conseil départemental de la Manche, arch. dép., 5 E 30494, notariat de Saint-Vaast.

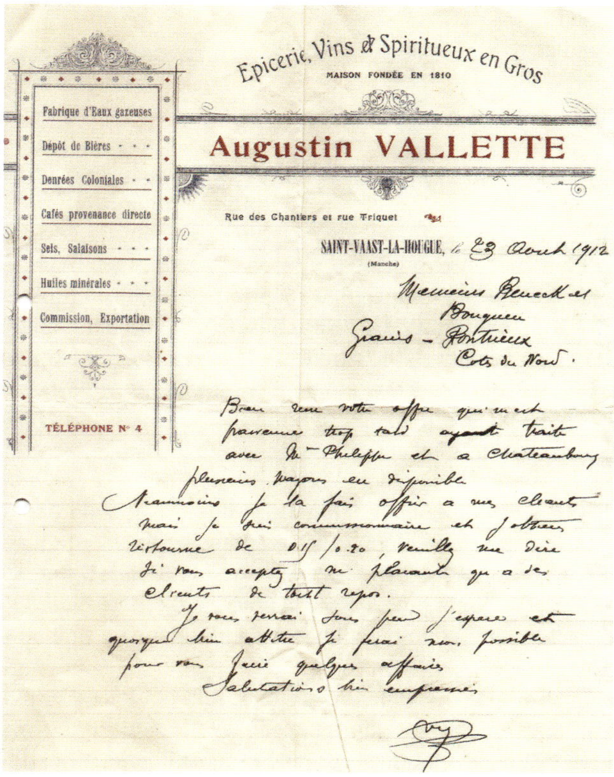

Epicerie, Vins & Spiritueux en Gros
MAISON FONDÉE EN 1810

Fabrique d'Eaux gazeuses
Dépôt de Bières
Denrées Coloniales
Cafés provenance directe
Sels, Salaisons
Huiles minérales
Commission, Exportation
TÉLÉPHONE N° 4

Augustin VALLETTE

Rue des Chantiers et rue Triquet

SAINT-VAAST-LA-HOUGUE, le 23 Aout 1912
(Manche)

Messieurs Beneck et
Bouquen
[illegible] – Pontrieux
Côtes du Nord.

Bien reçu votre offre qui m'est
parvenue trop tard ayant traité
avec Mr Philippe et à Chateaubourg
plusieurs wagons en disponible
Néanmoins je la fais offrir à mes clients
mais je suis commissionnaire et j'obtiens
ristourne de 0.15/0.20, veuillez me dire
si vous acceptez ne plaçant qu'à des
clients de tout repos.
Je vous verrai sous peu j'espère et
quoique bien atteint je ferai mon possible
pour vous faire quelques affaires
Salutations bien empressées

Augustin Vallette, négociant entrepositaire puis industriel (ci-dessous, avec un chapeau clair).

La mère d'Augustin, veuve depuis 1901, se porte acquéreur des cent premières actions qui correspondent à un apport de 50 000 francs. Le premier conseil d'administration se compose, outre les deux créateurs de la société anonyme, de Jacques de Boutray, maire de Granville et importateur de bois du Nord, de Pierre Gilbert, banquier à Avranches, Paul L'hotellier, rentier demeurant à Cherbourg et d'Emile Moyne directeur des usines de Colombes de la compagnie française Thomson-Houston.

Le chemin de la tourelle, inondé à cause des Allemands.

Douze jours plus tard, c'est la débandade - tant attendue - des Allemands qui quittent Saint-Vaast dans la nuit du 19 au 20 juin. Les troupes américaines entrent dans la ville le 21 juin à 12 heures 30. Pendant des mois, le port de Saint-Vaast, premier port français libéré, est utilisé par les cargos américains, même après la libération de Cherbourg le 26 juin, pour décharger, jusqu'en octobre, 117 185 tonnes de matériel.

L'intense activité de déchargement de matériel allié, en juin 1944, dans le port de Saint-Vaast.

A Durécu, enfin retrouvé, la mérule, du fait de l'humidité et du manque d'aération, a fait des ravages dans le salon. Parquet et boiseries murales doivent être retirés par Pierre Husson, de même que le parquet de la bibliothèque.

Des contacts avec les Américains reçus à Durécu, la toute jeune enfant de Pierre et Simone conserve encore aujourd'hui, sans doute l'un de ses premiers souvenirs : *« Je demandais aux soldats des cigarettes pour mon père, et ils nous donnaient également du chocolat et des chewing-gums, nouveaux pour nous, qu'on m'avait permis de goûter malgré mon jeune âge. Ces chewing-gums ont été conservés longtemps dans un buffet de la salle. »*

Simone Husson, Pierre Husson et leur fille Geneviève, reçoivent des soldats américains venus leur rendre visite à Durécu, en 1944, après le Débarquement.

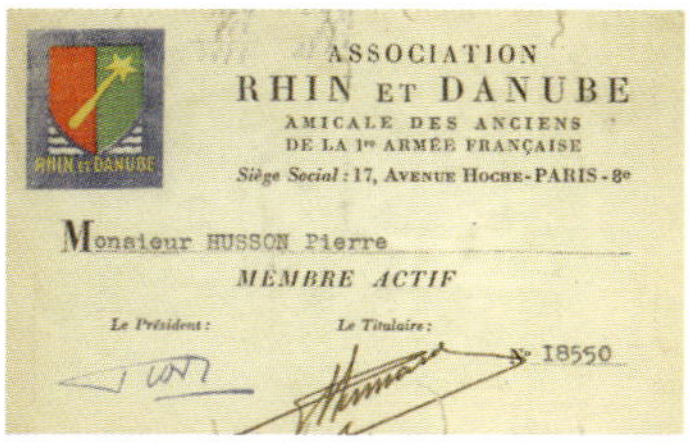

Pierre Husson, son épouse Simone et leur fille regagnent Cherbourg. Pierre, sergent réserviste, est alors rappelé sous les drapeaux, du 26 février 1945 au 13 juin 1945, dans la 1ère armée française « Rhin et Danube », en qualité d'électro-mécanicien au 153e régiment du Génie. A son retour, tout en restant assureur, il devient le mandataire de nombreuses entreprises qui fournissent l'arsenal de Cherbourg.

C'est à Cherbourg que naît leur second enfant, Jean-Pierre, le 7 janvier 1951. Madeleine Vallette organise sa vie, désormais solitaire, à Durécu. Elle y voit heureusement très régulièrement ses enfants, en fin de semaine.

Réunion familiale à Durécu vers 1960 : Lisbeth Bidault, Pierre Husson, Madeleine Vallette, Simone Husson, Jean-Pierre Husson, Agnes Dard (sœur de Madeleine), Lucien Dard et Eugène Bidault.

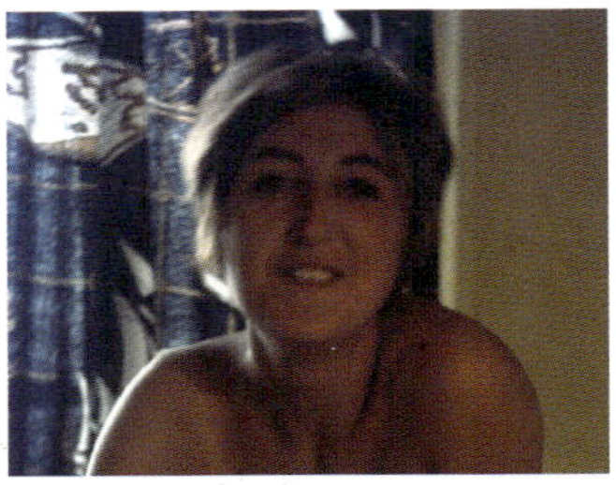

Sa petite fille, Geneviève, un peu plus âgée, vient de plus en plus dans la maison familiale y passer ses vacances, ce qui lui permet aussi de retrouver son amie Madeleine, à la ferme des Bisson et, l'été, son cousin qui a, lui aussi, de solides et ancestrales attaches à Saint-Vaast-la-Hougue et des souvenirs de jeunesse à Durécu, partageant souvent les activités estivales de sa cousine et sa passion pour la voile et la mer.

Ce cousin que la jeune Husson, titulaire du diplôme national des Beaux-Arts-section gravure, épousera en 1969, est issu de la famille Thin de Saint-Vaast, dont les premiers ancêtres directs connus étaient des maîtres de bateau : Germain Thin, contemporain de Nicolas de Beauvalet, puis son fils, Nicolas Thin. Celui-ci est levé pour la campagne de 1692, comme pilote, sur l'un des vaisseaux du vice-amiral Costentin de Tourville, participant ainsi à la bataille de Barfleur, le 29 mai 1692. Cet affrontement qui se termine à l'avantage des Français, pourtant bien moins nombreux, contre la flotte Anglo-Hollandaise est, hélas, suivi par le désastre de la Hougue.

Les cinq générations qui suivent quittent la mer, mais restent en contact avec le monde maritime, comptant des laboureurs-poissonniers avec Melchior Thin (1728-1806), l'un des quinze signataires du cahier de Doléances de Saint-Vaast, le 8 mars 1789. C'est l'un de ses descendants, le jeune soldat Auguste Thin, âgé de 21 ans, qui désigne, le 9 novembre 1920, dans l'une des galeries souterraines de la citadelle de Verdun, le cercueil du soldat inconnu qui repose désormais sous l'arc de triomphe, à Paris.

Le fils de Melchior, Jean, né le 15 mai 1778, a quatre enfants. En 1848, l'aîné, Gustave, est maître au cabotage, le second, Adolphe, débitant de boissons à Cherbourg, le troisième, Adolphe Jean (1818-1864), qui a une sœur jumelle vivant de son bien, est charpentier de marine. L'aîné des trois fils d'Adolphe Jean, Jean Désiré (1843-1909), est d'abord *« contremaître charpentier calfat »* et, plus tard, boulanger.

Puis, changement radical, avec le fils de Jean Désiré, Edmond Louis Désiré Thin, né le 27 mai 1871, enseignant et secrétaire d'inspection académique, officier de réserve avec le grade de capitaine. Il se marie avec Laure Bidault, sœur aînée d'Eugène Bidault et fille d'un maître au cabotage, Eugène Bidault, décédé à bord de son steamer le *Commentry* à Cardiff, le 2 juin 1893. Edmond Thin a deux enfants, Edmond, né le 1er février 1896, et Alice, née avec le nouveau siècle.

Le Commentry.

Edmond Thin, lors d'une période militaire, en mai 1911.

Edmond Thin, médecin gynécologue-obstétricien, exerce à Paris, tout en restant très attaché, depuis sa jeunese, à sa famille normande et à sa cousine Madelon, la jeune madame Madeleine Vallette. Cette dernière le lui rend bien, comme en témoigne la carte du nouvel an 1918, qu'elle lui adresse alors qu'il est sur le front, terminant ainsi ses vœux : *« 1918 verra-t-il la fin de la guerre ! Hélas ! nous n'en savons rien et cependant ce serait bien à désirer... Ta petite cousine affectionnée, Madelon ».*

En 1943, naît Edmond, le second fils du docteur Thin qui s'était remarié avec Huberte Tabary, après le décès de sa première épouse dont il avait eu un premier enfant, Maurice. Le jeune Edmond, dès son enfance, est aussi attaché que son père au Val de Saire.

Madelon et Edmond Thin, médecin lieutenant.

Plus que jamais, Durécu demeure le lieu de prélédiction pour les fêtes familiales. Ainsi, le repas qui suit le baptème de Laure Thin, la fille de Geneviève et Edmond (troisième génération à porter ce prénom), née le 12 mai 1976, se déroule à Durécu, par une belle journée de septembre. Il en est de même pour Pierre, né le 28 janvier 1981, et Sophie, née le 18 septembre 1983, les enfants de Jean-Pierre Husson et de son épouse Christiane Bigot.

Huberte Thin et le cousin René Hamel au baptême de Laure.

Dès le 21 mars 1982, huit ans après le décès de Madeleine Vallette survenu le 23 décembre 1974, Simone Husson fait donation de la propriété de Durécu, à titre de partage anticipé, à ses deux enfants. La propriété est divisée en deux lots, choisis d'un commun accord, l'un comprenant la maison familiale et l'autre les communs. Les deux familles, vont dès lors s'employer, l'une à restaurer la maison familiale et l'autre à créer, à partir des communs, une belle résidence secondaire.

Durécu en 2017.

Le coq au jardin, œuvre G. Husson, datant de 1965.

Annexes

Notices sur Duréau

1 - Plans anciens et travaux d'Augustin Vallette

Le cadastre napoléonien (ci-dessus) montre bien l'ensemble des bâtiments de Durécu, avec les communs autour du logis, et les murs (traits rouges) qui ceinturaient encore, en 1829, les alentours les plus proches de la partie bâtie de la propriété qui s'étendait bien au-delà. Le plan ci-dessous, datant des environs de 1900, dévoile l'emprise, sur l'arrière de la propriété, de la ligne de chemin de fer Saint-Vaast- Barfleur. La photo illustre les premiers travaux d'Augustin Vallette, après la destruction des communs nord. Page ci-contre, le même plan montre bien la convergence des promenades qui aboutissent à la tourelle.

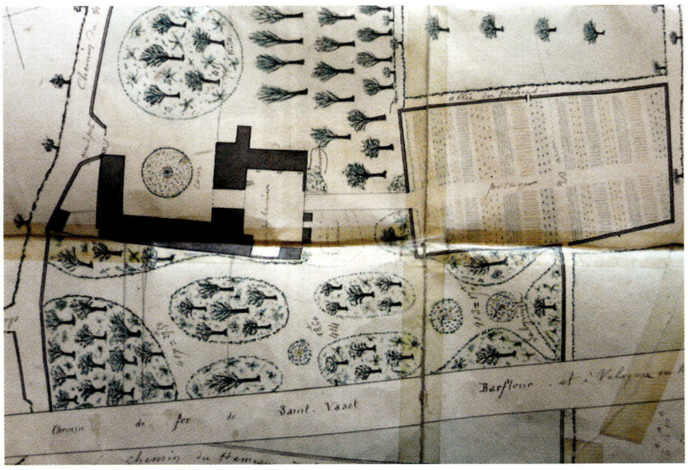

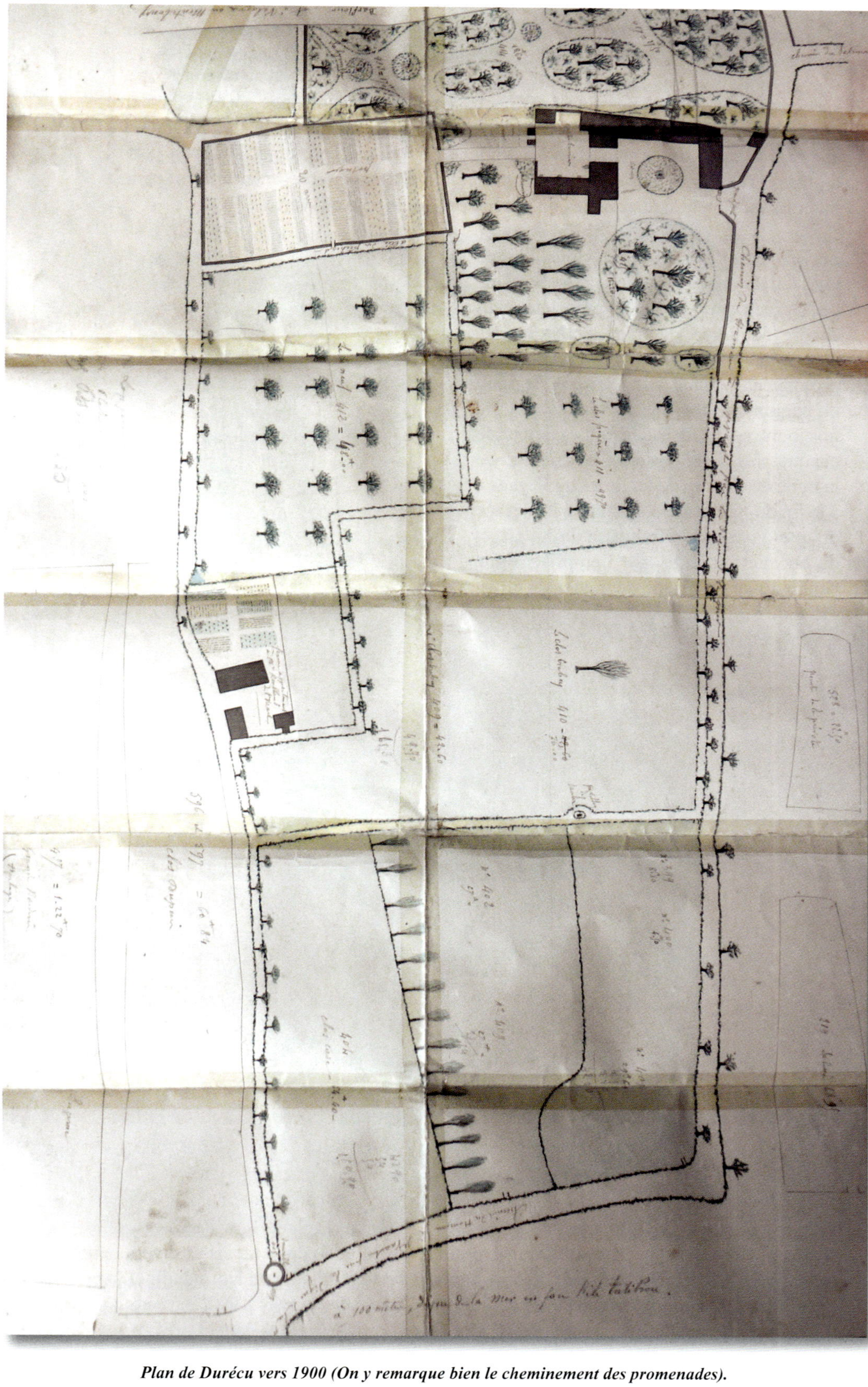

Plan de Durécu vers 1900 (On y remarque bien le cheminement des promenades).

6 - Les promenades

Nous avons évoqué brièvement la création des promenades par François Clément Boyer de Choisy. Cette dénomination, comme celle plus technique de double haie, est utilisée, selon la définition d'Yves Nédelec, pour désigner un talus supportant deux rangées d'arbres ou deux haies, le plus souvent d'épines, que sépare un passage utilisable par les piétons. Ces doubles haies sont donc constituées, soit de haies que l'on doit élaguer tous les ans, soit d'arbres de haute tige que l'on émonde tous les sept ou neuf ans, enfin certaines promenades, comme à Durécu, sont composées simultanément de haies et d'arbres. Ces promenades, selon les observations d'Yves Nédelec, sont liées à la présence d'un château voire d'une abbaye.

Les promenades, très répandues au nord d'une ligne Coutances- Saint-Lô-Bayeux datent le plus souvent de la première moitié du XIXe siècle, ce qui est le cas de celle de Durécu, même si les plus anciennes remontent au XVIIe siècle, comme celle du Château de Servigny, déjà mentionnée en 1679. Enfin certaines séparent parfois des pièces de terre ou longent des chemins publics, ceci même en l'absence d'un château à proximité, ce qui permet de s'interroger sur leur objet.

Pour Durécu, la réponse est simple puisqu'il s'agit bien de promenades d'agrément, permettant à ses propriétaires de circuler confortablement à travers les champs leur appartenant, pour se rendre, après une halte à mi-chemin dans le « *Pavillon des saules* », appelé plus prosaïquement dans les actes notariés « *Vide-bouteille* », jusqu'à une tourelle d'agrément, observatoire permettant d'admirer la mer et l'île Tatihou. Le rôle décoratif des promenades, symbole de prestige social, affirmant par là-même le rang de leur concepteur, s'ajoute donc à leur rôle pratique.

Fouilles sur le site du Pavillon des saules, en janvier 2018.

Ces promenades aux doubles haies demandent un entretien important et régulier, peu compatible avec le mode actuel de vie. Pourtant une bonne partie d'entre-elles a été restaurée et est entretenue régulièrement par Jean-Pierre Husson.

7 - La tourelle

Contrairement à ce que certains pensaient, y compris l'Institut géographique national pendant de longues années, la tourelle de Durécu n'a jamais été un « *moulin ruiné* [1] ». La tourelle de Durécu est une très modeste fabrique ou folie, dans le sens architectural du terme. Les jardins anglais et l'influence du Romantisme les avaient rendus très en vogue chez les nobles désireux d'embellir leurs jardins ou parcs paysagés. Les promenades nord et sud y convergent, permettant, si l'on empruntait celle du nord, après un arrêt pour se rafraichir d'un cidre bouché bien frais au « *Pavillon des saules* », de gagner la tourelle et, pour les plus

1. Insitut géographique national, carte : *1310 Ouest, St-vaast-la-hougue série bleue 1 :25 000*, IGN-Paris.

courageux, de monter au 1er étage admirer le panorama qui s'offre alors à leurs yeux, avec l'île Tatihou en toile de fond. On pouvait aussi remarquer le plafond, peint en bleu, encore visible dans les années 1950.

Après avoir perdu son toit de schiste et avoir été longtemps sans toiture ni plafond, la tourelle de Durécu a été restaurée avec le concours de la Fondation du patrimoine et a retrouvé une toiture dont la pente est un peu moins prononcée que celle d'origine.

8 - Le pigeonnier

Situé dans le bosquet derrière le manoir, l'ancien pigeonnier était en bois (au moins au début du XXe siècle), et s'élevait au- dessus d'une tour basse circulaire, en maçonnerie (base peut-être d'un ancien pigeonnier totalement en pierre au XVIIIe siècle ?). L'épaisseur très importante de son mur, 0, 90 m, pour un diamètre intérieur de seulement 1,30 m, surprend, ainsi que la masse de terre située sur son arrière et contenue par un muret en demi-cercle. Ces particularités ont amené Yves Nédélec à penser à l'existence d'une petite glacière, sans que nous puissions en avoir la certitude. Les glacières ne se trouvent généralement que dans des châteaux, à moins qu'il s'agisse ici, d'une autre « folie » conçue par les Boyer, en plus de la tourelle ?

La tour du pigeonnier et, devant, le ginkgo biloba.

Sources et Bibliographie

Outre les historiens déjà cités page 3, l'auteur exprime ses remerciements à tous ceux qui ont facilité ses recherches, dont les personnels des services des archives nationales ou départementales, et principalement celles des archives de la Manche : messieurs Bertrand Compant La Fontaine et Hervé Pagnier, des archives du SHD- Cherbourg : monsieur François Zoonekyndt, enfin monsieur Georges Renouard, chercheur demeurant à Rouen, pour ses relevés aux archives de Seine-Maritime à partir des pistes de recherches de l'auteur, mesdames Geneviève Méteyer pour ses notes sur les Boyer de Choisy, Jacqueline Triquet, pour la communication de la collection de clichés d'Y. Triquet et Guillemette Thin pour son accord de reproduction de la belle gravure de la cathédrale de Coutances, monsieur Yves Lecornec, pour son accord de publication photographique de son bel escalier droit en pierre, ainsi que tous les autres collectionneurs privés pour leur aimable contribution.

Illustrations hors collection de l'auteur

AD 14 : p. 70, 76 (J. Lepetit-Vattier).
AD 50 : p. 6, 9, 17, 29 b, 33, 34, 42, 44, 51, 64 (A. Perrot), 76,79, 81, 89, 105 (J. Lepetit-Vattier), 151.
AD76 : p.37 et 39 (G.Renouard).
AN, fonds Marine : p. 70.
BNF : p. 13, 35, 45, 46 d, 92, 93, 109 b, 129 b.
Bibliothèque J. Prévert, Cherbourg : p. 104, 129 h, 130 m.
Marine nationale : p. 175 md.
Musée Carnavalet : p. 123 m.
Musée maritime de Tatihou : p.35.
SHD - Marine Cherbourg : p. 10, 18, 27, 46 g, 95, 96 et SHD - Vincennes, Génie : p. 131, 137.
Archives du diocèse de Coutances : p. 97.
Archives municipales de Saint-Vaast-la-Hougue : p. 23, 133.
Cliché Bruno Bonnemains : p.192 .
Collection Pays d'art et d'histoire du Clos du Cotentin : p. 112, 139 m.
Collection Yves Triquet : p. 169 bg, 170 h.
Collection Dominique Sevray : p. 147.
Autres collections : p.10, 27, 28, 38, 40, 52, 54, 84 114, 118, 123, 128, 135, 143 h, 146 b, 149, 169 hg et m, 170 b, 177.
Les autres photos de cet ouvrage sont des photos de l'auteur ou de ses archives photographiques familiales et de celles de J.-P. Husson.

Sources manuscrites

Bib. nat. de France : plan de Paris (Turgot) , plan MS-6457 (551bisA) et Portefeuille 41 du SHM. Archives nationales, fonds Marine : C4 /159, C4/174 , C5/34.
Service historique de la Défense-Vincennes : MR 108, dossier 91/47 état des services d'Antoine Marie Honoré Galbois et des Boyer de Choisy.
Archives de la Légion d'honneur, fichier Léonore : dossiers de François et d'Honoré Boyer de Choisy, d'Alexis Vasseur et de Guillaume Hatin.
Services historique de la Défense-Cherbourg (SHD-Cherbourg) : 4 P5/3, 5 P7/1, 5 P7/5, 5 P7/39, 5P7/199, 5P9-1,5P9-9,5P9-10,5P9-11,2K346.
Conseil départemental de la Manche, arch. dép. (ou AD 50) : 4 J 35, 132 J/2, 22 6 J, 300 J 249 12 , 301 J, 3 Q 8034, 3 Q 8319, 5 E 8327, 5 E 8328, 5 E 8330, 5 E 8333, 5 E 8351, 5 E 8374, 5 E 8390, 5E8395, 5E8665,5E8691,5E8723,5E8734, 5E15128,5E15435,5E14779, 5E 15053, 5 E 15434, 5 E 15435, 5 E 26407, 5 E 30492, 5 E 30494, registre des matricules 1 R1 et série 5 Mi (registres paroissiaux et d'état-civil).
Archives départementales du Calvados (AD 14) : 2 E 6 /69, 2 U 387, 6 E 48327, 6 E 4966, 8 E 4983 C.3067, C.3068.
Archives départementales de la Moselle ; série C 795, Bureau des finances, 1753-1768.
Archives départementales de Seine Maritime (AD 76) : D E 6 [69], Registres mémoriaux de la Cour des Aides, 3B48, f° 536 v°.
Archives du Diocèse de Coutances : Dossier Saint-Vaast -la-Hougue, dont *Livre paroissial* et divers documents non cotés.
Bibliothèque J. Prévert, Cherbourg : MS cat. 461 (B).
Archives communales de Saint-Vaast-la-Hougue: registres paroissiaux et cadastre de 1829.
Archives familiales de J.-P. Husson : Riche fond non classé, constitué principalement d'actes notariés du XVIIe au XXe siècle, concernant surtout les familles Vallette et Hamel, plan sur calque de Durécu par A. Vallette, 1923.
Archives familiales d'Edmond Thin : *Noms des navires dont Mr Valette est armateur, Marché* [de construction] *pour le navire le Point du Jour, Livre pour le Point du Jour pour les Armateurs*, registre de H. Leroy pour 1886-1888 des arrivées de fret pour les commerces et artisans du Val de Saire, plan de Durécu (vers 1900), plan de la *Maison de Mr et Mme de Boyer de Choisy* (s. d.) et divers actes notariés familiaux des XIXe et XXe siècles, concernant les familles Thin et Vallette.

courageux, de monter au 1er étage admirer le panorama qui s'offre alors à leurs yeux, avec l'île Tatihou en toile de fond. On pouvait aussi remarquer le plafond, peint en bleu, encore visible dans les années 1950.

Après avoir perdu son toit de schiste et avoir été longtemps sans toiture ni plafond, la tourelle de Durécu a été restaurée avec le concours de la Fondation du patrimoine et a retrouvé une toiture dont la pente est un peu moins prononcée que celle d'origine.

8 - Le pigeonnier

Situé dans le bosquet derrière le manoir, l'ancien pigeonnier était en bois (au moins au début du XXe siècle), et s'élevait au- dessus d'une tour basse circulaire, en maçonnerie (base peut-être d'un ancien pigeonnier totalement en pierre au XVIIIe siècle ?). L'épaisseur très importante de son mur, 0, 90 m, pour un diamètre intérieur de seulement 1,30 m, surprend, ainsi que la masse de terre située sur son arrière et contenue par un muret en demi-cercle. Ces particularités ont amené Yves Nédélec à penser à l'existence d'une petite glacière, sans que nous puissions en avoir la certitude. Les glacières ne se trouvent généralement que dans des châteaux, à moins qu'il s'agisse ici, d'une autre « folie » conçue par les Boyer, en plus de la tourelle ?

La tour du pigeonnier et, devant, le ginkgo biloba.

L'auteur

Après des études au Lycée Janson de Sailly, suivies d'une formation économique et agricole à l'école supérieure d'agriculture ESIPTA et de chercheur en sciences humaines à la VIe section des Sciences économiques et sociales de l'Ecole Pratique des Hautes Etudes - Sorbonne, dont il est également diplômé et titulaire d'un certificat de 1ere année de doctorat du IIIe cycle littéraire, Edmond Thin est ingénieur d'études en aménagement du territoire, responsable d'une équipe pluridisciplinaire pendant sept années et intervenant dans de nombreuses régions françaises.

Désireux de retrouver sa Normandie, Edmond Thin, membre de la société académique de Cherbourg et administrateur de la société d'archéologie et d'histoire de la Manche, passionné par la mer, la voile, les voyages aux quatre coins du monde, l'histoire et l'écriture, intègre, en 1976, l'équipe de direction de la Chambre de commerce et d'industrie du centre et sud Manche, exerçant différentes fonctions, dont celle de directeur du commerce et du développement local. Ceci ne l'empêche pas de poursuivre ses recherches historiques régionales, en particulier sur les fortifications maritimes, qui vont donner à lieu à une trentaine d'articles historiques, publiés dans des revues nationales comme Historia, Neptunia, Vieilles Maisons Françaises ou régionales comme Art de Basse-Normandie, les Annales de Normandie, Patrimoine Normand, Vikland. Edmond Thin a écrit une vingtaine d'ouvrages historiques, touristiques et sur le patrimoine, sanctionnés par le Prix littéraire du Cotentin, obtenu dès 1991 et par la distinction de Chevalier des Arts et des Lettres remise, en 1997, par Pierre Aguiton, président du Conseil général de la Manche.

Principaux ouvrages publiés

- *Granville : Historique - Maritime - Actuel*, Coutances, éd. OCEP, 1980, 159 p. , suivi de 2 rééditons aux éditions Charles Corlet, Condé-sur-Noireau, 1992 et 2000.
-.*La Manche au passé et au présent*, Saint-Lô, éd. Manche -Tourisme (collectif) 1984.
- *Guide bleu Normandie*, Paris, Hachette, 1984 et 1988, 654 p. (collectif).
- *Cherbourg, bastion maritime du Cotentin*, Condé-sur-Noireau, éd. Charles Corlet, 1990, 430 p.
- *Le Val de Saire*, Saint-Lô, éd. Manche-Tourisme, 1991, 118 p. (collectif, dir E. Guéné).
- *Quand l'ennemi venait de la mer*, Saint-Lô, éd. Les cahiers de l'ODAC, 1992, 350 p.
- *La bataille de La Hougue*, Valognes, éd. Association du Tricentenaire, 1992, 32 p. (avec André Zysberg, Frédéric Burnel et Gérard Grimbert)
- *La Hougue raconte*, Tourlaville, éd. Festival en Cotentin, 1996, 99 p. (dir. Janine Davy).
- *Granville et ses alentours*, Saint-Lô, éd. Manche-Tourisme, 1997, 160 p. (dir. Élie Guéné).
- *Saint-Vaast-la-Hougue, une tradition maritime*, Cully, éd. OREP, 2005, 40 p.
- *Les Îles Saint-Marcouf*, Cully, éd. OREP, 2005, 144 p.
- *Sentinelles de mer en Cotentin - Forts, phares, sémaphores et ports de la baie des Veys au Mont-Saint-Michel*, Cully, éd. OREP, 2006, 240 p.
- *Granville, Citadelle de la Mer*, Cully, éd. OREP, 2007, 112 p.
- *Vauban et La Hougue en Cotentin*, Saint-Vaast-la-Hougue, éd. Comité de soutien de Saint-Vaast, 2007, 68 p. (avec Annick Perrot - Gérard Grimbert et André Zysberg)
- *Îles Anglo-Normandes et du Cotentin, un archipel extraordinaire*, Cully, OREP, 2008, 192 p. et sa version en langue anglaise : *The Cotentin and Channel Islands, An extraordinary arcvhipelago.*
- *Le Val de Saire - Trésors d'un jardin du Cotentin sur la mer*, Cully, OREP, 2009, 168 p.
- *Les Tours Vauban de Saint-Vaast-la-Hougue - Patrimoine mondial de l'humanité*, Saint-Vaast-la-Hougue, Autoéd., 2009, 105 p. (avec Annick Perrot, Gérard Grimbert et André Zysberg)
- *La baie de Saint-Vaast-la-Hougue sous le regard des peintres officiels de la Marine*, Cully, éd. OREP, 2010, 112 p. (avec François Bellec).
- *Les dirigeables et le centre d'aérostation maritime de Montebourg* , Montebourg, éd. Association des amis du hangar à dirigeables d'Écausseville, 2012, 40 p.
- *Les Îles Saint-Marcouf*, Cully, éd. OREP, 2013, 160 p. (réédition complétée et enrichie de l'ouvrage de 2005).
- *La Hague en Cotentin - Nature sauvage et patrimoine intemporel*, Bayeux, éd. OREP, 2015, 248 p. (avec Christian Desclercs).

Heimdal BP 61350 – 14406 Bayeux Cédex
Conception graphique : Edmond Thin et Nathalie Sanchez - Achevé d'imprimer en juin 2018 par les Imprimeries de Champagne
Dépôt légal : troisième trimestre 2018 - ISBN : ISBN : 978-2-84048-517-9